国家 211 工程重点学科建设

国家 985 工程建设

农业经济史丛书

中国传统社会的救灾

——供给、阻滞与演进

李 军 著

中国农业出版社

农业经济史丛书

总　　序

王秀清

农业作为一项为人类生存提供食物、纤维、饲料、能源和多功能（multi-function）的特殊产业，借由人类对粮食安全、能源安全和生态安全的担心而影响和改变着不同时期不同国家的农业经济根本性质以及与之相适应的农业政治态势。诚然，为了解决当今存在的农业问题，需要我们从未来发展的角度，从国际合作与分工的视野来寻求解决不同国家不同农业问题的出路，似乎没有必要考虑已经离我们远去的历史。当前我国乃至世界范围内的农业经济学者在农业经济研究过程中投入了大量的精力进行复杂的模型构建和计量经济检验，期望能够发现一些规律来指引当前乃至未来农业政策的制定。更有一些学者甚至不去思考农业经济发展背后的内在运行规律，仅仅通过所谓的统计检验来验证经济变量之间似是而非的关系。然而，如果我们改变所研究问题的时间跨度，你会发现有些变量在短期内非常显著，在长期内则不显著。而又有一些变量，在短期内不显著，在长期内则非常显著。如果我们想规划美好的未来，就必须在研究问题中放宽历史的视野，因为今天的农业现状和农业问题不是凭空而降的，它从历史走来、带有历史的烙印，同时创造新的历史并进而影响未来。我们深刻感受到需要通过农业经济史的研究来为农业经济研究和农业经济学科的发展提供史学营养。

中国农业大学作为我国农业高等教育的一家重要机构，曾经在农业史教育和研究方面取得突出的成绩，至今仍为学术界所称道。王毓瑚、董恺忱、于船、张仲葛、杨直民等农史学家曾经先后在中国农业古籍整理、比较农业史、中国畜牧史和中国古代农业史等领域做出杰出的学术贡献，促进了我国农史学科的发展与国际交流。然而，多年来，由于种种原因，中国农业大学的农史学科一直处于停滞状态。值得欣慰的是，近年来，一批年轻学者开始转向农业经济史的研究，这一研究取向得到了校方的鼎力支持，于 2006 年在农业经济管理一级学科目录下自主增设了农业经济史博士点，旨在为有志于从事农业经济史研究的年轻学子提供一个高水平的教育与研究平台，期望通过多年的努力，不仅能够从历史的角度发现一些农业发展的内在规律，而且可以从各国农业发展的经验中提炼总结出一系列迄今乃至今后仍然可以发挥作用或影响的制度、技术和政策。

为了系统地记录和展示这些年轻学者们在农业经济史领域取得的一系列学术进展，在中国农业大学 985 工程项目的支持下，决定不定期陆续出版“农业经济史丛书”，期望借此促进学术交流，增强农业经济学者的历史视野，最终为寻找解决我国农业农村经济发展中不断出现的新问题提供史学营养。

序

近些年来，随着全球气候变暖趋势的加快，各种极端气候频繁发生，“5·12”汶川特大地震、舟曲泥石流以及玉树地震的接连发生，给中国这个深受灾害侵袭的国家增添了新的伤痕，更引起了人们对于灾害问题的深入反思。作为以农立国的文明古国，灾害始终是影响中国社会发展的重要因素，灾害史构成了中国社会经济史、特别是农业经济史研究的重要组成部分。如何从历史中总结灾害发生的规律，梳理古代灾害治理的经验，以为当今社会提供借鉴遂成为当今学术界研究的一个热点。

本书作者李军2001年进入首都师范大学跟随我攻读经济史博士学位。博士论文的选题是根据我当时正在从事的主要研究方向——中国古代灾害史选定的。针对学术界灾害史研究主要集中在灾害救济方面，经过讨论，李军选择了《自然灾害与唐代政治》为博士论文的题目，希望以此为突破口，深入研究以往较少涉猎的古代社会的政治救灾，以及灾害对国家政治生活的影响。论文完成后，经过修改整合，并入我主持的国家社科基金项目《灾害与危机：自然灾害与唐代社会》中，该项目成果由人民出版社于2008年出版。

李军在获得博士学位后，又进入中国农业大学经济管理学院进行博士后的研究工作。农大是学术界农史研究的重镇，以王毓瑚、董恺忱、于船、张仲葛以及杨直民等为代表的农史学者为中国农史研究事业的发展做出了重要的贡献。近年来，经管学院又获得了农业经济史博士学位的授予权，农史的研究以及人才的培养应该会取得更大的进展。

2007年李军出站后留校工作，主要从事以农业经济史为主的教学科研工作，并陆续发表了多篇有关灾害的文章。从这些文章可以看出，在经过博士后阶段的学习以及在农大经管学院良好的学术环境的熏陶，李军的科研水平较以往有了不少的进步，这是令我深感欣慰的。

本书是李军在博士后报告的基础上，吸纳了近几年的研究成果写成的。书中探讨了中国古代灾害发生的时空规律、社会影响、救灾制度的供给与层级划分，救灾制度周期以及影响其变迁的寻租等因素；研究了自然灾害与传统社会的兴衰演变等问题；并从救灾的视角分析了美洲粮食作物引进这一改变中国粮食发展史，乃至人口史的重大事件。从目前关于灾害史的研究看，本书的一些观点与方法是有独到之处的。

作为老师，看到自己学生的著作出版，自然很高兴，同时，也希望李军能认真听取各方面的意见，使自己的研究更趋深入与完善。在今后的研究中，加强经济学理论与方法的学习，把历史的研究与经济学的分析方法更有效的结合起来，形成自己的特色。认真做好本职工作，为农大的农业经济史学科建设作出新的贡献。

阎守诚（首都师范大学历史学院教授）

2011年3月

摘　要

中国自古而来气候多变、灾害多发，对以农为本的传统国度形成巨大的冲击。传统社会的政府为了应对频发的灾害，基于“灾异天谴论”与“重农”理论的思想体系，创建了丰富多样的救灾制度体系，这一制度体系是保证我国古代社会长期延续的重要原因之一，即使与西方同时期国家相比，它也具有相当的先进性。传统社会的救灾制度体系有着清晰的层级划分，即政治救灾制度与经济救灾制度两大类别。前者是以禳弭灾害为目的的救灾形式，主要包括祈祷、虑囚、自谴、厌胜等类型，以往的研究对此关注较少，且将其视为迷信、荒诞不经的，但实际它的产生有着合理的内涵，是一种基于“天人感应”基础上的危机反应模式，并通过这种反应来强化帝王执政的合法性和权威性。后者在救荒中发挥着实际的作用。同时，无论是何种救灾制度形式，在层级上都有着正式制度与非正式制度，即政府与民间的两种形式，两者之间是互相联系，互相转变的。

中国传统社会的救灾制度并不是一成不变的，而是与王朝的发展演变格局类似，也有一个变迁的周期。这一周期在不同的朝代、在古代王朝的演变过程中呈现出一些具体的特征。影响救灾制度变迁周期的因素主要在于诺斯悖论、路径依赖以及当时的财政经济状况。中国传统社会救灾制度受到阻滞的根本原因在于基于“委托—代理”理论形成的官员任免关系，它造成的体制性矛盾影响了救灾成效的发挥，成为救灾中寻租的原因所在。救灾过程中来自政府、富民阶层以及灾民之间的利益博弈也是影响救灾制度实施的重要因素。

救灾中除了制度性的救灾外，技术救灾也是一个重要范畴。技术不能仅仅归结于生产工具、工程兴修，作物的引进也是技术变革的范围，也是救灾制度的一种表现，明清以来美洲作物在中国救灾史上发挥了重要的作用。但其引发的生态后果也值得重视。

传统社会的统治者是理性的政治人，这影响了救灾制度的实施效果，它的成败关系到王朝的兴衰演变。灾害与国家起源、农民战争以及少数民族南下等问题都与灾害关系密切。自然灾害影响着王朝的兴衰演变。

目　录

第一章 导 言

一、问题的提出

我国是个以农立国的文明古国，对自然环境有着极强的依赖性，灾害的发生是对自然界平衡状态的一种破坏。李根蟠（2006）指出，人类进行经济活动所处的自然环境处于经常的变动之中，这种变动有时是自然界自身运动所发生的，有“常变”、“异变”（如异常气候）、突变（如地震、火山爆发）。无论是何种变化，都能能动地作用于人类社会。人类的生产秩序和生活秩序，相当程度上是适应自然界的常变和渐变形成的。这种秩序又往往被自然界的异变和突变打乱，使人类社会遭受或大或小的损害，就是所谓自然灾害。可见，自然条件本身是诱发灾害的重要因素之一，灾害的发生难以避免，如何应对就成为一个重要的课题。五千年的华夏农耕文化史中，农业生产曾遭受了各种各样自然灾害的侵袭，灾种几乎囊括世界所有灾害的类型，其灾史之长、灾域之广、灾种之多、灾情之重皆为世所罕见。以最主要的水旱灾害为例，相关资料统计，自公元前 206 年至 1949 年的 2 155年中，中国共发生水灾 1 029 次，较大的旱灾出现 1 056 次，水灾几乎年年有，死亡万人以上的灾害 10～20 年出现一次，因而中国素有“三岁一饥、六岁一衰、十二岁一荒”之说。从历史上看，旱涝灾害发生的频率也呈加快趋势，年均受灾频数为：隋朝 0.6 次，唐朝 1.6 次，两宋 1.8 次，元朝 3.2 次，明朝 3.7 次，清朝 3.8 次。清末至 1990 年 80 年间，水旱灾害从 3.8 次增加到 13.5 次，增长速度为年均 8.2%。新中国建立的 50 多年来，各种自然灾害造成的直接经济损失总计约 25 000 多亿元，年度损失逐年增加。20 世纪 70 年代以来，平均每 10 年就有一个重灾年，而 90 年代以来更是达到平均每 3～5 年一个重灾年，水旱灾害逐年加剧。近十年，中国已经成为世界上继日本和美国之后第三个灾害损失最为严重的国家。在联合国发布的 20 世纪遭受自然灾害最严重的国家中发生的 54 个灾害，有 8 个就发生在中国，造成的直接经济损失高达 500 亿人民币以上。据 2007 年公布的《国家综合减灾“十一五”规划》显示的数据，近 15 年来，我国平均每年因各类自然灾害造成约 3 亿人次受灾，倒塌房屋约 300 万间，紧急转移安置人口约 800 万人，直接经济损失近 2 000 亿元。具体到农业领域，1949 年以来，除了因三年灾荒造成的农业生产的异常波动外，无论是受灾面积还是成灾面积均总体呈上升趋势，其中，1949—1960 年间到 2001—2007 年间，受灾面积的平均值从 24 610 千公顷增加到 45 379 千公顷，成灾面积从 10 312 千公顷增加到 25 370 千公顷，而且从 20 世纪 80 年代以来，受灾面积和成灾面积以及绝收面积的变异系数均呈上升态势（王强等，2009）。1978 年以来农业灾害的变动特征总体表现为：农业灾害周期短，平均每 3 年一个循环；农作物主产区往往是灾害频发、重发的区域；农业灾害正在发生变异等，农业灾害发生的周期波动，会导致粮食生产与供应的安全周期波动，进而在一定程度上造成粮食价格的周期波动（许飞琼，2010）。

进入 21 世纪，随着全球气候的日益变暖，中国所面临的灾害形势更为严峻，特别是 2008 年、2009 年、2010 年三个年份，先后出现了南方冰雪灾害，汶川大地震、玉树地震、舟曲泥石流灾害以及持续多日的北方大旱，对经济发展造成重大滞力。有分析认为，随着气候变暖趋势的加重，冬季极冷期缩短，夏季炎热期延长，极端高温、热浪、干旱等灾害愈发频繁，发生类似于 20 世纪 60 年代初的连年、连片极端自然灾害的可能性大大增加。如何规避灾害，减轻灾害造成的物力、人力损失遂成为一个焦点话题。中外学者从历史学、经济学、社会学等多个角度审视中外古今的灾荒问题，对灾荒形成的原因、如何防灾和如何救济等方面进行了全面的阐述。作为一个拥有悠久文明史的国度，中国历史时期的救灾活动积累了丰富的经验，遗憾的是，虽然以往的研究对这些经验进行了关注，却往往浅尝辄止，对其经验的演变缺乏系统性的总结；甚或囿于传统观点，对古代社会的成就置之不理。已有的研究表明，中国古代社会无论是经济、科技或者制度都有值得借鉴之处，救灾制度同样有可称道之处，值得学术界进行深入的探索，并做出科学正确的评价。正如诺斯（1995）指出的："无论是政治制度本身，还是信仰制度都与历史密切相关；他们的产生和演变受过去的影响，同时也限制了当前和过去改革路径方式的选择。如果我们不知道自己是如何走过来的，就不知道今后前进的方向。"遗憾的是，目前对于中国传统社会的救灾制度的研究尚有一些缺失，断代史或者专题性的研究居多，缺少从其变迁规律中探寻历史经验的探讨，难以为当今社会救灾制度的建立提供参考，这也是本书的出发点与立意所在。

二、中国灾荒史研究的发展与趋势

（一）中国古代对灾荒的研究与总结

频生的自然灾害造就了中国成就卓然的救荒史，与世界其他国家和地区相比，中国有着世界上其他国家不能比拟的、完善的、系统的灾害资料记载体系。正如夏明方（2010）所指出的，在中国人民与灾害的抗争中，"不仅创造了极其丰富的减灾救荒经验，也积累了世界上独一无二的大量的灾害文献。从宋代迄清末民初，对救荒经验加以总结，并著录专书之举，层出不穷。"

我国第一部编年体史书《春秋》就较为系统的记载了其间200多年发生的重大灾害，从《汉书》开始，历代正史中都设立了记载包含灾害祥瑞等内容在内的《五行志》。此外，《通志·灾祥略》、《古今图书集成·庶征典》等书中都汇编了大量自然灾害的资料，而数量众多的地方史志、各类农书中有关灾害的史料更是颇为丰富，仅数量众多的救荒书就有304部之多，其中：总论类有70部，荒政类71部，农艺类18部，治水类47部，漕运类15部，除虫类24部，野菜类9部，历象杂占类26部（卜风贤，2006）。翔实的资料为我们研究古代的救灾制度提供了丰富的土壤。

制度起源于资源的稀缺，是为了更合理有效地处置有限的资源而设定的一种模式。众所周知，在一个资源稀缺的社会中，如果不存在对人力资本、非人力资本和自然资源的自由使用进行约束的制度安排，便没有任何组织或个体能够生存，由此便产生了约束人们行为的各种制度安排。由灾害的发生而导致的资源紧缺，更需要一种运转良好的救济体系作为保障。

针对灾害带来物质稀缺的严峻现实，中国传统社会设计了一系列的条约、制度，来规范人们的行为，尽量减少因灾害发生而导致的灾难性后果。在原始社会，当人们面临食物匮乏时，形成一种“残忍”的制度安排，即年轻人享有食物使用的优先权，老人只能选择饿死。在食物匮乏的情况下，老人甚至成为年轻人延续生命的食物，可见救灾制度安排在人类的悠久历史。其后历朝历代，关于救灾制度的记载史不乏书。

商朝人很重视水、旱等自然灾害，经常举行因灾祭祀等救灾活动。在殷墟发现的十多万件甲骨中，有数千件与求雨、求雪制度有关。这一时期各种救灾制度被广泛使用，比如灾害祭祀，《诗经》有“以祈甘雨，以介我稷黍，以谷我士女”的诗句；灾害赈恤，《逸周书·籴匡》记载“大荒，舍用振穷，开廪同食”；《周礼》卷十六《地官·仓人》记载其职责为“掌粟人之藏。辨九谷之物，以待邦用。若谷不足，则止余法用；有余，则藏之，以待凶而颁之。”可见，赈济凶荒是仓廪的重要职能。《管子·大匡》记载了齐桓公时的税敛之法：“上年什取三，中年什取二，下年什取一。岁饥不税，岁饥弛而税。”这是古代典籍中有关灾害蠲免的最早记载。《周礼》卷十六《地官·司稼》则有“巡野观稼，以年之上下出敛法”，这也是针对灾害的赋税蠲免。在列国之间，调粟救民、分灾救患、劝分济贫等活动更是广泛展开。

成书于战国时代的《周礼》是我国最早的一部关于典章制度的书，该书对传统社会早期的政治制度、司法制度以及经济制度等都有详细的记载，救灾制度的雏形在《周礼》中也得到了广泛的记述，反映了我国传统社会早期的救灾活动安排。从《周礼》的记载中可以看出，中央政府已经任命了灾害观测与抗灾救灾的官员，并明确了某些官员所要承担的具体的减灾任务以及赏罚标准。《周礼》六官之中，全面负责管理灾害与饥荒救济的官员是天官冢宰；勘察灾情、确定灾年等级以进行救助的官员是士师；观察天象、预测年份好坏的专门职官是保章氏。《周礼·地官司徒第二》中所提出的“以荒政十有二聚万民：一曰散利，二曰薄征，三曰缓刑，四曰弛力，五曰舍禁，六曰去几，七曰眚礼，八曰杀哀，九曰蕃乐，十曰多昏，十有一曰索鬼神，十有二曰除盗贼”，尽管具有理想化的色彩，但应该说是对这一时期救灾活动发展的总结，从理论和实践上奠定了后世荒政的格局，反映出当时灾害救助政策与措施已经基本完备，达到了一定的水准。以后的历代王朝多遵循这一思路展开救灾活动，只是一些名称发生变化，内容上偶有创新。

南宋后期，人们开始系统的整理和总结源自民间与官方的救荒经验和赈灾措施。董煟总结前朝经验编撰的《救荒活民书》是我国最早的一部关于灾害时期社会各阶层尤其是统治阶层应对策略的救荒专著。此后历朝历代都有研究政府及社会其他阶层灾害时如何应对的文献。比如元代张养浩的《三事忠告》、欧阳元的《拯荒事略》等。明清由于灾害的愈发频繁而形成了对中国古代救荒制度进行总结的一个高峰，粗略统计明朝约有 14 部相关书籍问世，比如林希元的《荒政丛言》、屠隆的《荒政考》、钟化民的《赈豫纪略》、俞汝民的《荒政要览》、何淳之的《荒政汇编》、刘世教的《荒箸略》、周孔教的《荒政议》、陈继儒的《煮粥条议》、毕自严的《灾祲窾议》、陈仁锡的《荒政考》、孙绳武的《荒政条议》、潘游龙的《救荒》、陈龙正的《救荒策会》等。清代则出现了由乾隆皇帝亲自监修的《钦定康济录》，并成为救荒著述最为丰富的一个朝代。在由李文海、夏明方等编撰的《中国荒政全书》中，清代人所写的荒政著作就占了全部书籍的90%多。

（二）20 世纪以来国内学者灾荒史研究进展

20 世纪初，现代意义上对灾荒研究的专著开始出现。开首创之功的是邓拓先生的《中国救荒史》，1937 年此书由商务印书馆出版后，历多年而不衰。至今其统计数据仍然是现代学者研究的重要参考依据，全篇研究内容更是深深影响了后来学者的研究思路。虽然书中的统计数字或可商榷，但它在中国灾荒史研究上的地位不容忽视。可以说，整个 20 世纪的灾荒史研究，在单本著作的涵盖性方面，尚未有学者能突破邓拓的樊篱，该书实有承前启后、筚路蓝缕之功。如何在前辈学人的基础上更进一步，就成为现今灾荒史研究者的重要使命。同一时期的荒政类书籍尚有：黄伯录《中国地震目录》、陈高傭的《中国历代天灾人祸表》、李秦初《汉朝以来中国灾荒年表》、朱焕尧编《江苏各县清代水旱灾表》、黄泽苍《中国天灾问题》、王龙章《中国历代灾况与振济政策》等。据宋正海（2008）统计，清末民国时期关于灾荒的论著有 45 本（篇）。

新中国成立后，国家对减灾防灾工作的高度重视，带动了灾荒史研究的发展，出现了一批有分量的研究成果。在资料的整理汇编方面，从 1953 年开始，中国科学院地震工作委员会组织整理编制了《中国地震资料年表》、《地震烈度地区划图》等一系列地震图表，成为新中国科学方法整理史料以服务于国家建设的开端（竺可桢，1954）。此后，又在进一步发掘史料的基础上加以扩充、修改，编成《中国地震历史资料汇编》。另外，20 世纪 60 年代初，王嘉荫编成《中国地质史料》，50 至 80 年代各省陆续编成出版了自然灾害年表。在此过程中，中科院、社科院、水电部等分别对中国历代的天象、潮汐、大河流域洪涝的档案材料、农业灾荒等各类自然灾荒，以及相关自然现象，做了大量资料整理工作。比如中国社会科学院历史研究所编成的《中国历代自然灾害及历代盛世农业政策》、宋正海主编的《中国古代重大自然灾害和异常年表总集》等对我国历史上的各种灾异史料予以分类编排。

资料的整理促进了专题研究的开展。1972 年，竺可桢发表了《中国近五千年来气候变迁的初步研究》，成为研究气候异常和气象灾害历史的典范之作。在分灾情、分省区、分流域、断代研究诸多领域取得了很多成果。纵观 20 世纪 50 年代以来的研究进展可见，越来越多的自然科学家加入到灾害历史研究队伍中，这不仅壮大了灾害研究的力量，更在研究领域的开拓，研究方法、手段的进步、革新，研究成果的精确化、科学化等方面起到了不可替代的作用。在这种趋势下，到 20 世纪 90 年代，对中国古代灾荒史的研究进入了一个崭新的阶段（张建民、宋俭，1998）。尤其是 1991 年和 1998 年两次百年不遇的特大洪水的发生，学术界对防灾减灾问题更加重视。近年来，随着全球变暖形势的日益严峻，灾害更成为一个全球化的问题。2000 年以来，以李文海、夏明方为代表的荒政史研究者将散落于北京、上海、广州、天津等地各大图书馆、档案馆、博物馆甚至一些地方县级图书馆，以及美国、日本和我国台湾等地的救荒文献进行系统整理，编撰成《中国荒政书集成》，计收录文献 187 种，总字数约 1 200 万，基本囊括目前所知所有较为重要或珍稀的救荒文献，并按照问世时间顺序编排，大体反映了先秦至清末中国救荒思想和救荒实践的概貌。

在这一阶段，原有的学科界限被打破，社会科学与自然科学、经济学充分交叉、联合，一些学者将经济学、历史学、医学、社会学等学科理论结合在一起，使我们对灾害的考察更加细致全面，成为灾害史探讨的一个新思路，大大推进了灾害史的研究进展。初步统计，关于中国传统社会救灾的研究成果广泛涉及到历史的各个朝代，而且往往一个朝代有几部论著、上百篇论文出现[①]。择其要者有：李文海（1990，1991，1993，1994）、袁林（1994）、李向军（1995）、王振忠（1996）、张剑光（1998）、孟昭华（1999）、夏明方（2000）、谢永刚（2003）、陈业新（2004）、孙绍骋（2004）、张敏（2004）、卜风贤（2006）、阎守诚（2008）、段伟（2008）以及袁祖亮（2009）、石涛（2010）等。这些专著的出现虽然存在一些不足，但无疑开创了灾荒史研究的新局面，在社会领域引起很大的反响[②]。

（三）海外学者中国古代灾荒史研究进展

海外学者对中国灾荒的关注始于20世纪初，困惑于曾经一度领先于世界的中国为何在明朝中叶开始发展滞缓于西方国家[③]，来自海外的学者们开始探究其中的原因。他们将灾害视为其中的重要阐解选项之一，当时关注的焦点主要集中于更关注饥荒与中国政府的功能、世界历史中的清代救灾活动、文化和宗教

---

① 关于近年来灾荒史研究现状的回顾与总结，主要有以下文献值得关注，分别是：阎永增和池子华（2001）、卜风贤（2001）、朱浒（2003）、邵永忠（2004）、于运全（2005）。

② 曾有论者一度认为，“关于灾荒研究方面的著作却少得可怜……至今还未见一本‘灾荒学’方面的理论专著。单项灾荒的专门研究也几乎是空白。”（包泉万，2001）这种观点是经不起事实推敲的。

③ 这种困惑以李约瑟和韦伯为代表，称之为“李约瑟之谜”和“韦伯疑问”。对于此疑惑，许多学者都给出了解释。如谢和耐（Gemet）、“加州学派”（the California School）的彭慕兰（Kelllleth Pomeranz）、弗兰克（Andre G. Frallk）、王国斌（R. Bing wong）等以及林毅夫、姚洋、李伯重等。参见姚洋：《高水平陷阱——李约瑟之谜再考察》（《经济研究》2003年第1期）对这一问题的综述。

对饥荒的反应等三个问题上（艾志端，2010）。这一时期具有代表性的文献主要有：马龙格《中国灾荒之原因》（Mallong，The Cause of Chinese Famine）、何西《中国之旱灾》（Hosie，Droughts in China）、马洛里《中国——饥荒的国度》（Mallory，China—Lang of Famine）等。50 年代之后，海外学者将灾荒纳入社会史研究的视野，将其与社会救济与慈善事业结合在一起[①]，而西方的中国灾荒史研究取得较大发展，始于 1980 年代初，此一时期借助新材料（特别是源文件）的发掘、新方法的运用和新视野的开拓，饥荒研究欣欣向荣，成果丰硕，诞生了一批极具分量的灾害史名著。其中，魏丕信（Pierre－Etienne Will）所著《Bureaucratie et Famine en Chine au 18e Siecle》（《十八世纪中国的官僚制度与荒政》）、李明珠（Lillian M. Li）教授所著《Fighting Famine in North China：State，Market and Environment Decline，1690s－1990s》以及 Kathryn 所著《Tears from Iron：Cultural Responses to Famine in Nineteenth－Century China》是三部具有重要影响的著作。

法国学者魏丕信通过对清代著名水利和植棉专家，曾任直隶总督的方观承所撰写的《赈纪》一书的考察，分析研究清代的官僚体制在灾荒时期的运作，证明了国外学界认同的 18 世纪是“中国救荒的黄金时期”的说法，批驳了认为明清时期政治不堪的论点，以全新的角度拓宽了我们研究中国救灾制度的视野，受到学者的广泛推崇与重视。李伯重（2003）对其做出了高度的评价，他认为，该书发现了“一抹有关救荒政策总面貌的令人拭目的光亮”，它一反“充斥在中国官僚著述中的深厚的悲观主义”和“根深蒂固的怀疑论传统”，对明清中国官僚制度作出积极向上的正面评价。周荣（2007）则认为，这部著作实际上成为“从

① 魏丕信之前海外学者关于荒政制度的研究发展情况，见周荣（2007），艾志端（2010）。

晚明到19世纪中期的中国荒政史”。此外，魏丕信还与王国斌、李中清（Will、Wong and Lee，1991）共同撰写了《Nourish the People：the State Civilian Granary System in China，1650—1850》一书，他们对清朝各省仓储制度的发展、基本结构、内部运作、成就及最终的衰落进行了丰富的制度史研究，并对清朝仓储在晚清中国和世界历史上的地位给予了重要的评价。通过对清代常平仓制度和赈灾的研究发现，与同时期的近代欧洲各国相比，清代国家政权不仅表现出一种独特而强烈的“家长式责任”和“家长式关怀”，总是“把人民（特别是农民）的物质福利作为国家要解决的头等重大的问题”，而且早在西欧各国成为近代福利国家之前，就已经实行了一系列复杂而有效的“保障人民起码生活权利的物质利益手段”（李伯重，2003）。

李明珠（Lillian M. Li）教授是海外学者中研究明清灾荒与社会的另一位代表①。李教授在研究华北地区粮价与饥荒以及溺婴等方面，新意迭出，所著《Fighting Famine in North China：State，Market and Enviroment Decline，1690s—1990s》一书通过历史学与计量经济学的结合，对1690年以来华北地区灾害与人口、水利、粮价、市场等关系的研究，系统地探讨了这一地区的救灾抗灾的基本情况，重新评价了中国历史经验中饥荒、人口压力和农村贫困的重要性，她认为：“在很大程度上，19世纪的生态危机是18世纪帝国运行取得巨大成功而非失败的产物。”与魏丕信一样对中国古代的救荒制度

① 实际上，西方灾荒史研究取得现在的发展与李教授的贡献密不可分。1980年8月在哈佛大学成立的“中国历史上的食品与饥荒工作室”即是由李明珠教授组织的，同时得到了社会科学研究委员会和美国学术团体委员会的赞助，它把第一代西方的中国学者联合起来关注灾荒，并促成了1982年8月《亚洲研究》(JAS) 上的一次名为“食品、饥荒和中国”的讨论。而文中提及王国斌等合作编著的《Nourish the People：the State Civilian Granary System in China，1650—1850》是这个工作室的重要成果之一。

予以高度评价。该书无论是对历史研究者，还是现实政策的探讨者而言，都具备极高的参考价值。其他成就斐然的学者还有：悉尼大学的邓海伦、日本学者稻田清一、我国台湾学者王业键等[1]。后者将清代粮价整理成为数据库，为研究灾害与粮价之波动提供了很好的平台[2]。

Edgerton（2008）运用民谣、诗歌、碑刻以及民间传说等资料探讨了1876—1879年席卷华北的大旱灾这一全国性悲剧所显示的人性及社会面相，综合运用权利交换理论、符号分析、意识形态、跨文化比较研究等方法，剖析了深受灾害创伤影响的不同的文化反应及政治反响。作者并提出了饥馑中女性很可能比男性更能幸存下来和人相食的意义等与以往研究迥异的论题。

2007年新年伊始，德国科学家格拉尔德·豪格（Gerald H. Haug）等发表于《Nature》上的论文《Influence of the intertropical convergence zone on the East Asian monsoon》中关于气候变化与唐朝兴亡的论述吸引了国内外广泛的关注与讨论。豪格领导的研究团队从广东湛江一处湖泊中提取沉积岩岩心，并根据检测结果推断，公元750年前后，唐王朝开始经历一段相对干旱时期，在这一段时间内，曾不止一次出现以3年为周期的极干旱时期，导致降雨量减少和持续干旱，造成灾荒，进而引发外族入侵和农民起义，促速唐朝灭亡。一时间，灾害与王朝变化之间

① 具体文献可参见李文海、夏明方（2007）。这本论文集收录了2005年中国人民大学清史研究所和国家清史编撰委员会共同主办的“清代灾荒与中国社会”会议的大部分论文，特别是对海外学者关于灾荒史的研究收录颇多。

② 粮价表可以在台湾中央研究院近代史研究所网站王业键编撰的“清代粮价资料库”获得查看，http：//140.109.152.38/。由中国社科院经济所编撰的《清代道光至宣统间粮价表》，也已由广西师范大学出版社于2009年出版。

的关系成为学术界探讨的焦点①。

但实际上，这种论点在国内却并非新创，满志敏（1990）、蓝勇（2001）等一大批历史地理学的研究者，早在若干年前就提出过类似观点。虽然其检验手段有所差别，一个是科学的选取地点与物质进行检验，另一个是采用历史文献的分析，但影响力却截然不同，前者在国际顶级刊物发表，引发国内外的轰动与强烈争议，而后者却仅有学术圈内相关学者做过关注，其他学者少有问津，这一现象难道不值得已走向国际化的学术界进行认真地思索吗？

（四）国内外研究现状评述

从国际学界看，对灾荒的研究业已被视为重要的理论框架和分析工具（Alexander，1991；Bergman，2008），这些理论阐述对我国灾害史的研究具有重要的指导意义。虽然近 20 年中国灾荒史研究进展显著，成果卓然。学者们已经从单纯的分析灾害的自然属性与观察灾荒救济转变到关注灾害的社会属性，并逐步实

① 例如，Zhang（2007）等依据中国历史气候记录提出了 4 项质疑：①对所谓唐朝后期气候干旱提出质疑，认为这与历史记录不符，唐朝灭亡前的最后 30 年正处于多雨期而不是干旱期；②对"冬季风强则夏季风弱"及"东亚夏季风弱则夏季干旱少雨"提出质疑，认为德国学者的推论存在问题；③对用钛含量值作为冬季风强弱变化的代用指标提出了质疑，认为将钛含量值作为冬季风强度的代用指标的科学依据尚不充分，需要进一步的检证；④认为将公元 751 年的怛逻斯之战作为唐朝转衰的标志事件是对历史的误读，实际上，安史之乱及其随后相继发生的藩镇割据、国内战争和社会动乱，极大地消耗了国力，是导致唐朝衰亡的重要原因。

现多学科的综合研究[1]。当前的灾荒史研究主要呈现三条路径："就灾言灾"：通过史料定性、量化统计恢复灾情，总结特征，探讨原因；"因灾而赈"：救灾措施、救灾组织、救灾思想的研究；"由灾及人"：社会史视野中的灾荒史研究（郝平，2010）。这三条路径基本上概括了当前灾荒史研究的诸方面。

但与国外学者灵活应用跨学科理论，分析研究更具有参考价值与现实意义相比，国内的研究虽然论著繁多，但重复性过多、创新性缺少等问题仍旧值得我们反思。李文海（2007）在为《天有凶年》一书作的序中指出，社会的需求也把我们推向了研究灾害极好的发展机遇，只有避免当前灾害史研究中的某些误区，才能更好地推进这一课题的研究发展。概括而言，主要的缺失可以归纳为：

第一，重复性研究过多。姑且不考虑著作的质量，仅从数量来看，重复研究的文献就有很多。如通史除了《中国救荒史》外，又有《中国灾荒史记》、《中国救灾史》、《西北灾荒史》、《中国自然灾害史》（总论）等；关于秦汉的灾害与救济则有《灾害与两汉社会》、《周秦汉晋农业灾害和农业减灾方略研究》，明清更多，且广泛涉及各个方面，如《明清时期自然灾害与江淮地区社会经济的互动研究》、《清代荒政研究》、《灾荒与晚清政治》、《地方性流动及超越：晚清义赈与近代中国的新陈代谢》，《救灾与济贫：中国封建时代的社会救助活动（1750—1911）》等，这尚不包括多篇可能随时出版的硕博士学位论文。从单本著作看，

---

① 近些年来，对中国灾荒史研究的总结已取得很大进展，多篇具有影响力的综述发表，就古代部分而言，综述中既有微观的断代论述、专题分析的，更有宏观的通史分析。前者如刘继宪（2006）对魏晋南北朝、幺振华（2004）、彭展（2005）对唐代荒政与蝗灾等灾害研究的总结，朱浒（2003）、范瑞（2008）对明清灾荒与救济的评述等以及汪志国（2006）对区域灾害、王鑫宏（2009）对"丁戊奇荒"典型灾害的总结；后者如卜风贤（2000，2001）、邵永忠（2004）对农业灾害史以及荒政史的总结。这些综述成果充分反映了20世纪以来中国灾荒史研究的丰富成果。

都是值得一读的作品，但参照来看，却往往有“既生瑜，何生亮”的感叹。

第二，关于救荒研究的内容与框架缺乏创新。现有研究基本遵循着邓拓《中国救荒史》中所列出的积极与消极的救灾措施两大套路——若更远追溯，《救荒活民书》，甚至《周礼·地官司徒第二》规定的救荒的总体架构也是如此，缺乏有突破性的创新。即或是新近出版的多卷本的《中国灾害通史》，虽然在现实性上有所创新，对海洋灾害等以往关注较少的灾种予以了关注，但其在资料的选用以及细节把握上的诸多舛误，以及秉承传统的框架体系，仍削弱了本书在本领域应有的开创之功。

第三，理论应用缺少突破。这是国内学者与国外学者对比最缺少的环节之一。虽然有学者试图通过多学科、跨领域的文献来研究灾害与社会的诸多问题，比如运用现代医学理论研究瘟疫、从生态视野观察王朝兴衰等，并取得了较好的反响。但多数著作仍旧遵循着历史学分析史料、经济学重视数据的模式展开，二者进行结合的案例仍然不多①。也有学者通过当代经济学家的理论寻求突破，比如对诺贝尔经济学奖获得者、印度经济学家阿马蒂亚·森（Sen）“交换—权利”理论的应用，虽然有林毅夫、杨涛等探讨“1959—1961”三年灾害的成功案例在前，但应用于古代社会灾荒相关问题的研究却有待深入。实际上，唐代著名诗人杜甫在《自京赴奉先咏怀五百字》中所写的“朱门酒肉臭，路有冻死骨”以及白居易在《秦中吟》中说的“一丛深色花，十户中人赋”，可以认为是对森的理论的古典阐释。

第四，虽有新概念的运用，却缺乏深入的探讨。虽然有学者

① 但也时有佳作问世。例如彭凯翔（2006），但这类著作实在是太少。况且彭著也并不是主要探讨灾害的，灾害只不过是考察的一个变量而已，但该书仍具备很高的参考价值。灾害史研究方面，新近出版的石涛（2010）则是将灾荒史研究与经济学、管理学结合较为成功的一部著作。

刻意通过对新概念的运用来避免陷入重复研究的质疑，但从实际内容来看，实在难说有突破之处。具体到灾荒史的研究，往往将社会保障或社会救济这一“流行元素”加入其中，但其中却摆脱不了灾荒及其救治的基本范畴。比如宋代，就有《宋代社会救济研究》、《宋代民间慈善活动》、《宋代社会保障》等多部论著，这还不包括一些通论的著作。这些著作在相关研究领域的学术动态上往往给人滞后的感觉，如对宋代社会救济的研究就早有诞生于1973年王德毅的《宋代灾荒的救济政策》在前，在后来的一些著作中，却往往进行重复的论述，难免给人拾牙慧的感觉；或者虽有意在理论上另辟蹊径，但实际却也遵循常规套路，即未将经济理论或社会理论真正贯穿于实际的探讨中，而仅仅是单纯的希望通过几个概念的转换，来吸收已经被广泛使用的史料。这样的著作，无论在史料取舍，还是理论的创新上都难以给人别具一格的视野，且往往使人感觉强拗。况且在史料的运用上也存在令人诟病之处。

第五，在研究的方向上过于集中，缺少有价值的突破。特别是缺少比较灾荒史的探讨，笔者所见的文献仅有卜风贤（2005、2007）等少数几篇。从目前全球一体化的趋势看，对国际经验的比较学习与总结应成为我们突破的领域之一。

世行专家 Ravillion（1997）对文献的梳理提醒我们，对救灾中政府行为进行研究极其重要。究竟为什么在世界范围内政府的救灾行为以失败居多？现有的文献给这一问题的回答提供了丰富的土壤。同时，作为一个有久远灾荒史与完善的救灾制度体系的国度，翔实的史实也为我们提供了更为丰富的资料。

三、本书研究方法

从根本上讲，本书的研究范畴属于历史学的研究，但在研究的过程中将综合运用多种方法，特别是将借鉴使用新制度经济学的相关理论，希望在研究方法上不完全拘泥于传统史学的框架而有所突破。

历史学研究必须以历史资料为基础，同时又要使用正确的研究方法，“方法论应当占有与历史资料同等重要的地位”（吴承明，1995）。巴勒克拉夫（1985）指出：“在所有社会科学中，对历史学影响最大的是经济学。”他并引用戴斯的话，说：“迄今为止，经济学是对历史学唯一作出最大贡献的社会科学。”其主要原因不仅是因为“自从亚当·斯密、李嘉图和马克思时代以来，历史学家已经充分认识到了经济因素在历史变革的形成中的重要性”，而且也是因为“经济学在形形成一套完整的理论方面远远走在其他社会科学前面”。对于经济史学而言，由于这一学科本身的特殊性，“历史学和经济学的方法是经济史研究的两大基本方法。”（李伯重，2001）因此，经济史研究要不断地从经济学理论、社会思潮和认识论的最新成果中吸取养料。历史学方法与经济学方法的结合将有效开拓经济史学科的研究与发展。

在经济学各种流派中，新制度经济学与历史学的结合是一个成功的范例。虽然对制度因素的重视有着悠久的历史，大卫·休谟、詹姆斯·斯图亚特、亚当·斯密对制度都十分重视，但早期的研究多是将其作为一种预先假定的因素，Davis 和 North（1971）认为：“传统的历史学家已表现出对使人类行为得以发生的制度的兴趣，他们的许多著作中包括了对人们与这些制度之间的相互影响的检验。另一方面，经济史学家（尤其是新派史学家）则将他们的努力集中于用经济上的理性行为来解释过去的事件，制度被视为既定的，那些更为传统的史学家的考古癖有时会受到蔑视。或许是由于他们对长期变迁的关注，传统的史学家已承认，制度确实在很大程度上与经济增长的速度和模式有关（一种对它们来讲是很显然的相互关系，不过经济学家只是逐步领略到的）。许多史学著作往往热衷于对政治、军事和社会制度的演进与发展的研究。”至 20 世纪 30 年代之后，新制度经济学的出现，对经济演进中制度的重视才成为经济学界讨论的一个焦点。

科斯、诺斯、福格尔先后凭借对这一工具的获得经济学界的褒奖，他们在研究西方世界的兴起、美国经济增长等实证研究中作出了巨大的成就。比如，诺斯和托马斯（1973）将西方世界兴起的原因归结为发展了有效率的经济组织，认为“有效率的经济组织是经济增长的关键，一个有效率的经济组织在西欧的发展正是西方兴起的原因所在”。制度在历史学和经济学中地位越来越重要。将制度用以检讨政治学、经济学、社会学、历史学、人类学、认知科学等社会科学领域的实际问题成为新制度经济学的重要创新。

新制度经济史学是新制度经济学在经济史研究中的具体应用，是在新制度经济学和新经济史学革命的推动和促进下发展起来的。它在研究方法上对传统的发展经济学产生了巨大的影响，极大地拓展了新制度经济学的应用范围，给经济史研究引入了新的范式（韩毅，2007）。它的核心内容是制度、制度变迁和制度创新，以产权、国家和意识形态理论为主要分析框架。这一学派指出，传统的经济学分析方法无法说明经济增长现象的重要原因是对制度因素的忽视，以往经济研究中将交易假设在真空中的理论近似“空中楼阁”，既不科学，也不实际。经济运行中存在交易费用不容忽略，制度的作用就是通过一系列规则来界定交易主体之间的相互关系，减少交易费用，促进经济发展。制度是广泛地存在于社会的方方面面，只要人与人之间发生关系，就需要一种规范来约束这种关系。这种约束人与人之间关系的规范就是制度，它是一种涉及社会、政治和经济行为的行为规范，“是从一群人、一个社会中生成的。它是利益互相冲突着的人及其组织之间妥协的产物。它是内在于人群和社会的。一个在社会中生成的制度，包含了这一社会的环境特征、人的自然禀赋。”（盛洪，2003）林毅夫（1994）认为，“制度”也称“制度安排”，“制度安排的定义是管束特定行动模型和关系的一套行为规则。制度安排可以是正式的，也可以是不正式的。……经济学家用‘制度’

这个术语时，一般情况下指的是制度安排。”在经过《经济史中的结构与变迁》、《制度、制度变迁与经济绩效》等文献的研究后，诺斯在1993发表的《制度变迁的埋论》中对“制度”作了详尽的定义：“制度是人们所发明设计的对人们相互交往的约束，它们有正式的规则、非正式的约束（行为规范、惯例和自我限定的行为准则）和他们的实施机制所构成。”

从诺斯的定义看，虽然制度种类繁多，但大致可分为两大类，一是硬制度（正式制度），二是软制度（非正式制度）。从新制度经济学的分析角度看，正式制度即约束人们行为关系的有意识的契约安排，包括政治规则、经济规则和一般性契约，也包括宪法、成文法和不成文法，到特殊的细则，最后到个别契约等一系列人们有意识创设的行为规则；非正式制度即从未被人有意识设计过的规则，是人们在长期交往中无意识形成的行为规则，主要包括价值信念、道德观念、风俗习惯、意识形态等，他们在正式制度没有“定义”的地方起着约束人们行为的作用。诺斯认为，意识形态是一种行为方式，这种行为方式通过提供给人们一种“世界观”而使行为决策更为经济。一般而言，正式制度可以一瞬间发生变化，而非正式制度的改变却是一个相对漫长的过程。非正式制度来自社会所传达的信息，是我们称之为文化的遗产的一部分。非正式制度的建立早于正式制度，后者是对前者的逐渐替代。换句话说，正式制度都是在这些习俗、习惯为大多数人所采用，并且这些习俗、习惯给人们带来更多好处的时候，才变为正式制度。

不管是正式制度还是非正式制度，它们都会有一个变迁的过程。程恩富、胡乐明（2004）认为，制度变迁是新制度产生、替代或改变旧制度的动态过程。作为替代过程，制度变迁是一种效率更高的制度替代原制度；作为转换过程，制度变迁是一种更有效率的制度的生产过程；作为交换过程，制度变迁是制度的交易过程。制度安排从供求均衡状态到供求非均衡状态再到供求均衡状态的动态调整过程，就是一个经济社会的制度变迁。从文献的研究来看，制度变迁理论大致有三种分类（程虹，2000；程恩富、胡乐明，2004）：

其一是以哈耶克为代表的演进主义制度变迁观。哈耶克坚决反对一切制度是人为设计的观点。在他看来，由于人类的知识和信息的都是非常有限的，人类实际上不能设计出任何有效的制度，只有自然演进的制度，才能形成好的制度。自然演进的制度可以充分地吸收来自不同主体的信息与知识，经由“试错过程”和“适者生存”的实践而逐渐生成，并且避免了由于一个中心的存在，而导致的制度不合理的风险。

其二是以诺斯为代表的建构主义制度变迁观。诺斯在《制度、制度变迁与经济绩效》中指出，制度是人们创造出来的东西，制度演进着，也为人们改变着。也就是说，制度是人发明和设计创造出来的，也能为人们有意识的行动所任意改变的约束人们行为的规则。对于制度变迁的主体，诺斯借鉴熊彼特的企业家创新理论，认为是“广义企业家”。诺斯认为，政治组织就是政治性企业，政治家就是企业家。制度变迁有个人、团体和政府三个层次。

其三是以奥尔森为代表的集体行动理论。奥尔森的理论与方法以集体行动的内在矛盾和固有逻辑为基础，以分析利益集团的影响及其作用机理为主线，认为制度变迁的根源取决于利益集团的形成与发展。利益集团的强大和发展会影响一个好的经济制度的出现，利益集团的削弱和减少会有利于一个好的经济制度的出现。奥尔森的理论是对诺斯与哈耶克理论的综合。他既不认为制度完全是理性设计的产物，因为不同利益集团的博弈，才是决定一个制度优劣的根本原因；也不认为制度是自然演进的，因为利益集团显然是一个对制度变迁具有决定作用的。并且具有明确利益目标的主体。

无论是哈耶克、诺斯还是奥尔森的理论，都是有所缺失的。

制度变迁既不单纯是人为地选择，更不是自然的演进、利益集团的选择，而是由客观条件决定的（程恩富、胡乐明，2004）。而他们的研究主要是针对西方世界的经验总结，对中国并不一定具备完全的适应性。比如，奥尔森的利益集团理论认为利益集团的削弱才会导致好的经济制度的出现。但没有对利益集团进行划分，比如代表国家利益的统治集团，以及小集团利益的党派集团，两者可以达到共荣的正和，也会出现负值。在检视中华帝国的统治史不难发现，在中国这样一个有着广袤疆域、多种文化、多民族、多种经济形态的前提下，必须要有一个强大的集团进行统治，通过帝王及其代理人的官僚集团政策的强化，才能保持社会的稳定与国家的统一。虽然在短时期，可能会出现由于党派利益集团的强大与纷争，比如汉唐时期的党争，影响经济制度的制定与运行的情况。但从整个历史时期来看，无疑一个强大的利益集团的存在更有利于中国的发展，以及大一统帝国的运行（杨松华，2003）。

关于制度变迁的方式，学者们从不同角度进行划分。一般有渐进式制度变迁与激进式制度变迁、诱致性制度变迁与强制性制度变迁、需求诱致型变迁与供给主导型变迁三种形式。

1. 渐进式制度变迁与激进式制度变迁 前者指变迁过程相对平稳，不会引起大的社会震荡的变迁形式，它需要较长的时间；而后者是指在短时间不顾及各种关系的协调，采取果断措施进行制度创新与变革的方式。诺斯（1990）指出，前者是连续性的演进过程，后者是非连续性的，即正式规则的一种根本变迁，常常是武力征服和革命的结果。他说，战争、革命、武力征服以及自然灾害都是非连续性制度变迁的源泉。由于非正式约束在社会中的嵌存，激进性的制度变迁虽然是非连续的，但也非完全非连续的。尽管正式规则可以因为政治与法律的规定而在一夜之间发生变化，但是体现于习俗、传统和行为准则中的非正式约束与刻意的政策相比更难于改变。这些文化约束不但把过去与未来连接起来，而且是我们理解历史变迁之路径的关键。

2. 诱致性制度变迁与强制性制度变迁 对于这两种方式，林毅夫（1989）、V. W. 拉坦（1994）等经济学家都有过专门的探讨。一般认为，诱致性制度变迁是指一群（个）人在响应制度不均衡引致的获利机会时所进行的自发性变迁，也就是，它是由一群人自发倡导、组织和实行的制度变迁。强制性制度变迁指的是由政府命令和法律引入和实行的变迁，通常把由国家和集团主导的制度变迁成为强制性制度变迁。前者的主体是个人或团体，而后者是国家或政府；前者面临的问题是外部性与搭便车，后者则主要面临着统治者的有限理性、意识形态刚性、官僚政治、集团利益冲突等；前者的影响因素是经济因素，后者则是政治与意识形态因素的对制度变迁成本的影响较大。两者虽然存在不少差别，在实际生活中，两者是难以完全区分的，它们往往互相联系、互相制约、互相补充，共同推动着社会的制度变迁。当前者满足不了社会对制度的需求时，由国家实施强制性的制度变迁就可以弥补制度供给的滞后与不足（程恩富、胡乐明，2004）。我国的农村联产责任承包制的制度演变就是对这一问题的最好解读（冯开文，1998）。

3. 需求诱致型变迁与供给主导型变迁 前者假定，追求利益最大化的单个行为主体总是力图在既定的制度约束条件下，谋求确定预期对自己最为有利的制度安排和界定，一旦发现制度的不均衡，就会产生制度变迁的要求，一般来说，是一种自下而生的制度变迁。后者则是在一定的宪法秩序和行为的道德规范下实现的，政府是决定制度的供给的方向的主导力量，而政府的这种优势地位又取决于政府集权的程度、财力集中的程度以及权力中心在国民心目中的威望程度等。由于两者在统一制度安排上的预期与收益不同，就会产生双方在需求上的差异，在制度的供求上产生矛盾。

制度变迁的三种形式是有着相通之处的。比如需求诱致型变迁就可以理解为诱致性制度变迁的一种形式，而强制性制度变迁与激进性制度变迁、供给主导型变迁的主导者也都有政府这一主体；渐进性制度变迁与诱致性制度变迁都是一个缓慢的过程。

制度变迁过程中存在强烈的路径依赖性格，它对制度形式的转变产生重要的作用。经济学家对路径依赖问题的重视，最初始于对技术演进过程的自我强化和路径依赖性质的研究，而这一开创性工作首先是由 W.B. 阿瑟和保罗·A·戴维做出的。在此基础上，诺斯将这一思想引入到制度变迁的分析框架之中，创立了制度变迁的路径依赖理论。诺斯对制度变迁的路径依赖问题的关注，源自于他对其学说的一个核心问题的思考：为什么历史会选择那些经济绩效较差的经济制度并使其长期存在？这个问题是传统理论不曾思考也无法解释的。沿着阿瑟和戴维的思路，诺斯把路径依赖的相关概念和分析方法引入了制度变迁的分析之中。他认为，在制度变迁中，同样存在着报酬递增和自我强化机制。这种机制使得制度变迁一旦走上某条路径，它的既定方向就会在以后的发展中得到自我强化，从而形成对制度变迁轨迹的路径依赖。诺斯认为，决定制度变迁轨迹的有两个因素：一个是报酬递增，另一个是由显著的交易成本所确定的不完全市场。而阿瑟和戴维都没有注意到第二个因素的作用。如果没有报酬递增和不完全市场，制度是不重要的。“但是，在存在报酬递增时，制度则是重要的，阿瑟的所有四个自我强化的机制是适用的，尽管它们在某些方面具有不同的特征。”一种制度矩阵的相互依赖的构造会产生巨大的报酬递增，而递增的报酬又会使特定的制度轨迹保持下去，从而决定经济长期运行的轨迹。

历史制度分析学派的代表人物格瑞夫（Greif，1998）曾总结道：“制度是历史进程的产物。在这一历史进程中，过去的制度、经济、政治、社会和文化的特征相互作用，定型了现行制度及其演进。”历史上的很多制度，都是建立在过去制度的基础上的，可以说表现出了一定的路径依赖性。诺斯认为，“路径依赖”

是对经济长期变化作出分析性理解的关键。这是因为，一方面，制度变迁滞后性的产生与路径依赖有很大关系；另一方面，一个社会制度演变的路径是以以前制度变迁的轨迹，它在很大程度上制约了制度变迁今后的发展。在诺斯看来，正是由于路径依赖的存在，导致了一些经济制度安排的高效率，同时另一些经济社会的低效率制度安排的存在。路径依赖理论的提出，有利于了解我国历史上朝代更替之际，良莠不齐的制度仍共同存在、发展这一问题。

新制度经济学认为，制度的变迁会经历不同的周期。他们认为，制度在每一局部改革或利益调整阶段可能会形成新的既得利益集团，制度变迁即在主导型利益集团的推动下，制度从僵滞阶段经由创新阶段而到均衡阶段的发展，是由制度僵滞、制度创新和制度均衡所构成的周期循环过程。一次制度变迁的过程就是一个制度变迁的周期。制度变迁是分阶段进行的，是不同利益集团外部利润引导下的博弈过程。而不同利益集团之所以有动力去推进或阻碍制度的变迁，源自于他们在一定物质条件下的利益取舍。同时，制度变迁并不是绝对效率高的制度取代效率低的制度，因为制度变迁是一个周期循环过程。由于利益集团的存在，某些效率更低的制度甚至会长期存在。

在制度的僵滞期内，独占型利益集团发挥作用，他们会在尽大范围内实现政府管制，以便获得其垄断利润。而政府在社会上尚未出现能够与其竞争的其他利益集团的情况下，贸然改变制度安排成本会很高。而且，制度变迁可能到来的风险不确定，也使得政府不愿作出变动。这种情况下，整个社会处于僵滞的状态。但伴随着边际收益的递减，制度的收益超过了维持该项制度的成本，不同资源要素相对价格出现变化。新的利益基团开始出现，一种新的产权制度也亟须建立，进入了制度的创新阶段。

新的利益集团的出现，对先前的独占型利益集团形成冲击。政府由于收入的减少，或者面对僵化体制的变革需求，对利益集团需要进行改革与重组。随着创新力量的强大，势必要求政府重新建立有利于它们的产权制度。创新利益集团通过与政府的谈判、妥协达成一致，而政府此时从创新集团的收益大于在僵滞阶段的收益，于是便开始保护创新集团。

但是仅仅依靠一个集团的力量是不能完成制度变迁的，必须拿出一部分收益与社会其他集团分享，于是便形成一个分享型的利益集团。该制度一旦形成，会进一步推动制度变迁的发展。此时，制度变迁又进入到第三阶段，制度均衡阶段。该集团为了使其受益能够长期化，就必须使在创新阶段所形成的新规则法制化、制度化。只有完成这一环节，新旧制度的更替才能完成。但随着社会的发展，制度均衡状态由于分享型利益集团缺乏创新的动力而再次演变为独占型利益集团。制度均衡再次走向僵滞的循环状态（卢现祥，2005）。

新制度经济学发展至今已成为重要的经济学流派之一，成为经济学界、历史学界以及社会学界等领域广泛使用的研究方法，它所主张的交易成本理论、产权经济学、契约理论等在学术界引起广泛的关注。

新制度经济学是20世纪80年代引入中国的，以吴承明、林毅夫、张维迎、黄少安、盛洪等为代表的经济学家致力于以中国的经验来验证和发展新制度经济学的理论。诺斯多年前就曾经提示“中国现存的制度知识及其是如何演化的”是值得关注的课题。吴承明（2002）也十分看重制度在中国经济变迁中的作用，他指出“任何经济都是在一定的制度保障下运行才能持久”，“生产和（或）交换的发展要求制度的革新，而在一定的生产力水平下，制度的良窳决定经济的盛衰”。黄少安（2008）在为郭艳茹（2008）所做的序言中指出：“从20世纪50年代新经济史学在美国产生后，对历史制度的研究一直是经济学研究的重要内容……在当前的制度研究中，经济学家越来越重视历史。”通过剖析制度来深入研究历史问题成为中国经济学界、史学界的新动向。盛洪（2004）建议“用新制度经济学的历史观重新评价我国几千年的经济史。”郭艳茹（2008）认为将制度置于长期历史经验中将更有助于探寻现存制度的未来走向，从而为打破中国历史中始终存在的“制度陷阱”提供一个合理的解释。

实证分析方面，许多学者运用新制度经济学的相关理论对中国经济的发展进行了阐释。比如，杨松华（2003）运用新制度经济学研究中国大一统制度进行了分析，她认为在这一制度的初创、巩固和完善阶段，它走的是一条迅速优化的道路，从而使古代中国出现了领先于世界的繁荣；在15世纪前后。大一统制度开始沿着原来的路径处于平衡延绵的状态，当西方国家开始为近代工业革命和资本主义制度积蓄力量和创造条件时，中国却因大一统制度的历史局限仍在农业社会的框架申缓慢地前进着；到了清朝后期，这一制度已经被锁定在某种无效率的状态之中，各种社会力量之间的矛盾达到了白炽化的程度。至此，中国已经不能沿着已有的道路继续往下走了。在帝国主义的入侵战争中失败了的中国，被迫引入了外生变量，开始按西方资本主义制度来改造自己。中国社会进入了近代发展时期。而高德步（2006）则指出中国封建社会长期延续的根本原因在于这一制度形式的确立是生产关系适应生产力发展的结果，并达到了非常高的水平。但“这种制度一旦确定，由于制度的报酬递增和自我强化机制的作用，导致中国的经济社会沿着封建道路发展，一直延续到近代，从而成为生产力发展的严重障碍。”段伟（2008）将新制度经济学与历史学进行了较为有效的结合，对秦汉社会自然灾害应对制度的建立及中国传统社会救灾制度的形成进行了深入的阐述与分析。对于中国历史进程中颇受关注的“李约瑟之谜”，学者们通过对新制度经济学理论的借鉴展开分析，所揭示的结论包含：中央集权的非竞争性和税收特征（Dimond，1999）、科学主义和理性思维的缺乏（Lin，1995）、高水平均衡陷阱（Elivn，1973）、产权保护制度的缺失（黄仁宇，1997）等。本书将在借鉴以往学者研究经验的基础上，并结合历史学研究法对中国传统社会救荒中的若干问题进行分析。

四、本书的基本架构

本书的基本逻辑框架是：中国多变的气候条件导致灾害的频繁发生，作为以农立国的传统国度，灾害对农业在人力、物力上形成重大的冲击，为了减轻灾害的危害，古代政府建立了一套完整的救灾体系。这一救灾体系可以划分为政治救灾与经济救灾两大类别。前者产生的理论基础在于“灾异天谴论”，而后者产生的理论基础是基于“重农”理论的思想体系。这一制度形式内容多样，在救灾中发挥着实际的功效。同时，本书指出，无论是政治救灾抑或经济救灾制度都有着来自于政府和民间的显著的层级划分。在政府占据主导地位的同时，民间社会自发的救灾行为起到很大的补充作用。受传统社会政治、经济等因素的影响，救灾制度存在一个变迁的周期。一般而言，王朝的中前期运行较为畅通，而后期则效果不佳。本书认为，对救灾制度产生阻滞的原因与古代社会“委托—代理”引发的制度性矛盾，及由此产生的救灾中的寻租行为、官民博弈关系密切。本书认为作为传统社会制度的重要组成部分，救灾制度的产生、发展与演变与古代社会的兴衰有着密切的关系，国家的产生、农民起义以及少数民族内迁等都与灾害密切相关。具体而言，本书的章节内容安排如下：

第一章导言部分介绍本书研究的意义，并梳理了中外古今对中国灾荒史的研究进展以及本书借用的主要理论方法。

第二章内容是系统探讨中国灾害的发生背景，即多变的气候条件。根据学者的文献梳理世界范围与我国历史上气候变化的分期，以气候变化对粮食生产的影响为例，探讨其在农业经济发展过程中发挥的作用；并分析了历史时期我国灾害的数量、时空分布及社会影响。

基于灾害多发的事实，中国传统社会建立了完善的救灾制度体系，这一体系的形成与灾异天谴论和重农的思想体系有着密切的关系。传统社会的救灾制度可以划分为政治救灾与经济救灾两大体系，每一体系都有着政府与民间的区别，但这种区别并不意味着两者的完全隔离，在一定时期，两者是互相联系，相互转变的。这是本书第三章所介绍的内容。

沿着前一章的叙述，本书的第四章在于阐明传统社会救灾制度存在一个变迁的周期，这一周期从断代史上看，有着僵滞期、创新期、均衡期到再僵滞期的演变；从历史发展看，制度演变也呈现出一定的特征。本章并阐释了影响制度变迁周期的因素，如诺斯悖论、路径依赖、财政实力等。

第五章是对中国传统社会救灾制度实施过程中阻滞因素的分析。本章认为，古代"委托—代理"的官员任免体制是最根本的原因所在，救灾中的寻租、入粟补官的异化是其主要表现形式；救灾过程中来自政府、富民阶层以及灾民之间的利益博弈也是影响救灾制度实施的重要因素。

救灾中除了制度性的救灾外，技术救灾也是一个重要范畴。第六章以明清以来美洲作物的引进为例，认为作物的引进是技术变革的范围，也是救灾制度的一种表现，它在中国救灾史上发挥了重要的作用。但其引发的生态后果也值得重视。

传统社会的统治者是理性的政治人，这影响了救灾制度的实施效果，它的成败关系到王朝的兴衰演变。这是第七章探讨的内容。本章探讨了灾害与国家起源、农民战争以及少数民族南下的关系，指出这些事件与救灾制度及其成效关系密切。

最后评价传统社会救灾制度及其演进、阻滞等相关问题，并提出相关建议。

第二章

传统社会救灾制度建立的背景

——历史时期的气候变迁与灾害

气候对人类生存状况的影响重大而深远，近 10 多年世界范围的气候异常给许多国家的粮食生产、水资源和能源造成了严重影响，一跃成为关系到人类生存的重要热门话题。农业生产作为借助自然体的一种社会活动，除受到各种社会经济环境和政策因素，如市场波动、国内外农业政策、农业管理水平，农业贸易、农业技术水平和土地利用政策等的影响外，还受到各种自然因素，如气候变率、极端气候事件（台风、洪水和干旱等）等的影响。近年来，人们逐渐认识到，气候变化越来越变成影响农业生产的一个主要因素，它通过影响作物生长、农田管理、耕作制度、种植结构、病虫害和土地利用等方面影响着农业生产活动和农业生态环境。

中国作为一个传统的农耕国家，农业是整个经济生产和生活中具有决定性意义的生产部门，它在发展进程中的盛衰荣败，直接关系到整个国家经济发展的水平，并进而影响到社会的稳定与否。作为以农立国的传统社会，气候因素成为中国历史进程中最重要的制约因素之一，古代文明的起源、王朝的兴衰、民族关系的变化、人口的迁移分布、经济重心的南移等都是适应气候的产物。古代社会，生产技术和生产方式落后，即使有所改进和提高，也是很缓慢的，因此气候的好坏以及由此导致的自然灾害的有无多少、农作物病虫害的有无多少等自然因素，就成了影响农业生产的重要乃至决定性因素。研究表明，温暖湿润的气候在总体上是有利于农业生产，而寒冷气候则引起农业萧条（王铮等，2005），从而直接导致整个经济的衰退，社会的更迭。因此，对中国历史气候的分析对于研究农业问题至关重要。所谓历史气候是指“人类文明出现以来尚无仪器观测的历史时期的气候”（中国大百科全书编辑委员会，1990）①。20世纪20年代以来，历史气候的研究日渐引起学术界的普遍关注（周书灿，2007）。通过探寻历史时期中国气候的变迁规律，总结应对之道，已成为包括自然科学、社会科学等多学科关注的焦点之一。

第一节 历史时期的气候变迁

一、历史时期气候变化分期

世界气候变迁与中国的气候演变过程既有重叠，也有其各自的发展趋势。从世界历史的演变看，气候变迁经历了以下几个阶段：①大西洋期（公元前4050—前2650）。亦称气候适宜期，温暖多雨，平均气温比现代高2.5℃；②亚北方早期（公元前2650—前2050），气候转寒；③亚北方中期（公元前2050—前1500），气候转暖；④亚北方晚期（公元前1500—前750），寒冷而干燥；⑤希腊时代（公元前750—前150），暖而湿润；⑥罗马时代（公元前150—公元350），寒冷干燥；⑦罗马时代后期（350—700），温暖干燥；⑧8世纪（700—800）。西北欧转冷，热带降雨减少；⑨次气候适宜期（800—1200），为近2000年最温暖的时期；⑩中世纪寒冷期（1200—1450）。西北欧冷而湿，出现严酷的寒冬；⑪中世纪温暖期（1450—1550）；⑫小冰期（1550—1890）。

① 中国大百科全书编辑委员会、地理学编辑委员会编：《中国大百科全书·地理学》，中国大百科全书出版社，1990年，282页。

学术界研究的观点认为，历史上中国气候变化的规律是冷暖交替的。从近1万年的情况看，距今8 000—5 000年的全新世界大暖期。5 000年前到3 000年前，气温相对下降，但仍然比较温暖。学者们对近五千年的研究成果较多，竺可桢（1925，1927）是中国较早研究历史时期气温变迁的成果。其后的学者多是在此基础上进行修正和补充。竺可桢认为，近五千年中国气候变化趋势可以划分为几个考古时期（公元前3000—前1100年的温暖期）、物候时期（公元前1100—1400年的寒暖交错时期）、方志时期（1400—1900年的寒冷时期）、仪器观测时期（1900年以来的气候波动时期）等几个阶段。其中，物候时期、方志时期是以往学术界关注的焦点。

物候时期中，可以分为三个寒冷期、三个温暖期：公元前1100年到前850年的西周时期，为我国近5 000年来第一个短暂的寒冷期；公元前770年到公元初的春秋、战国、秦、西汉时期，为我国近5 000年来第二年温暖期；公元初年到600年的东汉、三国至六朝时代，为我国近5 000年来第二个寒冷期；600年到1000年的隋唐至北宋初期，为我国第三个温暖期；1000年到1200年的两宋时期，为我国近5 000年来第三个寒冷期；1200年到1300年的南宋中期到元代中期，为我国近5 000年来第四个温暖期。

方志时期是蔓延五百年的寒冷期，也可分为三个阶段：第一冷期，从明成化六年（1470）起，到正德十五年（1520）止，大约持续了50年左右的时间；第二冷期，从明泰昌元年（1620），至清康熙五十九年（1720）止，约100年之久；第三冷期，从道光二十年至光绪十六年（1840—1890）止，约50年间。

进入20世纪后，我国的气候变化，大致以40年代为界，划分为前后两个阶段。从19世纪末期到20世纪的40年代，是世界性的气候增暖时期，在我国为近600年来第四个寒冷期的第三暖期。此后，我国就进入了气温总的趋势是下降的时期，也是我国近 600 年来第四个寒冷时期的第四冷期。

我国历史时期的气候变迁的总趋势是温暖时期一个比一个短，温暖程度一个比一个低，而寒冷时期却一个比一个长，寒冷程度一个比一个强。从近 2 000 年的气候变化看，前 1 000 年相对温暖湿润，而后 1 000 年相对干冷。五六千年以来，中国气候正从温暖转向凉爽，而冷暖变化的幅度随纬度呈现明显的差异，低纬度气温变化的幅度小于高纬度地带。

二、历史时期气候变化的社会影响

早在 20 世纪之初，一些学者已经开始关注气候变换及其社会影响、灾害与中国古代王朝兴衰的关系。20 世纪初美国学者亨丁顿（Huntington，1907）在《亚洲的脉动》一书中便提出中国历史上气候变迁与外患内乱有关，例如东晋五胡乱华、北宋契丹女真寇边、明末流寇和满清人入关，都与满蒙和中亚因寒冷引发的气候转旱有关。这种观点在 20 世纪 30 年代由陈高傭等编撰的《中国历代天灾人祸表》一书中得到具体体现。

气候变冷导致饥荒和民族大迁移的观点早在 1998 年由许靖华提出。他根据历史上的全球气候变化周期中人类社会发展的历程，证明全球小气候最适期人类社会繁荣发展而全球小冰期导致农业减产，饥荒和民族大迁移。他认为，全球气候变化有 1 200 年的周期循环，与人类历史兴衰一一对应。古气候研究表明，近 4 000 年以来于 4 个全球气候变冷时期，即在公元前 2000 年、公元前 800 年、公元 400 年及公元 1600 年左右的几个世纪——这种准周期性与太阳活动周期性变化有关。全球温度变化影响了地区降水形式：在气候变冷期，欧洲北部变得更潮湿，而中低纬度地区变得更干旱。这两种变化形式都不利于农业生产。历史记载表明，历史上民族大迁移是由于庄稼歉收和大面积饥荒，而不是逃离战争，公元 2 和 3 世纪的日耳曼部落的大迁移就是一个例子。

学术界认为，气候变化对人口流动、农业经济、政局、文化等均产生过重要影响。综合学术界的观点，人类的产生、黄河与长江流域经济的发展以及朝代更迭、少数民族南下均与气候的变化相关（张家诚，1982；倪根金，1988；王铮等，1996）。

远古的第四纪时期，由于“大理冰期”带来的寒冷，使全球气温平均下降5℃，这种冰期的出现和消失引起地球表面植物界和动物界的变化，导致了森林动物与灌丛动物生态失衡，引起物种变化，人类就在这种变异中产生。

而黄河中下游地区，在距今5 000至4 000年气候为亚热带气候，年均气温比现在高2℃左右。暖湿气候使农业上升为具有决定意义的国家生产部门，后世的主要农作物品种也大多已有，加上土质疏松，易于耕作，经济发展水平较高，有丰足的粮食生产。而此时的南方，河湖沼泊太多，水域面积过大，人们的生产技术低下，排水困难，加上土壤黏性太强，不易耕作，因而黄河流域最先成为中国历史上经济最发达的地区，形成灿烂的黄河文明。

物候时期冷暖交替，既出现了因暖湿气候形成的中国古代农业经济的高峰，出现了汉唐盛世，也出现了因寒冷气候导致的五胡乱华、安史之乱等历史事件，更是导致中国古代社会统一和分裂的重要原因。春秋至西汉时期，气候温暖湿润，铁制农具得以使用与推广，耕作技术的改进与提高，农业、手工业、商业都呈现出空前繁荣的景象；而西汉政权也凭借这一有利条件，仅用六七十年的时间，即完成了战后休养生息的经济恢复过程，迅速发展为经济强大、实力雄厚的王朝，形成中国古代社会的第一个高峰；8世纪中叶前期的唐朝，农业生产发展迅速恢复，农业带明显向北推进，农业耕作区扩大，土地能够利用的绝对面积增加，水稻得到广泛种植，同时农作物品种的多样化、农作物的生长期及复种指数等都得到不同程度的增长和提高，这使土地的单位面积产量大幅度上升，也使农业总产量相应提高，从而使国家经济力量强盛，物质文明发达（蓝勇，2001）。杜甫的《忆昔》一诗所描绘的社会景象："忆昔开元全盛日，小邑犹藏万家室。稻米流脂粟米白，公私仓廪俱丰实。九州道路无豺虎，远行不劳吉日出。齐纨鲁缟车班班，男耕女桑不相失。"到天宝八年（749）时，官仓的粮食储存达到了粟米 9 600 万石，创历史最高水平。这一时期的南方经济也获得迅速发展，《新唐书》中明确指出："唐都长安，而关中号称沃野，然其土地狭，所出不足以给京师、备水旱，故常转漕东南之粟。""督江、淮所 输以备常数。""江、淮田一善熟，则旁资数道，故天下大计，仰于东南。"这一局面反映了中国古代经济重心业已南移（郑学檬，2003）。

中国历史上大规模的少数民族南下入侵事件与气候的突变关系显著。魏晋南北朝气候寒冷、干旱频发①，北方游牧民族纷纷南下，建立政权。长期动荡严重摧残了黄河流域的农业经济，但由于中原民族的南移，在江南建立了许多侨置郡县，为南方带来了大量掌握先进生产技术的劳动力和生产者，也带动了江南经济的发展。

两宋时期，北方游牧民族活动频繁，特别是 12 世纪初的气候急剧转冷，东北的女真族向南猛烈进攻，先后攻破辽国、灭亡北宋，到 13 世纪中期，自黄河以南到长江以北的广阔领域，大多人口稀少，经济凋敝，已无法恢复到北宋末年的水平。

明清小冰期时期，黄河流域文明恶化加速，土地沙漠化、荒漠化范围进一步扩展，旱灾连连，1629—1643 年间发生了连续 14 年的严重干旱，长江以北大部分地区也是川涸井竭。后金政

---

① 这一时期的气候变化不仅仅发生在中国，而是一次世界范围内的大灾难。英国一位著名考古作者的调查研究证实，在公元 535 年、536 年这两年由于气候变化的突变，引发了全球范围的灾难，这场灾难导致农业歉收、干旱、饥荒以及流行病，而紧接其后的是洪灾、瘟疫、社会混乱、规模较大的移民以及大大小小的战争，最终导致世界旧有体制的灭亡，而今天世界的雏形开始出现。参见戴维·基斯（David Keys，2001）。

权趁机南下，最终导致明清易代。同时，南方经济由于较好的气候条件，获得了长远发展，竟超过了西欧的水平[①]。

三、气候变化对农业经济的影响——以对粮食生产的影响为中心

传统社会主要的农业活动就是粮食作物的生产。气候是影响农业经济时代收成的最为重要的因素之一，气候的任何恶化（如寒冷、干旱、水涝等）都会影响粮食产量。史实证明，农业对温度具有高度的适应性，整个农业生产潜力对降水条件的变化敏感（黎华强、王铮，2003；韩永翔等，2004；王铮等，2005）。一般而言，寒冷期会缩短庄稼的生长期，使很多地方不再适合种植粮食，从而导致粮食产量的下降；反之，温暖期增加了可耕作土地的面积，有利于增加粮食产量。历史时期的温暖期正是经济最强盛的汉唐时期，也是有利于中国农业发展的最佳时期。在气候由暖转寒的过程中，由于前期积累的众多的人口而导致农业经济难以维持，战争频发、社会动荡、王朝更迭（章典等，2004）。同时，寒冷期也是导致干旱、荒漠化加剧的重要原因。

气候变化对不同地区的农业生产的影响并不相同。倪根金（1988）的研究从理论上探讨了气候变冷变干对我国北方地区农业生产的影响。他认为，气候变冷影响了作物生长期和农业熟制的变化，气候变冷，导致了生长期的延长，生长期延长给农业生产带来许多不利的因素，影响作物的产量及品种的选择，其中最明显的是农业生产熟制的变化。蓝勇（2001）认为，从历史地理角度看，百年尺度的气候变化对高纬度的东亚游牧地区、中纬度的中国传统农业区（黄河流域）和低纬度的南方开发不足区（长

---

① 这是一个有争议的问题，也是经济史学界探讨中国中心论和西方中心论的焦点所在。当然，南方经济高度发展是从宋代就开始的，有学者称之为一场“革命”，详细参见李伯重（2002）收录的相关论文以及李伯重（2010）的实证研究。

江流域和珠江流域）的影响巨大且各有侧重。韩永翔等（2004）对西北地区农作物演变格局的考察后认为，气候变暖对中国西北地区农作物的影响总体是利大于弊。由于温度升高及降水增加，主要农作物产量提高的可能性较大。卜风贤（2007）认为：中国南北农业的差异与秦淮线造成的环境分割关系密切。“一方面秦淮线与中国大陆 800 毫米等降雨线相一致，北部地区年降雨量少，气候特征以干旱为主，农业生产中小麦为主要农作物；南方地区降雨量大，且许多地方超过 1 000 毫米，在排水不畅的情况下经常发生洪水灾害，农业生产以稻作为主。另一方面秦淮线也是中国灾害区域分异的重要界线，北部地区是旱灾多发区，南部地区则以水灾为主。因此，中国历史上北方农业是在与干旱灾害不断斗争的过程中发展起来的，南方农业之所以后来居上也是与水灾的防治紧密相关。”

因气候变迁而导致农业发展态势的转变在历史上有众多案例。战国末到西汉前期，由于气候的变暖，关中地区农业获得大发展；但中期后，由于天气转寒，关中农业发展出现衰退局面，粮食产量降低（李春艳，2006）。魏晋南北朝是一个典型的寒冷期，黄河流域的农业生产渐趋衰落，我国的经济重心逐渐转移到南方的长江流域（王铮等，1996；汤懋苍等，2000；兰伊春等，2005）；特别是北朝由于天气转寒而导致粮食产量减少，并不完善的市场经济也陷入停顿（李文涛，2009）；清代从 18 世纪的长期繁荣转入 19 世纪中期以后的长期衰退，出现所谓“道光萧条”，导致这个萧条的原因之一就是全球气候变化引起农业生产条件的恶化（李伯重，2007）。郑斯中（1983）对广东一个长时段的分析证明，气候对人类的影响，突出地表现为对粮食丰歉的影响。

气候变化影响人们对粮食作物品种的选择。气温降低使农民在选择种植粮食作物时，首先考虑的不是产量高的作物，而是那些收获稳定、并且能避免极端气候的作物。小麦、水稻产量高，但对气温和降水要求较高，在汉代和两晋时期小麦在黄河中下游逐渐普及，但是在北朝时期由于气温变冷，降水减少，小麦种植面积出现萎缩的趋势，而大豆、粟、黍等耐旱耐寒作物得到广泛种植（李文涛，2009）。

气候变化促进人类在技术上不断革新以适应新出现的情形，显示了历史时期农业对气候的极强调节能力。两汉时期温暖湿润期，北方地区水稻种植面积逐渐扩大，并掌握了比较系统的水稻耕作技术（马新，2002）。李春艳（2006）指出西汉中期以后，由于气候的转寒变旱，关中大规模水利开始兴修，代田法和区种法等较之以往更先进的耕作技术获得发展。秦冬梅（2003）认为正是魏晋南北朝时期的寒冷气候导致农业在物候知识的应用、北方抗旱保墒农作体系的形成、农田水利的兴修等方面取得重大发展。

气候变化对粮食产量的影响十分明显。王馥堂（1982）在搜集整理我国长序列积温和产量资料的基础上，对各地的积温和主要作物产量的变化作了初步分析。他认为，作物生长的主要环境条件之一的农业气象热量因子，其周期波动必将影响作物的生长、发育和产量，是引起产量序列周期波动的重要原因之一。张家诚（1982）指出，在其他条件不变的条件下，年平均气温每下降1℃，粮食产量就会比常年下降10%，同样，年降水量每减少100毫米，单位面积产量也会下降10%。中国历朝的亩产量，如统一以今亩计算，秦汉时代的平均亩产量为132公斤，东晋南朝为125.35公斤，较前朝下降2.84%，这主要来自纬度较高的长江以北地区，以种植水稻为主的长江以南地区，水稻亩产量反比秦汉上升了5.2%。北朝时代的平均亩产为128.8公斤，较之秦汉下降2.48%。而唐代的粮食产量则直线上升，较之汉代，增长了26.6%；较之南北朝，增长29.66%（吴慧，1958）。余是非（1980）考订的魏晋南北朝时期北方粮食亩产量的变化起伏要高于上述结果。他认为，曹魏与两晋时代，粮食亩产较之两汉下降1.5%；北朝则下降13.3%；隋唐较之南北朝又上升了

1.3%。这与气候的变化趋势亦相吻合。

不仅仅是中国，即使是欧洲大陆，也曾经出现因气候恶化而引发的大规模的饥荒。庞廷（2002）、戈尔（1997）的介绍说明，从公元前1万年最后一次冰期结束开始，欧洲交替出现温暖与寒冷气候。公元前8000至公元前7000年间，气候条件普遍良好，冰川融化，美索不达米亚地区出现了农业剩余。这些剩余农产品的交易为货币的出现、最早社区内砖石建筑技术的应用以及艺术和手工艺品的发展创造了条件。公元前5000年之后的2 000年是一个相对温暖的时期，此时欧洲大陆的农业开始发展与传播，水利灌溉与青铜冶炼等技术出现。有历史学家认为在底格里斯河、幼发拉底河和尼罗河的肥沃河谷中最早出现有高度组织的社会，与大约3 000年前气候变迁导致的干旱与洪水泛滥交替的现象相关，这种气候使人类社区集中于河谷。其后，气温出现下降，并在公元前900—前300年达到最低点。公元800年之后，欧洲出现一个长期500年的温暖期，至公元1200年之后，欧洲再次气候恶化。寒冷的气候缩短了庄稼的生长季节，使欧洲许多地区的粮食种植极为困难，特别是此次漫长的寒冷期恰逢欧洲人口达到农业体系所能支撑的极限时期，寒冷的气候导致粮食产量锐减，1315—1317年和1594—1597年间，欧洲因此两度爆发了席卷大陆的饥荒。欧洲的饥寒引发若干地区战争，促使当地居民大量向美洲、亚洲和非洲移民。进入19世纪之后，全球气候变暖，农作物产量迅速提高，科技也获得迅猛发展。但由于温暖细润有利于马铃薯枯萎病滋长，导致了近代爱尔兰历史上最严重的一次饥荒①。

① 现代实验室研究说明，袭击爱尔兰的那种枯萎病是疫霉属感染，它所需的条件是：相对湿度90%以上，温度10℃以上并持续至少12小时，还要向马铃薯叶子上浇水至少4小时。在小冰期期间爱尔兰开始依靠马铃薯为生，但那时出现这种综合条件的可能性很小。19世纪40年代中期出现新的暖和大气时，这种可能性就增加了。

可见，气候变化与灾荒的发生关系密切。当今世界正处于一个气候的重大转型期，这一历史经验值得总结借鉴。

第二节 灾害频生的古代社会

一、灾害概况

中国是传统的农业国家，农业国家对自然因素的依赖性极强，在古代社会，自然灾害，特别是农业灾害，对农业生产的破坏是十分巨大的。农业生产所依赖的自然力由于灾害引发的逆向演替而使农业系统从有序进入无序状态，并引起农作物的歉收。从古文献看，“灾害”最早出现于春秋战国时期。《左传·宣公十六年》：“凡火，人火曰火，天火曰灾”，明显留存有远古信息的痕迹。《韩非子·六反》：“害者，利之反也”。“灾”、“害”二字合称最早也出现在这一时期。

与世界其他国家相比，我国灾害之多，爆发之频繁，实属仅见。西欧学者甚至称我国为“饥荒的国度”（Mallory，1929），彭尼·凯恩更是总结出“对外国人来说，饥荒真是中国的一大特色”的结论（Kane，1993）。李文海（1988）曾经总结道：“一旦接触到那么大量的有关灾荒的历史资料后，我们就不能不为近代中国灾荒的频繁、灾区之广大及灾情的严重所震惊。”

历史时期，中国发生的自然灾害主要有水灾（包括洪灾和渍涝）、旱灾、病虫灾、地震灾、火山灾、低温灾（包括冰雹、雪灾、霜冻、寒潮）、风灾（包括大风、干热风、龙卷风、热带气旋、沙尘暴）、海啸灾、风暴潮灾、崩塌灾、泥石流灾、水土流失、盐碱化、瘟疫、滑坡、火灾、沙漠化等类型。古代自然灾害的发生不是均匀的，而是明显的集中于几个时期，概括的说，就是形成了夏禹洪水期（4 000 年前）、两汉宇宙期（BC. 200—

200)、明清宇宙期（1600—1700）等几个群发期①。群发期指的是自然灾害或异常高频率和高强度的集中发生时期（宋正海等，2002）。赫治清（2002）认为，中国古代的灾荒大致可以分为四个时期，每一个时期的灾荒都有其特色：秦汉时期，水、旱灾，风暴，蝗、雹、疫灾和地震呈多发、并发趋势；魏晋南北朝时期，旱、疫、饥灾格外突出；隋唐五代时期的灾荒以水旱灾为主，蝗灾也严重，唐末以后，黄河结束了东汉以来相对安流的局面，进入了多灾多难时期。五代封建割据，连年战乱，堤防失修，加之人为破坏，黄河决溢多达19次。50余年间，水、旱、蝗灾频仍。宋金元时期的灾荒显著增加，实际多达2 000次以上。北宋河道泛滥高达100余次，元代黄河决溢33次，今河南及山东、江苏、安徽等部分地区频遭水灾。大旱、蝗灾、地震、瘟疫不断，几乎年年发生饥荒。明清时期是中国历史上灾荒最频繁的时期，特别是15～17世纪，灾害又呈多发、群发趋势，成为中国历史上第三大灾害群发期。晚清是中国历史上第四大灾害群发期，加之清朝的日趋腐败，灾荒更频繁，灾情更严重，“丁戊奇荒”、“晋豫大饥”成为惨痛的记忆。卜风贤、惠富平（1987）也曾根据中国古代农业灾害发生特点进行了灾害史分期：他们认为，中国农业灾害史可以划分为原始农业时代的洪水干旱灾害时期、夏商西周时的旱水灾害时期、春秋至魏晋南北朝时的旱涝河患灾害时期、隋唐宋元时的洪涝旱蝗灾害时期以及明清时的水旱

---

① 其中，明清宇宙期最早由已故的地质学家王嘉荫教授在《中国地质史料》（1963）一书中指出，主要指公元1600—1700年期间自然灾害十分严重而频繁的现象。后人建议称其为“嘉荫期”或“明清灾害群发期”。这期间是中国两千年来最寒冷的时期：1653年至1697年的44年间东部七大流域有六次洪水泛滥；1668—1695年的27年间，华北发生3次8级，2次7级和3次6级地震，是两千年来震灾最重的时期；1662年黄河出现历史上最大的洪水；1637—1641年的连年大旱是我国近500年来最严重的旱灾；此外，滑坡、蝗虫、瘟疫、大风沙等灾害也十分严重。这一时期欧洲、南美、日本等地，发生地震，洪、旱等重大灾害也是很频繁。

风雹蝗虫灾害时期。可见，秦汉以来的中国历史，几乎年年有灾，处处有灾，灾荒的发生频率和为害程度，有随时间的推移而呈加快、加剧的趋势。

至于传统中国灾害频发的原因，学者们讨论的范畴较广，但大致可以归于三方面，一是中国所处的地理位置；二是中国不断增加的人口对农业的过度开发；三是天文气象原因。第一个原因是灾害的自然属性，卜风贤（2007）指出，中国的灾害发生背景可以用灾害带理论来解释。世界上存在几个灾害多发区域，这些地区彼此相连呈带状分布。而最明显的环太平洋灾害带和北纬35灾害带的交叉区恰是中国所处的位置，因此各种灾害频繁发生。魏丕信（Will，2003）总结中西方灾害产生差异的原因时指出："中国大陆的特征是，在气候、水资源，以及由此决定的农业生产方面具有高度的不确定性，季风的无规律性，主要河水流量的突然变动，这些河流上游盆地的侵蚀，以及随之而来的淤积和洪水，靠近干燥不毛的沙漠地区，所有这些都是造成不确定的因素。相比之下，欧洲温和、良好的气候无疑是相当有利的。"汤因比（Toynbee，1959）也说："人类在这里所要应付的自然环境的挑战要比两河流域和尼罗河的挑战严重得多。人们把它变成古代中国文明摇篮地方的这一片原野，除了有沼泽、丛林和洪水的灾难之外，还有更大得多的气候上的灾难，它不断在夏季的酷热和冬季的严寒之间变换。"多变的气候乃是造就中国"饥荒的国度"之誉的根源之一。

而第二个原因是灾害的社会属性，也是学者们探讨的重点。他们认为："大凡文明古国至近代以后都是比较落后的。从灾害论的观点看，越是历史久长的文明地域，越将遭受更多灾害的劫难，因为文明在给人类带来财富和进步的同时也播下了大量阻碍社会进步的祸根，在原有纯自然灾害的基础之上又叠加大量的人为灾祸，从而在积聚财富与文明的过程中也同样积聚了毁灭文明自身的灾害隐患。"深层次的看，人口数量的增加导致了对农业的过度开发，从而伤害了人类文明的生存空间，正如 Yao (1942) 的分析所揭示的，正是由于人口的过快上涨，使得人口与自然的关系遭到了一定程度的破坏。诸如尼罗河文明、两河流域文明、古印度河流域文明的消亡皆可归因于此。而孕育华夏文明的黄河流域文明虽然顽强的生存下来，但人类的过度开发仍旧给我们的母亲河带来伤痕累累。

据文献记载，4 000 多年前，黄河流域森林茂盛、水草丰富、气候温和、土地肥沃，西周时期，黄土高原森林覆盖率一度达到 53%，良好的生态环境，为农业发展提供了优越条件。但自秦汉开始，黄河流域的森林不断遭到大面积砍伐，南北朝、唐宋、明朝时期的覆盖率分别下降为 40%、33%、15%，至 1949 年新中国成立时仅为 6.1%，近些年有所恢复，到 1998 年达到 9.5%（王力等，2004）。森林资源的破坏使水土流失日益加剧，黄河泥沙含量不断增加，宋代已达到 50%，明代增加到 60%，清代进一步达到 70%，这就使黄河的河床日趋增高，有些河段竟高出地面很多，形成“悬河”，遇到暴雨时节，河水便冲决堤坝，泛滥成灾，黄河因此而成为名符其实的“害河”（庄华峰，2001）。故而，恩格斯在考察古代文明的衰落之后，针对人类破坏环境的恶果，告诫：“我们不要过分陶醉于我们对自然界的胜利，对于每一次这样的胜利，自然界都报复了我们。每一次胜利，在第一步都确实取得了我们预期的结果，但是在第二步和第三步却有了完全不同的、出乎预料的影响，常常把第一个结果又取消了。”“因此我们必须时时记住：我们统治自然界，决不像征服者统治异民族一样，决不像站在自然界以外的人一样，——相反的，我们连同我们的肉、血和头脑都是属于自然界，存在于自然界的；我们对自然界的整个统治，是在于我们比其他一切动物强，能够认识和正确运用自然规律。”

研究者们对此问题的阐解是灾荒史研究的新趋势之一。李文海（2005）曾指出，以往对灾荒同社会的相互关系几乎很少被纳入当时的研究。其实，“自然现象同社会现象从来都不是互不相关而是相互影响的。人生活在一定的自然环境之中，同时也生活在一定的社会条件之下，自然灾害，当然是由自然原因造成的，但不同的政治条件和社会环境，对灾害的发生及其后果会产生很大的差异。所以，只有从灾荒同自然，社会的相互关系、相互作用、相互影响的对立统一中，才能更加深刻、更加全面地揭示自然灾害各个方面的本质。”所谓“天灾人祸”正是阐释了这样的原理。人类为经济发展所造成的环境恶果正付出惨痛的代价，对灾害的社会属性必须引起我们长久的关注。

当然，除此之外，也有学者将灾害的发生与天象异常进行对比分析[①]，特别是对于长江流域的灾害变化与太阳活动之关联的探讨较多。例如，吴达铭（1981）指出 1163—1977 年的 815 年间，太阳黑子对长江下游地区梅雨旱涝有一定的影响；张天麟（1982）认为长江三角洲各世纪雨水之多寡与太阳活动的强弱，存在着一定的对应关系；孙长安（1992）指出，长江中下游地区大面积旱涝存在 22 年和 11 年重现周期，这恰好与太阳黑子 11 年周期有关。此外，杨昌华（1991）通过对福建近五百年史料的分析，认为太阳黑子活动与厄尔尼诺事件与福建旱、涝关系较密切。陈家其（1989）认为：“黄河中游、太湖流域、江淮流域下游地区的历史旱涝与太阳活动具有共同的变化周期……在 11 年周期中，大致比太阳活动强盛时期滞后 1～3 年，将有一个相对湿润期。”宋正海等（2002）中对太阳黑子与大旱的史料比对显示，太阳黑子出现在当年或者第三年期间，与旱灾存在一定的对应关系。从目前的灾害史研究看，多数研究者认为太阳黑子与旱

① 实际上，古人早就将灾害与天象结合在一起分析。《史记·货殖列传》中记载道：“岁在金，穰；水，毁；木，饥；火，旱……六岁穰，六岁旱，十二岁一大饥。”《盐铁论·水旱》也阐述：“水旱，天之所为，饥穰，阴阳之运也，非人力。故太岁之数，在阳为旱，在阴为水。六岁一饥，十二岁一荒。”他们的观测结果时水旱灾害与木星的运行相关。

涝灾害的发生之间有着密切的关系。

二、灾害时空分布

邹逸麟（2000）认为，“对不同历史时期社会条件下灾害的定性和定量分析，是研究灾害时空分布的基础”。但无论是中国古代的灾害数量还是时空分布，由于各位学者之间统计口径与使用的范围不同，“每个统计结果都有它的时间、迄止日期、角度、侧重点及基本资料的来源问题，其局限性和特点也各有不同”（谢永刚，2000）[①]。邹逸麟（2000）进一步指出：不同学者灾害统计的差异，“一方面固然有资料齐备与否的原因，另一方面也因为对灾害的评估有不同的标准。”如早期的邓拓的统计标准是“凡见于记载的各种灾害，不论其灾情的轻重及灾区的广狭，也不论其是否在同一行政区域内，只要在同一年中所发生的，都作为一次计算。”近些年来，一些学者在研究断代灾害史时设定了不同的统计标准，如阎守诚（2008）认为，一般来说，一次灾害应是由同一灾因引起，发生在同一时间和同一地域。如果灾因和时间相同，就要根据不同灾害的特点，重点考察灾害发生地域是否毗连，对灾次加以区分。总体看来，目前尚缺乏统一的统计标准，而导致统计数量差异过大。表 2－1、表 2－2 是邓拓、陈高傭的统计结果，也是目前学者研究最常引用的两种数据。从以上两表也不难看出，两者的统计存在很大的不同。仅就结果看，前者概括的历朝灾害总数为 4 785 次，而后者则高达 7 482 次。过

① 当然灾害史料来源的不准确也是影响统计结果的一个重要因素，记载者的主观偏好往往影响到灾害数量的统计。在中国古代，“一个地区经济兴盛时期，往往是灾害记录较多的时期。或者说，造成重大经济损失的灾害，较多的发生于经济发达地区”（卜风贤、惠富平，1997）。但从总体情况看，不应该怀疑这些记载的可靠性。历史时期虽然存在误记、少记和漏记的现象，但呈现“系统性偏差”的可能性不大，尤其是明清之后，统治者为了确保灾害信息的准确性，建立了多条奏报渠道，有助于减少史料的缺漏（张瑾瑢，1982；张丕远等，2009）。

多的差异很难对灾害的时空分布作科学的分析。这就需要以后的研究需要制定更科学的、更有针对性的灾害统计方法。

表 2-1　邓拓的统计结果

朝代	旱灾	水灾	风灾	地震	雹灾	霜雪灾	蝗灾	歉饥	疫灾	总数
商	8	5								13
西周东周	30	16		9	5	7	13	8	1	89
秦汉	81	76	49	68	35	9	50	14	13	375
魏晋	60	56	54	53	35	2	14	13	17	304
南北朝	77	77	33	40	18	20	17	16	17	315
隋	9	5	2		3		1	1	1	22
唐	125	115	63	52	37	27	34	24	16	493
五代	26	11	2	3	3		6			51
两宋金	183	193	93	77	101	18	90	87	32	478
元	86	92	42	56	69	28	61	59	20	513
明	174	196	97	165	112	74	93	93	64	1 011
清	201	192	97	169	131	74	93	90	74	1 121

表 2-2　陈高傭的统计结果

朝代	水灾	旱灾	其他灾种	合计
秦西汉	32	39	66	137
东汉三国	58	73	132	263
晋	73	99	90	262
南北朝	83	109	32	224
隋唐	212	162	102	476
五代	42	32	6	80
宋	465	372	411	1 248
元	373	283	204	860
明	496	434	294	1 224
清	926	1 016	766	2 708

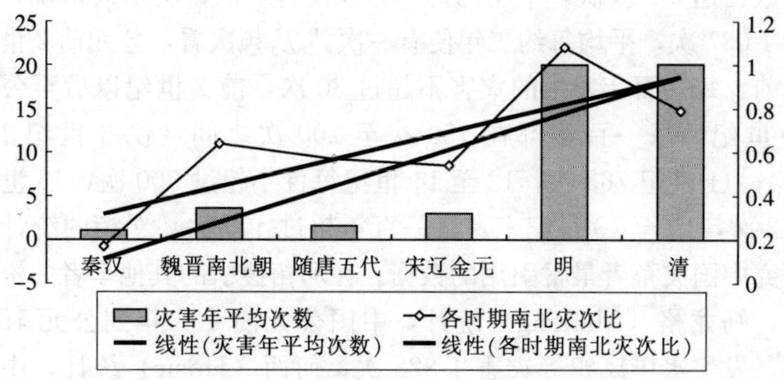

图 2-1 历史时期中国灾害发生情况

历史时期自然灾害时空特征明显。赫治清（2002）认为，中国古代的灾情概况，从灾种看，水、旱灾最多，为害最大，时间分布上具有准周期的特点，频发和少发年代交替出现，有多次百年尺度的变化。在空间分布上，既有普遍性，又呈现南、北、东、西地域上的差异性。

中国灾害数量众多已是不争的事实。李约瑟认为："中国每六年有一次农业失收，每十二年有一次大饥荒。在过去的二千二百多年间，中国共计有一千六百多次大水灾，一千三百多次大旱灾，很多时候旱灾及水灾在不同地区同时出现。"从经常引用的几种统计数据看，邓拓（1998）的数据引用最多，他认为："从公元前十八世纪，直到公元二十世纪的今日，将近四千年间，几于无年无灾，也几乎无年不荒……从灾害的总量上看，我国历史上水、旱、蝗、雹、风、疫、地震、霜、雪等灾害，自公元前1766 年（商汤十八年）至纪元后 1937 年止，共达 5 258 次；从灾害的频度看，平均约每六个月强便有灾荒一次；从单项的灾害看，平均约每三年四个月强便有一次水灾，每三年五个月强便有一次旱灾。如果将汉代以前不太详尽的记载忽略不计，从汉立国以后计算即从公元前 206 年起计算，到 1936 年止，这期间灾害总数已达 5 150 次，平均约每二年强便有一次；就水灾来说，共计 1 037 次，平均每约二年便有一次。”从频次看，公元前 2 世纪以前，每一白年发生的灾害不超过 30 次，前 2 世纪以后至公元 10 世纪，每一百年都在 150 次至 200 次之间（仅 3 世纪 140 次），11 世纪 263 次，12 至 14 世纪每百年超过 300 次，15 世纪 272 次，16 至 19 世纪末，每一百年超过 400 次。邓拓的统计是研究中国灾荒者最常引用的数据。在邓拓援引的其他学者的资料中，马龙格（Mallong）统计，中国公元前 108 年到公元 1911 年，发生水旱风蝗等灾害 1 828 次。何西（Hosie）统计，中国公元 620 年到 1643 年，有 612 年中发生旱灾。竺可桢统计，公元 1 世纪到 19 世纪，中国发生 658 次水灾，1 013 次旱灾。陈达统计，中国公元前 206 年到 1936 年，发生 1 031 次水灾，1 060 次旱灾。其他学者，如桂慕文（1997）对灾害数量分阶段进行了统计：两汉到南北朝时期共发生水灾 162 次，平均每 4.8 年一次；旱灾第 179 次，平均每 4.3 年一次；风灾 50 次，平均每 15.7 年一次；蝗灾 87（其中螟灾 7 次），平均每 9 年发生一次；饥馑 56 次，平均每 14 年发生一次；雹灾 52 次，平均每 15 年一次；霜灾 24 次，雪灾 15 次，冰灾 1 次；地震 241 次，平均每 3.2 年一次；人疫 46 次；牛疫 5 次。隋、唐、五代十国时期，共发生旱灾 170 次，水灾 163 次，虫灾 55 次，雹灾 39 次，霜冻 18 次，风灾 31 次，疫灾 19 次，牛疫 7 次，地震 61 次，旱灾引起的饥荒 17 次，不明原因的饥荒 56 次，水灾引起的饥荒 2 次，雪灾 11 次，鼠灾 5 次，山摧 4 次，兔灾 1 次，其他灾害 2 次。宋元明清 951 年时间。共发生水灾 1 042 次，平均每年发生 1.09 次；共发生旱灾 912 次，接近每年发生 1 次；共发生虫灾 407 次，平均每 2.33 年发生 1 次；共发生饥荒 461 次，平均每 2.06 年发生 1 次。龚鸿庆等（1988）对公元前 180—1949 年七种主要灾害的统计显示，灾害发生区间每十年（0～9 年、10～19 年、20～29 年……100～109 年）的发生概率分别为 62.1%、

16.4%、12.1%、7%、4.5%、3.2%、2.4%、1.8%、1.5%、1.2%、1.0%等。而以949—1949年为区间的统计显示0～9、10～19、20～29、30～39、40～49、50～56年的发生频率分别为83.3%、10.9%、3.3%、1.4%、0.8%、0.4%。葛全胜等（2008）的统计显示，古代社会灾害年均频次最多的是明清两朝，分别为19.99次/年和20.01次/年，其次是魏晋南北朝的3.63次/年，宋辽金元的2.97次/年，隋唐五代的1.59次/年，秦汉的1.05次/年。秦汉以来平均每年的发生次数为8.22次，上升态势明显。即使是民国与清代相比，无论是发生次数，抑或破坏程度都是增加（高文学，1997）。卜风贤（2008）认为，虽然学者们对灾害频次的统计有所差异，但基本展现这样的特征：隋唐五代以前年均灾害发生次数不足2次，从宋代起灾害发生的频次大幅度上升，元代时达到了高峰，邓拓统计元代年均灾害发生频次为5.9次，陈高傭的数值则达到9.9次。明代有所回落，清代灾害的发生频次又一次大幅上扬。

从空间格局看，南北方的灾害次数对比情况，总体布局是北多南少，这一格局由古至今基本保持不变。竺可桢（1926）曾对自然灾害的空间格局分布特征做过分析，从公元1世纪至19世纪，水灾发生最多的是河北、山东、河南、江苏、安徽、浙江六省，总数都在100次以上，特别是冀、豫、苏三省在150次以上，最少是浙江省，104次；其下依次是湖北、陕西、江西、湖南、山西五省都在60～90次间；40次以下的依次为福建、甘肃、云南、广东、四川、广西、贵州。旱灾发生最多的还是河北、山东、河南、江苏、浙江五省，特别是冀、豫二省都在140次以上，湖北、陕西、山西、安徽四省则在80～90余次之间，50次以下依次为福建、湖南、江西、四川、甘肃、广西、云南、广东、贵州。王静爱等（1996）研究1949—1990年灾害的时空分异认为，中国自然灾害在空间分布方面存在东西向分异和南北向分异，东西分异以胡焕庸线为界，南北分异以秦淮线为界。卜风贤（2007）认为，这一局面的形成与中国独特的地理格局关系密切，“中国的地形呈阶梯分布，自西向东海拔逐渐降低并形成十分明显的三级台阶地形特征，因此中国大陆在地理上可以划分为西部高原地区、中部地区和东部地区。同时在南北方向上中国又被长江一分为二，即江南地区和北方地区。自然地理方面的差异在灾害发生演变中也发挥了重要作用”。

三、灾害等级划分

自古而来，对灾害等级的界定就是一个难题。公元前400年，李悝在颁布的《平籴法》中，将年份分为丰年（大熟、中熟、小熟）和灾年（小饥、中饥、大饥）。这种按照大、中、小三级划分灾年等级是灾害管理思想上的重要突破，它有助于国家有效利用救灾物资开展救灾工作。近些年来，许多学者希望按照历史文献的记载重新梳理古代的灾情，较早的是马宗晋等（1988）提出的“灾度等级”法，按照死亡人数和经济损失将灾害进行等级划分为巨、大、中、小、微五个等级，这一分级标准虽然一些不足，但在学者们的不断总结修正中，在探讨当今社会灾害救济方法仍有值得借鉴之处。具体到古代社会，中国气象局气象科学研究院（1981）对旱涝灾害等级进行了详细的描述，根据史书中记载的一些共性将旱涝灾害与丰年分为大涝、涝、正常、旱、大旱等五个等级。这种描述标准在学术界得到认可和广泛的使用（林振杰等，1991；钟兆站，1994；胡鞍钢，1998；王业键等，1999；宋正海等，2002；葛全胜，2005），当然这一标准也存在一些缺憾，比如未区分气象学与灾害学关于旱涝概念存在不同、区域站点选择偏差以及资料疏漏等等（陈业新，2009）。其后，王邨（1992）根据河南历史灾害建立七级次序，杨志荣（1994）针对湖南五百年灾害情况建立四级，均各有特效额。卜风贤（2006）根据灾种、灾区、灾情与灾害效应进一步制订了灾害史料灾度等级量化方法。通过这些方法分析史书中记载的灾害史料有助于对中国古代的灾害情况有更深入的了解。以下将在学者们研究成果的基础上，对公元元年以来的旱涝灾害提出一个灾害分级方法。

对于旱灾，根据记载分为五大级，每一级依照全国性与区域性分为两级，由此形成十个等级。旱灾等级划分标准分别如下：旱，不雨，未记载灾害后果；旱，无雪、无冰，伤稼；久旱、大旱，亢旱，井泉竭，引发蝗、疫等灾；久旱、大旱，大蝗，饥馑，谷贵，人有死者；久旱、大旱，赤地千里，大蝗，大饥，死者甚众，人相食。详见表2-3。

表2-3　古代旱灾等级划分标准

灾情概况	地区划分	评定等级
旱，不雨，大雩，未记载灾害后果	区域	1
	全国	2
旱，无雪、无冰，伤稼；	区域	3
	全国	4
旱，久旱、大旱，亢旱，井泉竭，引发蝗、疫等灾；	区域	5
	全国	6
旱，久旱、大旱，大蝗，饥馑，谷贵，人有死者、出现流民、动乱、人相卖	区域	7
	全国	8
旱，久旱、大旱，赤地千里，大蝗，大饥，死者甚众，人相食	区域	9
	全国	10

对于涝灾，分为三级：

特大雨涝：大水、舟行树梢、夏秋霪雨百日成灾；大霪雨，平地水深数尺；天下州五十大水，河及支川皆溢，人皆巢舟以居等；史书记人百人以上亡者、人相食。

大雨涝：夏秋大水。夏大水。秋大水。大霪雨愈旬，洪水泛滥，漂没（害）禾稼、坏庐舍。史书中只记载大水、大雨、“杀人”者。

中等雨涝：夏秋水或秋冬水。夏秋水。霪雨不止，水溢，但不记灾者。史书只记载年水、雨者。

对于灾害史料，我们将主要使用张波等（1994）的资料，因为该书基本收录了中国历代正史中关于灾害的记载，正史中的记载取舍标准相对较为统一。根据该书的收录，从公元元年至1911年，共计有旱涝灾害4 562次。旱灾中，等级一、二、五级的记载居于前三位，分别为726次、493次、307次，涝灾中，第二等级最多，有1 676次之多（图2－2）。

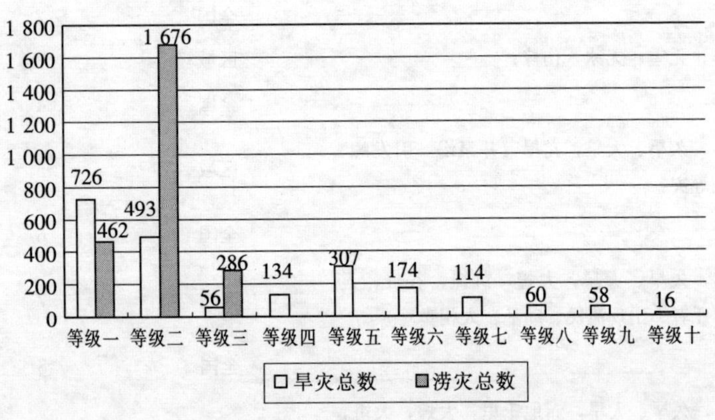

图2－2　中国古代旱涝分级数量统计图

四、灾害对社会生产的破坏

灾害的发生给中国古代社会带来的直接后果是生命财产的巨大损失。自然灾害对人口增减的影响，“不仅表现在它所直接造成的人口死亡上，更主要的是是使粮食减产，使人们因饥饿而死亡。或者因营养不良而缩短寿命、减少生育，还必然使婴幼儿的死亡率（包括人为杀死、遗弃）增加。”（葛剑雄，1986）由此导致人口在较长一段时间内发生变化。此外，灾害的发生还往往引发疫病，杨俭等（1994）的统计显示，中国古代因旱灾、洪涝灾害、地震以及战争引发的疫病比率分别为 38.1%、32.5%、6.4%、4.2%。在古代医学不发达的情况下疫病极易导致人口的大量死亡，死者以千百或万计。

据统计，截至清末，全国因灾死亡万人以上的地区共计 188 年次，死亡人数超过 2 328.8 万人。其中，较为准确数字中，1876—1878 年晋冀鲁豫的旱灾导致人口死亡最多，为 1 300 万；1117 年河北涝灾、1616 年江苏和山东的旱灾死亡 100 万人；1556 年陕西地震死亡 83 万人；24 年陕西旱灾、153 年河南河北涝灾、1771 年新疆疫病灾害各死亡 30 万人。按灾种看，旱灾与旱饥灾导致的死亡人数最多，约略为 1 479.2 万人，寒灾与寒饥导致死亡人口 45.9 万人，涝灾死亡约为 248.6 万人。从因灾造成的伤亡人数的分布区域看，因灾死亡万人以上的地区最多的省份为浙江省，共计 30 次，其次为河南，28 次，江苏 26 次，上海 20 次。可见，危害较大的灾害主要集中在长三角地区。

陈玉琼、高建国（1984）曾对中国历史上死亡万人以上的重大气候灾害，包括旱、涝、飓风、严寒、饥、疫灾等作过统计：仅西汉初年至鸦片战争前就有 144 次。如果加上死亡万人以上的地震灾害，至少在 160 次以上。其中，导致十万、数十万乃至上百万人死亡的大灾荒有 20 次以上（表 2-4）。东汉至隋朝（25—618 年），致人死亡灾害 19 次，死亡人数 31.44 万；唐朝到元朝（619—1368 年）54 次，死亡 1 064.41 万人，明清时期（1369—1911）189 次，死亡 2 039.76 万人，合计 3 135.61 万人因灾死亡（张振兴，1989）。高建国（1994）对明清时期死亡千人以上灾害所作的统计数字高于前者。他认为，明代共发生旱、涝、风雹、冻害、潮灾、山崩、地震等各类灾害370次，共死亡6 274 502人，清代413次，共死亡51 351 547人，合计明清两代死亡千人以上灾害共783次，共死亡57 626 049人。

表2-4　中国历史上死亡1万人以上的重大气候灾害

时间	地点	灾害类型	死亡人数（万）	时间	地点	灾害类型	死亡人数（万）
前180	豫、陕、鄂	涝	1	617	豫、鲁	涝、饥	3
前160	豫、陕、鄂	涝	1	641	新疆	寒	4
前72	新疆	寒、饥	2	669	浙	飓	0.9
前29	鲁	涝	2	681	豫、冀	涝	5
前17	冀	涝	2	720	豫	涝	2
前15	陕	饥、疫	1	792	豫、冀、鄂	涝	2
22	陕、豫	旱、饥	20	868	豫	旱	3
23	豫	涝	1	925	江、冀	涝	2
24	陕	饥	30	943	全国	旱、涝、饥	30
38	浙	疫	3	943	豫	饥	2.6
137	豫	旱	1	944	陕	饥	5.6
153	豫、冀	涝	30	946	豫、冀	涝、饥	3
223	豫	疫	1	950	陕	饥	10
275	豫	疫	10	983	豫	涝	1
374	冀	寒	1	1038	晋	震	3.2
401—403	甘	饥	10	1045	浙	飓	1
404	豫	旱	9	1057	北京	震	数万
404	江	涝	1	1076	桂	疫	1
501	鲁	饥	1	1081	江	涝	1
501	鄂	疫	7.5	1087	冀	涝	10
513	豫	饥	3	1090	闽	飓	1
516	豫	涝	10	1117	冀	涝	100

（续）

时间	地点	灾害类型	死亡人数（万）	时间	地点	灾害类型	死亡人数（万）
1135	浙	涝	1	1453	豫	寒	1
1144	浙	涝	1	1454	湘	寒、疫	1.8
1148	浙	饥	14.3	1455	江	疫	7.7
1164	江	寒、饥	25	1456	桂	疫	2
1166	浙	飓	2	1458	沪	飓	1.8
1184	浙	涝	3	1458	浙	飓	1
1208	江、浙	饥	10	1461	沪	飓	1.2
1217	川	饥	1	1467	浙	飓	1.2
1219	宁	震	数万	1472	江、浙、沪	飓	2.8
1229	浙	飓	2	1482	豫	涝	1.2
1232	豫	疫	90	1483	闽	飓	1
1252	浙	涝	1	1485	桂	涝	3
1301	沪	飓	1.7	1500	滇	震	21
1303	晋	震	10	1507	浙	飓	1
1308	浙	疫	2.6	1509	沪	涝、饥	3
1310	鄂	涝	1.4	1510	皖	涝	2.3
1310	豫	涝	1	1512	浙	飓	1
1329	沪	飓	1.8	1517	江	涝	1
1357	浙	飓	1	1522	江	飓	3
1372	沪	飓	1	1530	浙	疫	3
1389	江	飓	3	1540	江	飓	2.9
1390	沪	飓	2	1540	沪	涝	3
1407	赣	疫	1	1540	江	飓	1
1408	闽	疫	7.8	1542	豫	涝	1
1413	浙	疫	1	1545	闽	疫	1
1416	闽	涝	1	1549	甘	涝	1

（续）

时间	地点	灾害类型	死亡人数（万）	时间	地点	灾害类型	死亡人数（万）
1556	陕	震	83	1641	皖	疫	1
1561	鄂	疫	1	1641	湘	涝	1
1568	浙	飓	3	1647	赣	疫	3
1569	江	飓	1	1654	江	飓	1
1574	江	飓	1	1654	甘	震	1
1575	浙、沪	飓	3	1664	江	飓	3
1581	江	飓	1	1668	江	涝	3
1582	江	飓	2	1668	鲁	震	4.2
1585	粤	涝	1	1680	闽	涝	1
1589	沪	飓	1	1695	沪	飓	10
1591	江	涝	3	1696	晋	震	数万
1591	沪	飓	2	1723	沪、浙	飓	1
1596	粤	旱、饥	1	1724	江	飓	5
1603	闽	飓	1	1727	皖	涝	1
1608	沪	涝、饥	3	1732	江	飓	1
1609	闽	涝	10	1739	宁	震	5
1612	江	涝	2	1747	沪	飓	2
1616	江、鲁	旱、饥	100	1770	浙	飓	1
1618	粤	飓	1.3	1771	新疆	疫	30
1622	宁	震	1.2	1776	浙	飓	1
1625	江	涝	3	1781	沪	飓	1.2
1628	浙	飓	8	1815	晋	震	1.3
1640	甘	旱	3	1816	滇	涝	1.3
1640	豫	旱、饥	1	1820	黑	涝	6.9
1640	鲁	旱	1	1820	粤	疫	1
1641	江	疫	3	1826	赣	涝	1

（续）

时间	地点	灾害类型	死亡人数（万）
1827	川	涝	1
1831	沪	飓	1
1832	湘	饥	1
1833	川	饥	3
1834	浙	疫	1
1834	湘	饥、疫	1
1838	川	饥	1
1848	新疆	寒	1.1
1848	沪	飓	1.3
1849	湘	疫	3
1850	川	震	2
1854	赣	涝	1
1854	浙	飓	5.5
1856	豫	旱、饥	3
1857	粤	饥	7
1857	滇	涝	3
1858	滇	饥、疫	1
1861	黔	旱、饥	1
1862	粤	飓	10
1863	粤	飓	3
1867	粤	飓	1
1870	滇	疫	3
1874	粤	飓	1.3
1876—1878	晋、豫、冀、鲁	旱、饥	1 300
1877	川	旱	1
1879	甘	涝	1
1879	甘	震	2.1
1879	新疆	寒	10
1884—1886	滇	疫	10
1894	粤	疫	1.2
1895	青	疫	1
1900	陕	旱、饥	2.2
1900	晋	旱、饥	3
1901	湘	疫	3
1902	粤	疫	2.5
1905	沪	飓	2.5
1906	湘	涝	3.5
1906	港	飓	1
1911	浙	飓	3

资料来源：陈玉琼、高建国，《中国历史上死亡一万人以上的重大气候灾害的时间特征》，《大自然探索》1984年第4期。

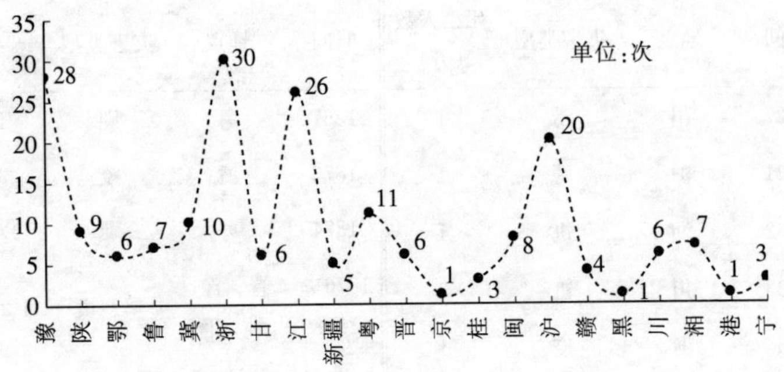

图 2-3 历史时期因灾死亡万人以上的地区

自然灾害的发生极易造成各种生产、生活要素的稀缺，表现最明显的就是各种农作物的歉收。特别是对环境条件依赖程度较高的水稻、小麦等粮食作物，旱、涝、低温、风暴等灾种，都能破坏其的生理机能，降低国家粮食储备能力，导致社会出现供不应求，粮价飞涨的局面。即使是当今社会，气候变暖导致的旱涝趋势异常、农业灾害频繁、病虫害加剧，由于蒸发和干燥呈增加趋势而导致沙漠化、盐碱化等，使我国农业生产，尤其是粮食生产的自然波动从过去的 10%增加到 20%，极端年景甚至达到 30%以上（张赐琪，2007）。

从历朝灾损面积和粮食产量受到的影响看，卜风贤（2010）统计认为，秦汉魏晋时期，小灾农业受灾面积 5%左右，；中等灾害 10%左右，大灾 20%左右，粮食总产量的波动幅度大约为 2.5%～5%；5%～10%，10%～20%。隋唐宋时期，小灾受灾面积 1%左右，中等灾害受灾面积 5%左右，大灾受灾面积 10%左右，粮食生产的波动幅度分别为 0.5%～1%，2.5%～5%，5%～10%。元明清时期，小灾农业受灾面积 1%，中等灾害 5%，大灾 15%，粮食生产的波动幅度分别为 0.5%～1%，2.5%～5%，7.5%～15%（表 2-5）。

表2－5　历史时期农业受灾范围估测

朝代	轻度受灾	一般受灾	严重受灾	全国政区	受灾面积比率%		
					小灾	中灾	大灾
秦汉	1～5郡国	15郡国	40郡国	秦42郡；西汉103郡国；东汉13州104郡国。全国1 000多县	5	15	40
魏晋南北朝	1～5郡	15郡	30郡	172郡国	3	9	17
隋唐五代	1～5州	15州	30州	隋朝全国190郡，1255县；唐朝360州，1 557县	1	4	8
宋	1～5州军	15州军	50州军	244州，59军	2	6	20
元	1路	10路	20路	184路	1	5	11
明	10州县	10府	30府	159府，1171县	1	6	19
清	10州县	50州县	200州县	23省295府州厅1314县	1	4	15

资料来源：卜风贤，《传统农业时代的灾荒风险和粮食安全》，收入倪根金主编，《梁仲勉先生诞辰100周年纪念文集》，中国农业出版社，2010年，195～255页。

伴随粮食生产波动的结果是粮食价格的异常。对于灾害与粮价波动之间的关系，许多学者都进行过关注。陈业新（2004）曾列表举证，两汉时期由于灾害的原因，最高米价与最低米价的差别低则2倍，高则会达到数百倍。全汉昇（1972，1976）对唐代以及北宋物价长期变动趋势的分析也显示，灾害的发生导致粮价上涨是一个经常的现象。王业键、黄莹珏（1999）对清代粮价的研究也表明，由于受货币、人口、水利设施等因素的影响，长期气候变迁与粮价并无明显关系，但在某些期间，自然灾害频率与粮价变迁之间，相关性仍很明显。图 2-4 是唐代粮价变动与灾害趋势对比图，该图显示灾害频次与粮价的波动大致一致。

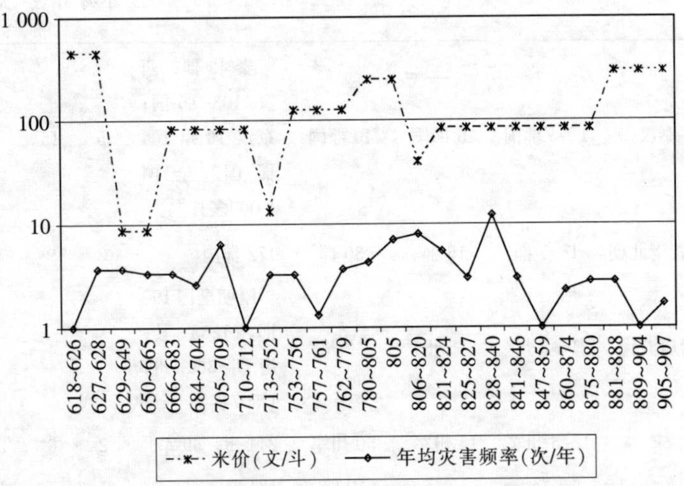

图 2-4 唐代灾害频次与粮价对比图

资料来源：灾害数据来源于阎守诚主编，《自然灾害与唐代社会》，人民出版社 2008 年；粮价数据根据全汉昇（《唐代物价的变动》，《历史语言研究所集刊》第十一卷，101～148 页）、宁可（《中国经济通史·隋唐五代卷》第五章《货币与物价》，经济日报出版社，2000 年，429～544 页）、张超林［《唐代米价研究》，（硕士论文）西南师范大学 2003 年］、葛承雍（《唐代国库研究》，三秦出版社，1990 年）、王仲荦（《金泥玉屑丛考》，中华书局，1998 年，113～189 页、190～222 页）等整理。

虽然相比今天社会资源的匮乏和人口的众多，古代中国的资源相对丰富的多。但是无论资源多么丰富、充足，在自然灾害面前都会显得稀缺异常。如果再没有一个完善的制度保障体系，社会就会陷入动荡之中。因此，对古代救灾制度的总结研究就十分重要。

第三章

中国传统社会救灾制度的供给与分层

对制度的构成或制度结构的剖析，是制度分析的基本理论前提。研究中国古代的救灾制度的成果已经颇为丰富，但这些研究多数拘泥于经济性质的救灾活动，如蠲免税赋、赈济钱粮等问题的研究上。实际上，除却这一救灾制度体系，在我国古代尚存在“禳火”这一制度体系，这种体系与政治生活结合紧密，故称之为政治救灾制度。由此，中国古代社会的救灾制度可以划分为两大制度体系，即经济救灾制度与政治救灾制度，而经济救灾制度与政治救灾制度中，皆呈现出正式、非正式制度的分层格局。对于救灾制度供给进行的划分，将为研究提供一个基本框架。

第一节　中国传统社会救灾制度产生的思想根源

救灾是一个需要集体合作的活动，为了减轻“搭便车”、寻租等问题带来的副作用，必须要建立一套意识形态理论体系。意识形态作为我国大一统制度的非正式规则，在古代社会生活中的作用非常明显（杨松华，2003）。诺斯（1995）等新制度经济学家认为，意识形态可以被定义为关于世界的一套信仰，是人们关于周围世界的一种总体观点和判断，它们倾向于从道德上判定劳动分工、收入分配和社会现行制度结构。诺斯认为，没有一个意识形态理论的支撑，对于制度的研究是不全面的，比如不能说明“搭便车”问题的存在。成功的意识形态必须能克服搭便车问题。

它必须足够灵活，使它不仅能赢得新的团体成员的信赖，而且也能保持老团体成员的团结。

林毅夫（1986）提出，成功的意识形态执行这些功能的机制是通过给个人提供选择性激励来实现的。意识形态是人力资本，它帮助个人对他和其他人在劳动分工、收入分配和现行制度结构中的作用作出道德评判。因此，意识形态信念能起到弱化搭便车、道德危险和偷懒的功能，“如果没有一种关于意识形态的清晰理论，或更广泛意义上的关于知识社会学的理论，那么，我们解释现行资源配置或历史变革的能便会有很大的缺口”（诺斯，1992）。

自秦汉至明清，中国两千余年能够保持相对稳定的发展，经济与人口持续增长，对整个世界而言都是一个奇迹。在这其中，除了国家暴力外，一个相对成熟的意识形态制度体系是维持社会稳定性的重要因素。这一体系就是以儒家文化与宗法观念为代表的传统社会主流思想体系。

作为一种替代法律并规范人们行为的伦理规则，儒家学说源于春秋时代的孔孟，至宋代的程朱理学而达到专制文化的顶峰。古人从孩提时代起就接受儒家的“启蒙”和教育，忠君尊父，“三纲五常”已成为约束中国人行为操守的“规范”。西汉武帝“罢黜百家，独尊儒术”的强制性制度安排，更加巩固了儒家意识形态在全国的地位，成为维护统治者合法权威的重要工具，它的出现节约了统治者与老百姓达成统治与被统治“协议”的费用。在《经济史上的结构与变迁》一书中，诺斯指出，意识形态是人们关于世界的一套信念，它是个人与其环境达成协议的一种节约费用的工具。它具有确认现行制度结构符合义理或凝聚某个团体的功能。人类组织必须“辅之以一组道德伦理行为规范以减少实施费用”。“意识形态与个人所理解的关于世界公平的道德伦理判断不可分割地交织着”。虽然随着制度不均衡的出现，意识形态与现实之间可能会出现缝隙，但由于改变原有制度安排所能引起的利益风险，统治者并不愿意从根本上触动它。相反，会通过不改变宗旨的表面意义上的改造使其不断适应新的情况，表现出了极大地弹性，即诺斯（1992）所指出的，“成功的意识形态必须是灵活的，以便能赢得新团体的忠诚，或随着外部条件变化也得到老团体的忠诚”，作为官方意识形态的儒学自动调整自身的思想趋向而使其能投合统治者的需要与爱好，使其能够为现实政治服务。统治者通过在教育上的投资来加以强化，比如科举制度。各个时期的儒家都会通过对儒家思想的新发展，来解释和发展新的宗法伦理的意识形态。基层宗族的宗法伦理就是在儒家文化这一范畴中运转的，它脱离不开传统社会以儒家为中心的意识形态的制约。这一共同性，使人们具有相同的价值观念与是非判断标准，从而加大的简化与降低了社会运行所需花费的成本，节约了古代中国人认识世界与处理相互关系的费用。而任何企图偏离这一意识形态的观念都是要付出代价的，因为在传统中国，它的制约作用甚至强于法律（杨松华，2003）。黄仁宇在其名著《万历十五年》的自序中也指出，意识形态成为道德准则与习惯法，代替了正式的法律条文，成为“一切问题的症结”。

实际上，意识形态虽然是一种非正式的制度，但是在中国古代皇权专制政权体制下，对意识形态的管理仍有相对完备的制度，其管理形式大体有如下几种：舆论控制、政令宣传、社会教化、教育管理、文字监禁与艺术统制等，体现出高度集中、极端专制与注重德化三大特点（王子今，1988）。古代政府通过意识形态与政治权威的有效结合以利于降低统治的成本。

意识形态类似于布罗代尔的“结构”理论，具有极强的渗透性，在历史的发展中起着根本性的作用，它的影响也弥漫在几乎所有的其他制度安排中，灾害救济作为一种重要的制度形式，自然也受它的控制。制度是基于社会资源的稀缺产生的，灾害是造成和加剧资源短缺的主要原因之一。现代灾害学认为，灾害是各种异常自然力对社会经济的破坏和人类生命的摧残，其原因有自然因素，也有社会因素，但后果必然是造成社会性的危害。然而，受制于科技发展水平，古代对灾害的认识并没有完全上升到这种高度，政府与民间形成了既有共性又有独特性格的火害观。所谓灾害观，是人们对待灾害的基本看法，是一种综合了理性和感性的意识或观念，表明了人类主体对作为客体的自然界（包括天然自然与人工自然）变异现象的一种价值判断与评价（王子平，1998），它是与传统农业生产水平相适应的、以对灾害的表现和发生演变规律进行初步概括归纳为特征的古代灾害思想（卜风贤，2006）。灾害观制约着人们对灾害的基本态度和在灾害面前的行为倾向，是灾害社会学的核心问题之一，是人们在同灾害接触的过程中逐步形成和树立起来的。中国传统救灾思想总的发展趋势是越来越成熟，越来越丰富，但在大体上则可以分为远古三代、春秋战国、秦汉、魏晋隋唐、宋元、明清等六个阶段，其高潮又分别出现在战国、两汉、北宋和清代（王子平，1998；张涛等，1999）。

对于灾害观的分类，一般沿用邓拓在《中国救荒史》中的划分方法，将古代社会的救荒思想分为消极救灾思想和积极救灾思想两种类型。其中，消极救济思想是在传统社会占主体地位的思想体系。这一思想只主张进行灾后救济或补救，它的“消极”的实质是政府在灾前不作为，一待灾害降临，才给予救济以稳定统治者的统治。这种思想并不否认国家的减灾责任，只是认为国家的减灾责任应该是消极的，即只在灾后开始承担救灾责任，灾前则不主动的开展防灾活动。具体而言，它主要包括临灾治标的赈济说、调粟说、养恤说、安辑说、蠲缓说等内容，这种思想体系在中国古代发展得比较完备，深深地影响着历代王朝减灾责任的实际承担的程度、范围及积极性。但是这种消极的救灾思想往往由于政权本身的原因不能得到真正彻底的实施。同时，在中国古代的救灾思想中，“世异则事异”、“事异则备变”、“以备待时”、“事无备则废”等观念也被很好贯彻在积极的预防思想之中，这种思想主要有重农贵粟思想、仓储备荒思想、兴修水利思想等，这被邓拓视之为积极的救灾思想。此外，邓拓将禳灾祈祷之类的灾害观念斥之为迷信、荒诞不经。

沿着邓拓的思路，并与传统社会的救灾制度相适应，中国古代的灾害观念大致可以分为两大理论系统，一是灾害的禳弭思想，一是减灾救荒思想，这两大体系的灾害观念构成传统社会救灾制度运行的强有力的意识形态体系，主导着中国古代社会救灾事业的发展，是传统社会日渐完备，且至今仍具有资鉴作用的救灾政策和措施的重要理论依据。

一、天命主义禳弭论

在我国数千年丰富的救灾思想中，天命主义禳弭论是其最原始的形态。邓拓在其《中国救荒史》中对其产生曾解释道："考我国自商代盘庚迁殷之后，已脱离氏族社会时期。当时在经济生活及政治生活中单一阶级之支配权已完全确立。故当时人类之思想，亦即认定人间一切事物，皆可由支配阶级之力量以统治之；但由于当时生产力低下，对于自然之控制能力，仍极薄弱，而在农业生产领域中，其所受自然力之支配，尤觉强大。于是当时之人类，依其自身世界内阶级元首支配之情形，从亦设想在整个自然界中，亦必有一支配自然万有之最高主宰存焉。而此最高之主宰，即称为'天帝'。于是原始社会'万物有灵'之观念，遂转变而为崇拜最高主宰之天帝，即初期一神教之观念矣！在此种观念支配之下，对于一切人事休咎，莫不视之为天帝所决定，自然之灾害，生产之丰歉，更惟以此为解释。即认为人间之一切灾害饥荒，皆天帝有意降罚于人类。"

可见，这种观念的产生是人们由于受到当时生产力发展水平和科技发达程度等各种客观因素的制约，对于灾害的发生不能作出客观的解释，而产生的唯心主义的看法。人们对于灾害这种突发性的事件缺乏准确的理解，往往将其归于上天的恩威。在这种观念的支配下，对一切事物的变化、自然灾害的发生和农业生产的丰歉，都视之为“天帝”所决定，是“天帝”有意赐福或降罚于人类。此种思想至周代一直占支配地位。春秋战国时期，天命主义曾一度动摇，崇拜形式有所改良。到了秦汉及以后的漫长岁月里，对灾害发生的解释，贯之以阴阳五行说，但仍笼罩于天命主义的思想藩篱之中。于是，在面对灾害的时候，无论是统治者，还是普通百姓，都战战兢兢地祈求上天的开恩，并产生了种种祈禳形式。

古代禳弭灾害的观念呈现出渐进性的特点：先是认为灾害的发生是鬼神亡灵作怪，后来又注意到政务不当也可引起灾害。直至西汉，基于“天人感应”的灾异说成为占主流的灾害观念。

（一）灾异天谴论

所谓灾异天谴，是说如果政治不善，社会动荡，人民流离失所，上天就会降下灾害和异常的征候，如山崩、地震、海啸、蝗虫、旱灾等，以示谴告。其理论基础在于先秦时期业已出现的“君权神授”论。这一理论指出，君主既然作为上天在人间的代言人来统治国家，就理所当然应该接受上天的警示，对各种“灾异”的产生负责。“君权神授”意味着没有上天就没有“君权”。“王者，人之始也。王正则元气和顺，风雨时，景星见，黄龙下；王不正则上变天，贼气并见”[①]。历代的封建君主下诏时总是冠以“奉天承运”一类的字眼。文献记载中，许多“君主”诞生时，总是伴随一些异常的自然现象。既然君权是上天赐予的，“君权”是君主体现上天意志的权力。因此，上天的意志，就成为君主的行动指南和君权得失的评判标准。君权的得与失、赏与罚、有道与无道，都由天象的不同变化向世人昭示。例如，君王勤政，颇有政绩，则风调雨顺；相反，则发生地震、冰雹、流星

① 《春秋繁露》卷四，《王道第六》。

等异常天象，预示凶兆，以显上天警戒或惩罚之意（张敬秀等，1996）。

春秋时期的墨子学派较早提出上天利用灾害对君主进行谴责这一观点。《墨子·尚同中第十二》云："夫既尚同乎天子，而未上同乎天者，则天菑将犹未止也。故当若天降寒热不节，雪霜雨露不时，五谷不熟，六畜不遂，疾菑戾疫、飘风苦雨，荐臻而至者，此天之降罚也，将以罚下人之不尚同乎天者。故古者圣王，明天鬼之所欲，而避天鬼之所憎，以求兴天下之害。是以率天下之万民，齐戒沐浴，洁为酒醴粢盛，以祭祀天鬼。"《尚书·洪范》、《吕氏春秋》中也有最初的"灾异天谴论"思想。如《吕氏春秋》认为气候的正常和异常对社会有截然不同的影响，"雪霜雨露时，则万物育矣，人民修矣，疾病妖厉去矣。"如果春行夏令或冬令，秋行冬令或春令，夏行冬令或春令，冬行秋令等，则风霜雨雪不会应时而来，草木不会应时荣枯，庄稼不会成熟，国家将会兵荒马乱、土地侵削、道路不通、人民迁徙。而君臣、长少、父子、弟兄、朋友、夫妻等的人伦败坏，世人心若禽兽，不知义理，则风霜雪雨"不时"、"不当"，"阴阳失次，四时易节"，"禽兽胎消不殖，草木庳小不滋，五谷萎败不成。"

西汉董仲舒将"灾异天谴论"进行了系统化的阐述，并由此成为中国两千余年救灾思想的主要脉络之一。董仲舒认为天既有自然性，又有道德性，还有神学性。天人之间不仅有物质、自然上的相连，而且有精神情感上的相通（李泽厚，1986）。所谓："天地之物，有不常之变者，谓之异。小者谓之灾。灾者，天之谴也；异者，天之威也。谴之而不知，乃畏之以威……凡灾异之本，尽生于国家之失。乃始萌芽，天出灾害以谴告之；谴告之而不知变，乃见怪异以惊骇之；惊骇之尚不知畏恐，其殃咎乃至。以此见天意。天意有欲也，有不欲也。所欲、所不欲者，人内以自省，宜有惩于心；外以观其事，宜有验于国。故见天意者之于灾异也，畏之，而不恶也。以为天欲振吾过，救吾失，故以此报我也。”[①] 东汉班固发挥了天人感应的思想：“天所以有灾变何？所以谴告人君，觉悟其行，欲令悔过修德、深思虑也。”[②] 将自然界的灾变归咎于上天的责罚，认为灾异是上天有意识地谴告（责备）有过失的人君，希望他能够改过向善。不然他的天下就会丧失、他的国家就灭亡，灾异天谴的理论体系进一步完备。这种思想影响深远，即便是具有朴素的唯物主义的王充也受到这种思想的影响，他将灾害分为两大类：“夫灾变大抵有二：有政治之灾，有无妄之变。”“政治之灾，无妄之变，何以别之？曰：德酆政得，灾犹至者，无妄也；德衰政失，变应来者，政治也。夫政治则外雩而内改，以复其亏；无妄则内守旧政，外修雩礼，以慰民心。”“政治之灾，须耐求之。求之虽不耐得，而惠愍恻隐之恩，不得已之意也。……无妄之灾，百民不知，必归于主。为政治者，慰民之望，故亦必雩。”[③] 可见，灾害祭祀的目的在于安定灾时百姓的心理，转移灾民对君主、国家的不满情绪。

魏晋南北朝诸正史在记述灾害现象时，均开宗明义地指出：“夫在天成象，圣人是观，日月五星，象之著者，变常舛度，征咎随焉……百王兴废之验，万国祸福之来，兆勤虽微，罔不必至。”[④] 而天人关系即灾异与人世间政治的关系也不外乎三种形式：“其一曰，君治以道，臣辅克忠，万物成遂其性，则和气应，休征效，国以安。其二曰，君违其道，小人在位，众庶失常，则乖气应，咎征效，国以亡。三曰，人君大臣见灾异，退而自省，责躬修德，共御补过．则消祸而福至。”[⑤]

通检唐代有关史籍，时人多认为各类自然灾害的发生是因为政治的不力，官吏的腐败，法制的混乱，道德的沦丧以及伦理的

---

① 《春秋繁露》卷八，《必仁且智第三十》。

② 《白虎通德论·灾变》。

③ 《论衡·明雩篇》。

④ 《魏书》卷一百五十一，《天象志》。

⑤ 《晋书》卷二十九，《五行志》。

丧失。《新唐书》卷三十四《五行志一》中亦云："盖王者之有天下也，顺天地以治人，而取材于万物以足用。若政得其道，而取不过度，则天地顺成，万物茂盛，而民以安乐，谓之至治。若政失其道，用物伤夭，民被其害而愁苦，则天地之气沴，三光错行，阴阳寒暑失节，以为水旱、蝗螟、风雹、雷火、山崩、水溢、泉竭、雪霜不时、雨非其物，或发为氛雾、虹蜺、光怪之类，此天地灾异之大者，皆生于乱政。而考其所发，验以人事，往往近其所失，而以类至。"认为灾异的发生俱有相伴的乱政之事发生。水旱灾害作为常发灾害，被赋予了更多的政治使命。灾异天谴说认为，水旱灾的形成在于君主对祭祀礼仪的缺失、刑政的恶滥、国家徭役的繁重、修筑宫室过度和臣僚不遵守君主礼节，僭越礼制而遭的报应。如唐代贞观元年（627）七月，关东河南陇右及缘边诸州霜害秋稼。九月辛酉，太宗下诏曰："虫霜为害，风雨不时，政道未康，咎征斯在。"代宗永泰（765—766年）时天旱，马璘认为："旱由政不修。"① 太和年间（827—835年）持续干旱，文宗忧心忡忡："朕为天下主，无德及人，致此灾旱。"

北宋景祐元年（1034）四月，仁宗对宰臣曰："今年以来，阴阳不顺，卦气乖舛，此必应天知道，有未和与天心而违于人意者，宜推明咎征之本。"② 明朝正德十六年（1521）八月，"礼部类奏灾异，上览之日：上天仁爱，灾异频仍，朕心惊惕，内外百官宜同加修省"③。嘉靖元年（1522）十月，"礼部类奏灾异得旨：上天示戒，近日京师地震，各处地方灾异叠见，朕心警惕，与尔文武群臣同加修省，以回天意"。④

① 《新唐书》卷一百三十八，《马璘传》。

② 《云麓漫钞》卷八。

③ 《明世宗实录》卷五。

④ 《明世宗实录》卷十九。

直至清季，虽然“言灾异者逐渐减少，但灾异的观念一直保留着，一旦条件适合，灾异思想就会出现，并且往往结合当时的思想特征”（徐凤先，1994）。“丁戊奇荒”发生后，光绪帝曾下诏自责云：“朕抚兹臆兆，一夫不获，是予之辜，况旱灾如此之广，饥民如此之众乎？意者逸豫旷怠百事废弛欤？用人失当泽不下逮欤？或政令毕具有名无实欤？抑刑罚不中百姓含冤莫诉欤？有一于此，皆足上干天怒。”① 将灾害的原因归咎于疲玩已久而百事废弛，或者因为政府用人失当，或者因为政令有名无实，或者因为百姓含冤莫诉，即使只有其中一条原因，都可能导致上天以灾异示警。这与商汤王的自责是何其的相似！

（二）禳弭灾害行为的理论阐释

以灾异天谴论为基础产生了各种样式的救灾弭灾行为，如祈雨祈晴、避正殿、徙市禁屠、撤乐减膳、改元等（孙湘云，2000；李军 马国英，2008）。这充分说明，灾异的发生与政治紧密相关，“它反映了政治的合理化程度，昭示了政治的未来走向，是政治活动的外化和晴雨表。捕捉这些自然而神圣的信息，就是把握政治的脉搏与动向”（张荣明，2000）。在“天人感应”观念的指引下，各种灾害都被赋予政治使命，与人事之间形成一种对应。

策免三公（宰相）是帝王回应灾害的重要手段之一，它的直接理论依据是宰相应具有的燮理阴阳职能。燮理阴阳是宰执的责任，灾害的发生是阴阳失调的结果。因此，除了“启人主警畏之心，虑社稷颠危之渐”外，宰相自己也要自省，“以燮调为己责”，接受御史、谏官以及其他臣僚对自己的弹劾，上章待罪甚至辞职。

先秦时，三公作为宰相辅佐君主、总领百官，地位崇高，被

---

① 《光绪朝东华录》。

君主视为移过的首选。但当时不论是君主移过，抑或宰相主动受过，都是在一种神秘的氛围中进行的，宰相尚无权公开对“灾异”负责。西汉初年，阴阳灾异观大行其道，宰相被赋予燮理人间阴阳之气的政治功能，开始与“阴阳”挂上钩，至董仲舒云：“君不名恶，臣不名善，善皆归于君，恶皆归于臣。臣之义比于地，故为人臣者，视地之事天也；为人子者，视土之事火也，虽居中央，亦岁七十二日之王，傅于火，以调和养长，然而弗名者，皆并功于火，火得以盛，不敢与父分功，美孝之至也。是故孝子之行，忠臣之义，皆法于地也。”[①] 遂为君主公开移过于臣下及大臣公开代君受过提供了理论依据。自汉成帝永始二年（公元前15）策免宰相薛宣时，将“变异数见”写入诏书[②]，君主移过臣下公开化。作为宰相的三公，开始承担不同的灾害责任，“司马主天，司空主土，司徒主人。故阴阳不和，四时不节，星辰失度，灾变非常，则责之司马。山陵崩阤，川谷不通，五谷不植，草木不茂，则责之司空。君臣不正，人道不和，国多盗贼，民怨其上，则责之司徒”。[③] 此后，凡遇到水旱灾害、星变等灾异，君王就要策免宰相中的一人或几人，遂成为惯例。清代皮锡瑞在《经学历史·经学极盛时代》中指出：“其时人主方崇经术，重儒臣，故遇日食地震，必下诏罪己，或责免三公。”这样，帝王在回应上天谴责的同时，将自身面临的危机向宰臣转移（于振波，1994）。

两汉因灾策免宰相之事，史不绝书（陈业新，2004；段伟，2008）。三国曹魏时期，伴随三公权力的日渐式微，策免三公以

---

① 《春秋繁露》卷十一，《阳尊阴卑第四十三》

② 《汉书》卷八十三，《薛宣传》。

③ 《后汉书》卷一百四十四，《百官志一·司空条》注引《韩诗外传》。

推卸灾异责任逐渐废止[①]。《三国志》卷二《文帝纪》载：黄初二年（221年）“六月，戊辰晦，日有食之，有司奏免太尉，诏曰：‘灾异之作，以谴元首，而归过股肱，岂禹、汤罪己之义乎？其令百官各虔厥职，后有天地之眚，勿复劾三公。’”

唐代延续了这一局面，三公（太尉、司徒、司空）虽然仍有“佐天子理阴阳，平邦国，无所不统”的职任，但此时的三公已经不再是位高权重的宰相了，“自隋、唐以来，三公无职事，自非亲王不恒置，于宰臣为加官，无单置者”。[②] 三公成为无具体职务的荣誉称衔。唐代“宰相之职，佐天子总百官、治万事，其任重矣”[③]。宰相权位虽重，但在制度上“燮理阴阳”之职能已经没有了。但是，通检诸史，在唐代的政府文件、实际政治活动以及唐人的观念中，宰相依然具有“燮理阴阳”的职能，依然要对灾害负有一定的责任（阎守诚、李军，2004）。宋代时，大臣们仍旧认为“燮理阴阳，辅相之职”。[④] 就连以“不曰天之有某变，必以我为某事而至也”为信条的王安石，在旱灾发生时，也有过祈雨和辞职以弭天谴的举动。皇祐四年（1052）十二月，天不下雪多日，仁宗皇帝躬责减膳，不见任何效果。宰相庞籍上章：“臣等不能燮理阴阳，而上烦陛下躬责引咎，愿守散秩，以避贤路。”仁宗说：“是朕至诚不能感天而惠不及民，非卿等之过也。”当天晚上，天降大雪[⑤]。在很大程度上，帝王引咎躬责，宰相上章待罪，在北宋被认为是消弭灾害的一种重要方法。

再如虑囚制度，统治者认为“政事不修是致灾的原因，而政

① 祝总斌（1990）认为并不是三公丧失了宰相的权威，而是反映了魏文帝政由己出的地位；由于天文历法的进步，已不太相信日食灾异，以为只要百官各尽其守，就可稳定统治，所以才免除三公责任。

② 《旧五代史》卷一百四十九，《职官志》。

③ 《新唐书》卷四十六，《百官志一》。

④ 《宋史》卷三百四十四，《李之纯传》。

⑤ 《宋史》卷六十二，《五行志一》。

事中刑狱杀人最为不祥，其中不免有冤枉不平之狱，其怨毒之气可以上达云霄，激起神的忿怒”（瞿同祖，1981）。基于这样的认识，“统治者便须要则天顺时，调整自己的行为，或清理狱讼，或大赦天下，事实上，中国历史上的许多‘德政’不但是以这样的名义，而且是这样的信仰支配之下作出的”（梁治平，1991）。

从汉代开始，人们从阴阳灾异的思想出发，把灾害，特别是水旱灾害同狱政好坏联系起来，《太平广记》卷一百七十一《精察一·袁安》曾记载了这样一件事：“汉袁安为楚相。会楚王坐事，平相牵引，拘系者千余人。毒楚横暴，囚皆自诬。历三年而狱不决，坐掠幽而死者百余人。天用炎旱，赤地千里。安授拜，即控辔而行。既到，决狱事，人人具录辞状，本非首谋，为王所引，应时理遣。一日之中，延千人之命。其时甘两滂霈，岁大丰稔。”可见刑罚过滥、狱政不修，就会使冤气郁结，导致天旱地燥，一旦理清冤狱，则会天降霖雨。唐代思想认为，罪犯居住的地方阴气淤积，长期发展会违背天道，伤害和气，导致“愆阳”或其他类型的自然灾害的发生。陈子昂在《谏用刑书》中引申说：“冤人吁嗟，感伤和气，和气悖乱，群生厉疫，水旱随之，则有凶年。”可见，刑罚过重，冤狱过多，“可以失阴阳之和，致水旱之沴”，水旱灾害都和狱政有关，因灾虑囚成为唐代消弭灾害的重要措施（阎守诚、李军，2004b）。

再如出宫人，按董仲舒的说法，女性属于阴类，“女谒行”就能造成“阴类盛”。我们在探讨唐人对灾害的认识时，常常会见到“水者阴类，臣妾之道。阴气盛满，则水泉迸溢”、“以水害诫阴盈”①等等诸如此类的检讨。这是古人阴盛阳衰观念的体现。这种观念主要表现为女性（阴）有越轨行为，像女人参政、太后专权、妻妾淫乱、后宫众多等。这些行为与自然界发生感应，就会出现阴气过盛的现象，诸如久阴不雨、暴雨不止、河海上涨、

① 《旧唐书》卷三十七，《五行志》。

洪水成灾等（李军，2007）。

其他禳灾制度闭坊门、徙市、盖井也都被认为可以燮调阴阳、消弭灾害。《康济录》卷三对此进行了解说："天之水旱固难测，人之祈祷，亦岂同哉？如遇旱灾，扰龙潭，掩枯骨，紧民间不得举火，抑阳而助阴；遇雨患，闭城北门，盖井，禁妇人不许入市，抑阴而助阳。"可见，"灾异天谴论"成为传统社会禳灾制度产生的理论根源。

（三）评价

如何评价天人感应之下的灾害观念是个重要的问题，虽然其中的绝大部分思想都能被现代科学轻易地驳斥，所以多数研究者对其评价不高。比如，王寿南先生就认为："虑囚与旱灾未必有因果关系，只不过在古代迷信思想下君臣对旱灾的一种反映，对于旱灾在实质上似乎并无补益。"当然，也有研究者在批判的同时予以微弱的支持："无论是祈祷还是徙市禁屠之类，实际上于灾情都无所补救。如果说有作用的话，也只能说这种种形式可以表明朝廷乃至各级官员对灾情的重视，对救灾工作的重视，或许从而能够推动救灾工作。"故而笼统地将"灾异天谴论"斥之为"迷信"、"荒诞不经"也同样失之简单，应从具体的背景来理解这种思想行为。

实际上，从"灾异天谴说"出现伊始，它就不仅仅是作为一种单纯的思想观念存在的，而是有着现实的意义，即与现实政治紧密地结合在一起，成为君臣缓解灾害危机以及统治危机、生存危机的一种手段，是政府实现灾害危机管理的重要手段与依据。灾害与政治的巧妙联姻，使得统治者慑于"天谴"的威力而被迫接受批评与做出改革，自然灾害后的行为遂成为人们用来荡涤政治污垢的积极手段。"灾异天谴论"认为天是有意志、有情感、是全知全能的，能够主宰世间万物的生死存亡和人们的祸福吉凶的独立个体，人和天之间具有内在情感关联和相感应的关系，这是远古天命论的渗透使然。天与人的感应不是盲目的、随意的、自由的，而是有着具体的对应目标，人善则天赏，政失则天罚。这种感应的基础是：事物的精神属性是同类的，即“同类相感”，所以人可以通过道德的修养、统治的调整来改变自己的属性，引起天对人积极的感应，转祸为福，化灾为祥。这种强调人事影响天意的观念，肯定了人的主观能动性，能增强人们救灾的动力。它视灾害为天谴，有利于劝告君主救灾，一定程度上是有利于古代救灾活动的开展的。另一方面，部分远见卓识之士看到了自然灾害是客观存在的，却仍然以阴阳的观点来解释它的发生，还是受到天人感应观的影响，并不能对灾害作出科学的分析，很大程度上只是一种经验的总结。正因为如此，他们提出的救荒的方案与政治成因论者可以说是殊途同归，都主张发挥统治者的主观能动性，调整政治决策导向，适应阴阳五行气息的运行规律，将灾害消弭。这是中国传统社会体制用以自我调节与自我改进的一种特殊方式，是中国传统儒家政治高度神秘性与高度现实性相结合的一个具体表现形式。

二、朴素的唯物主义灾害观

禳弭灾害思想是古代占主流的救灾思想体系之一。在其大行其道的过程中，朴素的唯物主义灾害观也显示着它的生命力。春秋战国时期，内史过就认为陨石现象“是阴阳之事，非吉凶所生。”[①] 东汉王充强调提出，既然天道自然无为，则自然界的灾异现象就根本不是上天对帝王和国家政治的谴告，而是“阴阳不和”、“气自为之”的结果。即“阴阳不和，灾变发起”。“风寒不和，发生灾异。……夫天道自然也，无为；是有为，非自然也”。“夫天无为，故不言，灾变时至，气自为之。夫天地不能为，亦不能知也”。他还根据当时天文学上的成就指出，日食和月食并

① 《新唐书》卷一百四，《于志宁传》。

不是因为帝王失政、朝纲不振引起的，而是一种合乎大自然运动规律的自然现象。他说："在天之变，日月簿蚀（食），四十二月日一蚀（食），五十六子月亦一蚀（食）。蚀（食）得常数，不在政治。百变千灾，皆同一状，未必人君政教所致。"唐代贞观十一年（637）七月，洛水暴涨，中书侍郎岑文本在提出转祸为福、化戾为祥的一系列政治措施后指出："水之为患，阴阳常理，岂可谓之天谴而系圣心哉！"① 认为水旱灾害发生的原因是大自然的阴阳失调，或者说是自然界阴阳的矛盾变化所致，是自然界固有的现象，与天人感应学说相去甚远。姚崇也是一位具有一定的朴素唯物主义思想的政治家，他反对崇佛妄佛，也不信鬼神，针对开元年间肆虐良久的蝗灾，他批驳了"蝗乃天灾，非人力所及，当修德以禳之"的荒谬思想，指出："自古有讨除不得者，只是人不用命，但使齐心戮力，必是可除。"而蝗虫不除，就会"苗稼总尽，人至相食。"他还表示："若救人杀虫，因缘致祸，崇请独受，义不仰关。"②

虽然古人已经有了唯物主义的认识，但并未成为主流思想，甚少付诸实践。汉魏时期的玄学家们对天道自然观之灾害观的认识，仅仅停留在一种清谈式的坐而论道，并未对当时社会大众的灾害观产生很大影响。即便有着"水旱之数，虽云常理，导化失节，亦致咎灾"的理念，也还是坚持要修政自省，"庶答天戒"③。唐代权德舆也主张："销天灾者修政术，感人心者流惠泽，和气洽，则祥应至矣。"④ 因此很难说他们是纯粹的自然成因论者，他们或多或少都受到长期以来深植于人们头脑中的传统天人感应观念的影响。唐代中叶，白居易在为准备制举而撰写的《策林》

① 《旧唐书》卷三十七，《五行志》。

② 《旧唐书》卷九十六，《姚崇传》。

③ 《册府元龟》卷一百四十五，《帝王部·弭灾三》。

④ 《新唐书》卷一百六十五，《权德舆传》。

中说："明圣之朝，不能无小灾小殄，衰乱之代，亦或有小瑞小祥，固未足质帝王之疑，明天地之意耳。王者但外思其政，内省其身。自谓政之能立，道之能行，虽有琐琐小灾，不足惧也。"[①] 因此我们可以断言，对灾害做自然之"变"的解释，并不排斥天人感应论。

但无论如何，朴素的唯物主义仍有可取之处。特别是古代对于灾害的理解出现了从社会变化中寻求原因的解释。《全唐文》卷二十九《置劝农使诏》中记载："大军之后，必有凶年，水旱相仍，逋亡滋甚"，说明唐人在频繁的社会动荡中总结出一条经验，大的战争破坏了社会的基础设施，是社会承受自然灾害的能力下降，因而必然导致水旱灾害的发生。这就揭示了灾害的社会因素与人为因素，丰富了人们对灾害的认识。说明一些有识之士已不仅仅局限于从自然界本身去探索灾害，他们的视线或多或少地触及灾荒发生的社会因素上。特别是明清之后，一些论者已经认识到，政治腐败、生态环境恶化、战争频仍、鸦片种植等是灾荒发生的深层次社会因素（康沛竹，1997a，1997b）。

三、重农思想体系

（一）重农与重农抑商

重农思想产生的直接历史渊源在于农业生产早已成为人类最主要的生活物质来源这一事实农业作为古代世界的决定性生产部门，"食物生产是直接生产者的生存和一切生产的首要的条件"，受到历朝历代的高度重视。《尚书》将农事列为五常之教的首位，西周的统治者每年以"籍田"的形式彰示其对农业的重视[②]。春秋时期的管仲、墨子、老子、庄子等思想家也从不同的角度阐释

① 《白居易集》第十六，《议祥瑞·辨妖妄》。

② 重农学派的代表人物魁奈曾劝说法国国王路易十五，于1765年举行了一次模仿中国西周的"藉田"大礼，反应了中国重农思想在世界范围的重大影响。

其对农业地位的认识。如《墨子·七患》中指出，只要“以时生财，固本而用财，财则足”。这里的“财”即指粮食而言，“固本”是指做好粮食生产。这里所说的“本”与后世所说的“以农为本”的“本”很有可通之处。春秋诸子经济思想活跃，为后世重农思想的形成提供了丰富的土壤与理论依据。标志农本学说最终确立的是《管子》。它从三个方面阐述了农本的含义：首先，农业是人类的衣食之源；其次，农业是国家积累和财政收入的基础；第三，农业是国防的物质后备。这是对李悝和商鞅的农本观的综合和发展。此后，历代统治者和思想家在谈到农业问题时都以农业为理论前提，成为牢固占据经济思想领域主导的一个传统训条。

直到春秋末年，农工商还处在平等的地位，重农抑商的传统尚未形成。战国初期，随着新兴地主阶级的崛起，处于巩固政权的目的，他们激励宣扬重农理论，鼓励人们从事农业生产，以为国家积累财富，重农思想逐步形成，李悝、商鞅、荀子、韩非子等并将抑商内容也融入其中。如商鞅首次提出了“本事”与“末立”的对立，制定了一系列重农抑商政策，把重农抑商思想推向形成阶段；而韩非子第一次把农业置于本业的地位上，而把工商业放在无足轻重的末业位置上，从概念的外延上，拓展了经济的内涵，将其分为主次两大部门。自此以后，本末论成为封建政府经济门类的流行划分标准，各朝经济学家都给予了高度的重视，西汉昭帝时期甚至为此展开了一项辩论，即历史上著名的“盐铁会议”①。

---

① 当然盐铁会议的中心是讨论盐铁酒的专卖。但代表政府的桑弘羊等与代表民间的贤良文学，却以此为契机，对西汉以来的财政经济政策等问题展开辩论，内容广泛，涉及本末、刑德、和战等。傅允生（2000）认为，西汉中期盐铁会议上贤良文学的重本抑官末的思想，反映了儒家对本末关系的基本看法。它与法家重本抑民末的主张相对立，构成中国古代的重本抑末传统，从而使重本抑末的思想内涵更为丰富。

需要注意的是，重农抑商思想与重视农业的认识是有着本质的不同的。重视农业的认识仅是对农业生产这一个经济部门给予足够的重视，而不牵涉对商业的态度如何。重农思想则是立足于农重商轻立场，在农业与商业两个经济部门之间选择一种厚农卑商态度，并由此产生了本农末商理论体系（吴存浩，1996；王大庆，2004）。

重农抑商思想的产生奠定了我国封建社会的经济理论基础，标志着思想领域内国家职能对于农业经济发展规划的强化趋势。

一个值得注意的现象是，愈是灾荒时期，愈是国家抑商政策频繁出台的时期，如下表。汉武帝时期，政府抑商的政策与灾害关系密切，往往在灾害当年或者是此后一两年，就会有此类政策的出台，这与灾害对政府造成的财政压力有关①。

表 3-1 西汉武帝时期灾害与抑商政策表

时间	灾情	抑商策
元光五年（前 130）	八月，螟	
元光六年（前 129）	夏，大旱，螟	初算商车
元狩元年（前 122）	大雨雪，民冻死	
元狩三年	夏，大旱，山东被水灾	盐铁官营
元狩四年		初算缗钱
元狩六年	大水，关东饿死者以千计	杨可告缗
元鼎二年（前 115）	三月水冰，四月雨雪，关东十余郡人相食	
元鼎三年	秋，蝗	令民告缗者，以半予之
元鼎五年		
元封六年		均输，平准

资料来源：《汉书·五行志》、《汉书·武帝纪》、《汉书·食货志》。

① 《汉书·张汤传》云："山东水旱，贫民流徙，皆卬给县官，县官空虚。汤承上指，请造白金及五铢钱，笼天下盐铁，排富商大贾，出告缗令，锄豪强并兼之家，舞文巧诋以辅法"，是对这一政策问世原因的阐释。

（二）粮食安全观与仓储备荒

1. 粮食安全观的演变 我国古代对粮食安全问题高度关注。最早的粮食安全思想反映在《礼记·王制》中，该书提出“耕三余一”，即粮食安全系数为50%，按粮食的年度计算，年末库存率（包括政府和民间库存）相当于半年的粮食消费量。《周礼》把农业看做是决定国民经济主要的产业，在社会分工上“以九职任万民”，主张通过建立土地管理机构、加强对粮食生产督促、设置救荒机构等措施保障国家的粮食安全；《管子》认为：“不生粟之国亡，粟生而死者霸，粟生而不死者王。”这就是说只有那些能生产粮食且能积存的国家才能治理天下，从战略高度上认识粮食生产和储存的重要性；战国法家代表人物李悝鼓励人民“尽地力之教”来增加产量。指出“粜甚贵伤民，甚贱伤农；民伤则离散，农伤则国贫”，并为了保证物价的平稳，推行“善平粜”政策。汉代以后，许多政论家对粮食问题尤为关注，贾谊在《论积储疏》主张发展农业生产，重视储备粮食，认为粮食储备是“天下之大命”；而另一法家人物晁错在《论贵粟疏》提出“贵五谷而贱金玉”的见解，并大声疾呼：“粟者，王者大用，政之本务!”唐代刘晏对粮食问题的认识和实践涉及粮食安全的诸多方面，包括粮食生产、流通、储运以及抗灾救灾等，孟广章（2001）认为，刘晏的粮食安全思想标志着古代粮食安全思想走向成熟。

古代粮食安全的概念有别于现代意义的解释，一般认为，它有两层含义：一是宏观意义上的粮食安全，即一个国家在粮食自给和粮食储存量上要满足国家政府机构的正常运转、征战以及赈灾之需，基于政治需要的粮食安全概念；二是微观意义上的粮食安全，即能够基本满足人民群众的最低的生活需求，对于粮食的营养安全和食品安全则要求不多，只要普通百姓能够通过主要粮食作物品种能维持生命的需要，则说明粮食是安全的。在古代主要体现在生产、流通等方面：生产领域鼓励多种植粮食作物，《齐民要术》中提出“洪范八政，食为政首”。徐光启在《农政全书》一书中提出：“至于农事，尤所用心。盖以为生民率育之源，国家富强之本。”认为农业的本业地位是由粮食在人类生存和社会经济中的特殊作用决定的。“谷不足，则食不足。食不足，则民之所天不遂。”粮食不仅是老百姓安身立命的根本，也是国家赖以生存的物质基础。故“君以民为重，民以食为天，食以农为本，农以力为功。”

古代粮食流通思想围绕“政府还是市场”这一主题展开，徐长福（2004）、杨海民（2005）、吴宾等（2006）认为，中国传统社会经历了一个在曲折反复中逐渐彰显自由市场意识的过程，无论是西周的官定粮价、春秋战国的“平粜”，还是北宋的政府全面干预以及近世较为平稳的政府市场互补等都彰显了对经济运行规律的探索，这一探索过程与中国作为一个统一的小农大国的缓慢演进趋势是大致吻合。特别是清代的乾隆皇帝对于粮食流通有着明确的市场意识，把自由贸易作为调剂粮食余缺的重要手段，对于建立全国统一粮食市场的必要性有着清醒认识，善于发挥政府的积极作用，给粮食市场的建立与发展提供政策支持，对粮食市场的运作进行宏观调控，从而将粮食市场和粮食贸易与国家粮食安全紧密的联系在一起。

当然，学者们也指出，受制于社会各种条件的限制，古代的粮食安全观仍具有很强的局限性，如重本轻末的思想往往忽视粮食自由贸易对粮食安全的重要作用，闭关锁国的政策在客观上无法正常开展国际的贸易活动；中国古代粮食安全不仅受到自然灾害和战争等因素的影响，而且与古代社会阶层结构和粮食分配密切相关；古代粮食安全停留在一个最低层次之上，粮食的营养安全涉及不多等。

2. 仓储制度与常平之法

（1）仓储制度。建立仓储以备荒是古代粮食安全思想的重要体现。《周礼》中明确指出："遗人掌邦之委积，以待施惠。……县都之委积，以待凶荒"，认为国家各个层级都应该积累谷类以备灾荒。这种积蓄财力防患于未然的备荒思想，在《逸周书》中表述的更加明确，即所谓："天有四殃，水旱饥荒。其至无时，非务积聚，何以备之?"《礼记·王制》更将谷物的积储提升到国家兴亡的高度："国无九年之蓄，曰不足；无六年之蓄，曰急；无三年之蓄，曰国非其国也。三年耕必有一年之食，九年耕必有三年之食，以三十年之通，虽有凶旱水溢，民无菜色。"墨子认为，自然灾害是不可避免的，国家应时常做好防备水旱之灾的物资准备。他说："仓无备粟，不可待凶饥"。并主张上自国家下至百姓，均应按照《周书》所主张的那样具有可食三年的粮食储备，并将这种储备称作"国备"。这些强调加强粮食为主等财物的积蓄，以防突发性自然灾害来临的观点，反映了西周时代人们对待灾荒的态度。同时，也是整个中国古代应付自然灾害的基本思想。如春秋战国之际的思想家墨子提出同样的看法，认为"国无三年之食者，国非其国也。家无三年之食者，子非其子也。"

汉初贾谊在其上书文帝的《论积贮疏》中说："管子曰'仓廪实而知礼节'。民不足而可治者，自古及今，未之尝闻。……夫积贮者，天下之大命也。苟粟多而财有余，何为而不成？……圣王在上而民不冻饥者，非能耕而食之，织而衣之也，为开其资财之道也。故尧、禹有九年之水，汤有七年之旱，而国亡捐瘠者，以畜积多而备先具也。"将"积贮"视为国家兴亡的主要历史经验。

魏晋南北朝的统治者认识到，丰裕的粮食布帛等储备，是救灾制度成功实施的物质基础。其储蓄之丰歉多寡，亦将极大地影响到赈灾济饥之政策措施的效能发挥。如果仓储充裕，"公私丰赡，虽时有水旱，不为灾也"[①]。故在仓储制度上，魏晋南北朝

① 《魏书》卷一百一十，《食货志》。

诸政权十分重视储粟备荒，以仓廪为“国之大本”，在全国各地普遍地设仓储粮。隋唐出现义仓、社仓等制度，唐政府曾下令“天下州郡，于所公用之余，收籴年谷，自备水旱”，全国有许多贮粮，几万、几十万、甚至几百万的仓场，组成了一副细密周致的仓廪网络（张弓，1986）。明代王夫之认为，粮食关乎人们生存和国家政权巩固，“谷者，民生死之大司也”①。粮食是人们生存的基本物质，统治者必须认真解决老百姓的吃饭问题。“立国则必有积储矣”，这些思想都与《周礼》一脉相承，反映了中国古代对粮食的高度重视。

（2）常平之法。常平之法历史悠久。魏文侯时期（公元前445—前396）的李悝鉴于籴贵伤民，籴贱伤农的矛盾，创常平之法，调节贵贱，“使民无伤而农益劝”。其实质是运用已有的轻重敛散平粜等手段，将中国固有的“取丰年之有余，补凶年之不足”的民食调节原则具体化、制度化。具体办法是：将年成分为上熟、中熟、下熟、平、大饥、中饥、小饥等七种情况，相应以大饥之年的不足取上熟之年所余补之，中饥之年的不足取中熟之年所余补之，小饥之年的不足取下熟之年所余补之。这种以熟补饥并非简单的取予，而是通过市场的平粜以使“籴不贵”来完成的。常平仓正式创设于西汉。据《汉书》卷八《宣帝纪》记载，宣帝五凤四年（公元前54），“大司农中丞耿寿昌奏设常平仓，以给北边”，又《通典》卷十二《食货十二》记载：“汉宣帝时，岁数丰穰，谷至石五钱，农人少利。大司农中丞耿寿昌请令边郡皆筑仓，以谷贱时增其价而籴以利农，谷贵时减价而粜，名曰‘常平仓’，人便之。”《汉书·食货志》总结道：“善平籴者，必谨观岁有上中下孰。上孰其收自四，余四百石。中孰自三，余三百石。下孰自倍，余百石。小饥则收百石，中饥七十石，大饥三十石。故大孰则上籴三而舍一，中孰则籴二，下孰则籴一，使民

① 《读通鉴论》卷二十。

适足，贾平则止。小饥则发小孰之所敛，中饥则发中孰之所敛，大饥则发大孰之所敛，而粜之。故虽遇饥馑水旱，籴不贵而民不散，取有余以补不足也。行之魏国，国以富强。”汉代常平仓理论发展了战国时期的平籴理论。李悝之平籴理论是视岁饥之大、中、小程度的不同而通过分别发大、中、小三孰所敛而果之来实现的，而耿寿昌之常平仓理论则是国家以财政补贴的形式，通过增、减谷价这一途径来达到的。从实施的结果来看，二者都达到了“平”的目的。

古代常平之法基于古人对粮食波动的观察而建立的。最早关注粮食价格理论的是春秋末年的计然。他认为，“五谷者，万民之命，国之重宝”[①] 但是“谷能生人，能杀人”[②]“六岁穰，六岁旱，十二岁一大饥”[③]，这就是所谓的“计然之术”。持相似观念的学者还有白圭、范蠡等人。这些关于农业经济循环论的推测，说明农业丰歉有着周期性的变化，因此农产品的价格也会有有周期性的波动，“八谷亦一贱一贵，极而复反”[④]。对于这种波动，要有正确的政策进行干预。为防止“病农”、“病末”，计然主张：“上不过八十，下不过三十，则农末俱利。平粜齐物，关市不乏，治国之道也。”由国家把粮食价格波动控制在有利于农业生产与流通的一定幅度之内，在这个幅度内听其自由波动。计然第一次提出了“谷贱伤农”的概念。战国初期的李悝也意识到粮食价格对于农业生产与消费的影响，“籴甚贵伤民，甚贱伤农。民伤则离散，农伤则国贫”，因此主张以平籴之策保证“尽地力之教”的实施。

唐代刘晏发展了常平之法。代宗宝应元年（762），刘晏任盐

① 《齐民要术·杂说篇三十》。

② 《越绝书外传·枕中第十六》。

③ 《史记》卷一百二十九，《货殖列传》。

④ 《越绝书外传·枕中第十六》。

铁转运使时，广设巡院，《资治通鉴》卷二百二十六记载：“诸道各置知院官，每旬月，具州县雨雪丰歉之状白使司，丰则贵籴，歉则贱粜，或以谷易杂货供官用，及于丰处卖之。知院官始见不稔之端，先申，至某月须如干蠲免，某月须如干救助，及期，晏不俟州县申请，即奏行之，应民之急，未尝失时，不待其困弊、流亡、饿殍，然后赈之也。由是民得安其居业，户口蕃息。”

宋代随着商品经济的进一步活跃，常平理论走向成熟。例如，余靖认为“天下无常丰之岁，倘有缓急，不可无备”；李觏进一步丰富与发展了“谷贱伤农”、“谷贵亦伤农”的观点；沈括在任职三司时，鉴于以往各地先行申报谷价，政府再根据各地粮价高低比较之后决定某地应采购数量，往往造成收购时粮价相差悬殊的弊端，提出各和籴地区以以往数十年的粮价及和籴数量予以平均估定，各按其价格高低及数量分为五等，第三等价格为正常价格，若粮价上涨到第一等，则按照第五等数量收购，第二等则按第四等收购；反之，若粮价下降到第五等，则按照第一等价格收购，以此类推，“如此，粟贱之地，自籴尽极数，其余节级，各得其宜，已无极售。”这一设计符合商品市场价格围绕价值上下波动的原理，是一种科学的规划。

（3）水利兴修思想。在我国历史上，灾害之最多最甚者，首推水灾和旱灾。而水旱之所以能够导致灾害，除去与降水量的多寡有关外，是否重视水利的兴修也是一个重要的环节。从大禹治水提倡的疏导方法开始，历朝历代对此均有深入的了解，从管子、荀子的“导水潦”和“修堤梁”，到宋朝的“水利之说”，再到明清对边疆水利的重视，形成了一套系统的兴水利、防灾患思想，并出现了《史记·河渠书》和《汉书·沟洫志》两篇侧重于控制水患、兴修水利的防灾救灾文献以及唐代《水部式》等关于水利管理的法律文献。他们将水利兴修与“防灾”、“均民”、“裕国”联系起来，视之为“养民之政”，充分反映了我国古代朴素的社会整合思想。

（三）灾害救济思想

中国传统社会灾害救济思想纷繁复杂，样式众多，许多思想观念即使在今天都有着丰富的内涵，值得开展救灾工作时予以借鉴。

1. 灾害的赈济思想 《后汉书·刘陶传》记载："民可百年无货，不可一朝有饥，食为至急也。"这是历史上赈济思想的最早萌芽。宋代董煟在《救荒活民书》中提出："救荒有赈济、赈粜、赈贷三者，名既不同，用各有体。"并称："赈济者，用义仓米施老、幼、残、疾、孤、贫等人，米不足，或散钱与之，即用库银粜豆、麦、菽、粟之类亦可。"将赈济按照灾情的大小做了系统的划分。明代周文襄以此为据，也主张："极贫之民宜赈济，次贫宜赈粜，远地宜赈银。"反映了传统社会灾害赈济的系统化、科学化的思想。

2. 调粟思想，包括移民就粟与移粟救民思想 移民就粟，即主张灾民自发或强制迁徙到粮食相对宽裕之地就食。移粟就民，即通过运输将其他地区的粮食运到灾区救济灾。《孟子·梁惠王上》中所记载的"河内凶，则移民于河东，移其粟于河内，河东凶亦然"就是展现的这种思想。管子在《国畜篇》中更加明确地表述了调粟思想的内涵："物多则贱，寡则贵，散则轻，聚则重。人君知其然，故视国之羡不足，而御其财物。谷贱则以币予食，布帛贱则以币予衣，视物之轻重，而御之以准。故贵贱可调，而君得其利。"后来，李悝继承了管子的思想，创设平籴法，根据灾情轻重，征调粮食以供应灾民，成为中外经济思想史上的重要理论。

3. 养恤思想 养恤思想源于战国时期，它主张通过给予灾民施粥、赎子、居养等办法进行救济。这一思想延续深远，至今仍能见到施粥的报道，当然内涵已与以往有所不同。两宋时期养恤思想逐渐发展成熟。北宋"二程"之一的程颢认为："救饥者，日待一食则不死矣。当先营宽广居处，切不得令相枕藉宿，戒使晨入，午而后与之食。择羸弱者作稀粥，早晚两给，勿使至饱，俟气稍完，然后一给，其力能自营一食者，皆不来矣。比之不择而与，当活数倍多也。"①《宋史·司马光传附子康传》中记载司马康曾上书说："自古圣贤之君，非无水旱，惟有以待之，则不为甚害。愿及今秋熟，令州、县广籴民食，所余悉归于官。今冬来春，令流民就食，候乡里丰穰，乃还本土。凡为国者，一丝一毫，皆当爱惜，惟于济民，则不宜吝。"到了明清，除了对养恤原则的论述外，更注重养恤的具体问题。林希元在《康济录引》中详尽阐述了居养给药的重要："时际凶荒，民多疫疠，极贫之民，一食尚艰，救医问药，于何取给？……令郡县博选名医，多领药物，随乡开局，临症载方，多出榜文，播告远近。但有饥民疾病，并听就厂领粟，赴局支药。遇死者给银四分，令人埋葬，生死沾恩矣。"这一思想与孟子倡导的"老吾老以及人之老，幼吾幼以及人之幼"近乎一脉相承。

4. 蠲缓思想 蠲缓即减免或缓征赋税之意。古代社会农业赋税是维持国家发展的最主要财政来源，但灾荒发生后，农民无力继续缴纳高额的税负，统治者常发蠲免赋税的法令以缓解民众压力，进而巩固其长远统治。这在古代有薄征、轻敛、免租庸调、除放、厚蠲等说法。

5. 放贷思想 放贷思想最早由管子倡议，《管子·揆度篇》中说："民之无本者，贷之圃疆"，"无食者予之陈，无种者贷之新。"在灾荒之后，灾民大都财穷力疲，不能恢复生产，此时以放贷为杠杆，支撑灾民迅速复业，以谋发展。将放贷思想纳入救灾减灾的范畴是在宋之后。据《宋史·刘敞传》记载，刘敞曾力推放贷思想，主张诸州"仓库量留三年军储外，贷与贫下百姓，命逐县结保，等第支借，候岁熟日，准数还官。一则接济困乏，免

① 《程氏遗书》。

令逃散；二则以新换陈，不乏军储；三则流布恩惠，团结民心”。

6. 除害思想 历史上的诸多灾害，被认为是神灵谴罚，非人力所能除，但在历代众士仁人中，也不乏倡导以人力除害防灾的思想。作为朴素的唯物论者，唐代姚崇在灭蝗史上具有重要地位。《旧唐书·姚崇传》记载：“去彼螟蜮，以及蟊贼，此除蝗议也。且蝗畏人易驱，又田皆有主，使自救其地，必不惮勤。请夜设火坎，其计且焚且瘗，乃可尽。古有讨除不胜者，乃人不用命耳。”到明代，以徐光启、陆曾禹为代表的诸儒百官，对蝗灾的生成规律、始末盛衰、除灭方法等，进行了尤为详尽的论述，为后人留下了著名的《除蝗疏》和“除蝗十说”，至今也具有相当的科学价值和借鉴作用。

7. 以工代赈思想 以工代赈属于救济的范畴，但又不同于一般单纯救济，其特殊性在于救济与建设的结合与统一，它是救济对象通过参加必要的社会公共工程的建设而获得赈济物或资金的一种特殊的救济方式。春秋时期的晏子就采用过这些种方法修建“路寝之台”，但并无以工代赈之名。宋熙宁八年（1075）夏，越州大旱，知州赵忭全力救灾，赈粟4.8万石，粜米5.2万余石，并下令修城，以工代赈，计用工3.8万工，使“不能自食者，得以受粟；能自食者得以籴粟；凡以工代赈者，借贷者，弃婴皆得其所”。“以工代赈”一词正式出现。清代出现的更加频繁，仅正史记载的大项目就有43次之多。以工代赈既能救济灾民，又能兴建工程，特别是防灾的水利工程。路兆丰（1988）指出：“工赈兴办的事业，在古代水利居于极其重要地位。……与我国传统的重农思想相一致。”

8. 林垦调水思想 这一思想最早见之于管子的“十年之计在于树木，为国者当谨山泽之守”。《后汉书》说：“新伐林木，亡有时禁，水旱之灾，未必不由此也。”后来，人们对森林与水利的直接关系则有了更进一步的认识。其标志是改以往沿袭的“晃柱”河防为植树河防。据《宋史·太祖本纪》记载：“开宝中，诏缘黄河、汴河、清河、御河州县，准旧制艺桑枣外，别课民树榆柳，为河防。”在《宋史·陈尧佐传》中也有同样的记述："尧佐为两浙转运使，钱塘江石堤辄坏，尧佐令下薪实土，乃坚久。徙并州，汾水暴涨，尧佐筑堤，植柳万木，作柳溪，民赖其利。”明清之后，强调利用荒垦兴田植树，保护水源，调节雨量，以防水旱。这表明对农业时代灾害问题的思考趋于成熟。

四、中国传统社会救荒思想评价

中国的荒政思想相当丰富，赈济制度比较完善，可以说在秦汉时期这一制度就基本定型。清代荒政的报灾、勘灾、审户、发赈等程序就基本源于秦汉，赈济的制度化、法制化，赈济实施的程序化保证了古代赈济活动取得一定的效果，至今也具有借鉴意义。无论是灾异天谴论还是重农思想，都是统一在儒家文化意识形态之下，并受其制约的。救灾中的正式和非正式的制度安排也是在儒家文化这种非正式制度影响下与国家的正式制度的共同作用下产生的。正式制度对人们的约束自不待言，非正式的约束也是很大的，且不仅仅是对百姓，对各级官员操守的影响也不可估量。魏丕信（Will，2003）认为，清政府严密的救灾制度以及地方官员的廉洁、身先士卒和吃苦耐劳精神使官方大规模的赈灾顺利开展。这就是儒家文化对为官忠孝伦理的制约之道。

传统社会的救荒思想保留了重农思想和平籴思想这样对西方产生深远影响的观念体系，也有着更多的科学的内涵，比如重农思想不仅影响了中国传统社会的发展，对西方重农学派也产生了重要影响，成为西方重农学派的中国渊源所在（谈敏，1992）。许多学者已对此进行了广泛的关注与讨论（李军，2008）。而常平之法更是影响深远，不仅在中国长期得以实施，在世界范围内，特别是在美国20世纪30年代的经济危机的救济中发挥了重大的作用（李超民，2000）。

而常平法中的计然之术与英国著名的经济学家杰文斯（W.，

Jevons，1835—1882）1857年提出的观点极为类似，杰文斯认为，太阳黑子的变化势必影响到地球上气候的变化，而地球上气候的变化势必影响农业产量的变化，农业产量的变化又势必影响工业产量的变化，于是引起经济的波动。由于太阳黑子的变化是具有周期性的，因此引起经济的周期波动。杰文斯还根据印度与英国的贸易关系证明，印度较高的谷物价格是引起英国经济低水平的重要原因。在他看来，印度的农业受太阳黑子变化的影响非常显著，每当出现太阳黑子的时候，必引起谷物的减产，从而使谷物价格提高，而较高的谷物价格必引起英国的经济水平下降。杰文斯的经济周期的太阳黑子理论是一种典型的经济周期外生因素论，现代经济学家中很少有人坚持这种理论了，因为经济周期发生的实际情况表明，出现经济衰退和萧条时并不常常发生在太阳黑子活跃的时候。但两千多年前古人的观点就与此如此的近似，反映了中国古代经济思想的巨大成就①。

除此之外，中国传统社会的救荒思想中还出现了许多悖于传统的理论。北宋皇祐二年（1050），杭州发生严重的自然灾害，范仲淹鼓励富人参加游宴娱乐，兴造寺庙，他自己还天天宴于湖上，鼓励人们出来交游，沈括在《梦溪笔谈》卷十一中记载，这些举措一度被人们指责为“嬉游不节”、“不恤荒政”和“伤耗民力”。实际上，这是范仲淹通过刺激消费来救济灾民的办法，他改变了以往灾民被动的等待救济的做法。范仲淹提倡富人高消费，通过向富人提供服务，使饥民获得就业机会，以渡过荒年，而不求助于政府赈济，用刺激消费来增加就业以达救灾的目的，这在秦汉古籍，如《管子·侈靡》就曾指出富人消费的奢侈可以增加穷人的谋生机会，但真正付诸实施并收到良效的，则是范仲

① 但是两者仍旧存在着极大的区别。现代西方资产阶级经济学家的经济循环理论主要视为资产阶级辩护，将经济危机归咎于气候的变化；而中国的经济循环论，是由思想家们所处的农业社会的国情决定的。

淹为第一人。有目的地扩大消费以刺激生产，并扩大公共工程以增加就业，这是20世纪30年代后凯恩斯解决经济危机的方案。

更有甚者，古代还出现坚决反对实行赈济的思想。春秋时代，孟轲以"焉得人人而济之"为理由反对政府在灾区进行赈济活动。战国时，韩非认为，政府的赈济活动会消耗富人和勤俭者的资财，因而极力反对在灾荒年份对受灾群众实施救济。唐代的财政改革家刘晏就反对政府的积极赈济，认为那样的活动往往会养成人的惰性，不会积极的采取减灾方略。他认为对灾区的赈济，容易使灾民产生侥幸心理，滋长惰性。他说："王者爱人，不在赐予"，解救人民于水深火热，其基本办法，是使人民能够从事生产达到自救的目的。因而"善救灾者，勿使至赈给。故赈给少则不足活人，活人多则阙国用，国用阙则复重敛矣。又赈给近侥幸，吏下为奸，强得之多，弱得之少，虽刀锯在前不可禁。"刘晏认为就赈灾的开销讲，数量少则不足以救活所有灾民，要大面积救济，势必要影响到国家的财政，耗费必多。而财政支出，最终仍要取之于民，加重人民负担，反而会不利于国民经济发展，而且对灾区的赈济，容易使灾民产生侥幸心理，滋长惰性。同时由于贪官污吏横行，吏下为奸，对赈灾物资就可能是强者多得，老弱病残者少得。更有甚者，有人还会以此渔利，政府则可能达不到公平救济灾民的目的。但如果能够把握自然规律，通过经济手段，使人人灾后自己生产，则赈济活动会达到最佳效果，人民通过开展经济活动，获得必要的经济收入，从而达到消除灾害、自谋自给的目的。

政府 \ 灾民	寻找工作	四处流亡
救济	3,2	-1,3
不救济	-1,-1	0,0

图3-1 刘晏社会福利博弈图

刘晏的理论可以通过这样一个博弈图作出说明。假定政府选择救济，灾民的最优战略是流亡；假定灾民流浪，政府的最优战略是不救济；假定灾民寻找工作，政府的最优战略是救济；假定政府不救济，灾民的最优战略是寻找工作，这是刘晏所希望的。正是基于这样的考虑，刘晏反对政府的救济，他的这种眼光是富有挑战性的。

张涛等（2004）认为，从总体看，中国古代的救灾思想体现为五个特点：①儒学是传统救灾思想的理论支柱和基本内核；②追求天人合一、物我合一，追求人与自然生态环境之间的和谐，这是传统救灾思想的重要出发点和立足点；③注重在节俭、积储、赈济基础上的开发性救灾是传统救灾思想的重要视角；④救灾活动中的积极投入是中国传统救灾思想论述的重要内容；⑤日趋合理化的救灾管理思想在中国传统救灾思想中占有重要地位。从这些特点看，传统社会的救灾制度是有合理的内核的，应该在批判的基础上，有选择的继承、吸收。

第二节　中国传统社会经济救灾制度与制度分层

中国传统社会的经济救荒制度可以划分为正式制度与非正式制度两种形式。正式制度主要是来自政府创建的以制度规章等形式形成的各种救灾制度，而非正式制度主要是来自民间的自发的救济形式。

一、经济领域正式救灾制度

传统社会的中央政府创建了样式多样的救灾制度，经济救灾中的正式制度主要包含各种防灾、减灾制度，指的是基于政府救济饥荒的法令、政策而产生的制度，是各级官员的常备职责之一。具体而言，可以划分为：防灾系统的正式制度，包括灾害的预报制度、灾害防备制度两大类。其中灾害防备制度是重点，它又包括物质储备制度、水利兴修制度、农业技术推广制度等种类；而减灾系统的正式制度则包括报灾与勘灾制度、物资赈济制度（粮食、衣物上的救济、钱币救济、医药救济以及以工代赈、移民等）、扶持灾民再生产制度（赋税的蠲免、生产资料的赈贷）、市场救济制度（入粟补官、禁止遏籴以及农产品保护政策等）等。

（一）先事之政的发展演变

1. 雨雪粮价的监测　历代统治者对气候变化以及由其引发的粮价波动都十分重视，要求地方及时上报。秦朝把上报农作物生长期的雨泽及受灾程度作为一项法令，要求各地严格执行。汉朝建有“自立春至立夏尽立秋，郡国上雨泽”制度。唐代刘晏于诸道置知院官，“每旬月，具州县雨雪丰歉之状白使司”。刘晏设官巡检，定期预报气候状况及各地收成，政府有时间早做救荒准备。清代建立了雨雪、收成、粮价奏报制度和晴雨录。晴雨录是一些地方逐日天气现象的记载，内容包括晴、阴、雷、雨、雪雾和风向。最早开始于康熙十一年（1672），后来清廷将晴雨录和奏报制度推广到全国各省。每逢雨雪或缺少雨雪，地方官都要向皇帝报告雨水入土深度和积雪厚度及起讫日期。这类奏折称为雨雪分寸。清廷还要求奏报雨雪分寸时，要报告当时当地粮价。建立雨雪分寸并粮价的一个目的，是预为筹划以调剂粮食。清朝通过建立全国各省气象观测及晴雨录与雨雪粮价奏报制度，及时掌握全国天气变化和粮价走势，对预测可能发生的农业气象灾害并采取相应措施发挥了重要作用。

各朝对于水势的变化也非常重视。例如，金朝的《河防令》中规定，沿河州县在汛期随时奏报水情、险情。明朝开始建立黄河飞马报汛制度。清代沿袭这一做法，并加大实施力度。如康熙四十八年（1709）起，延长报汛河道长度，从宁夏开始报汛，并改用皮混沌传递水情。

2. 仓储制度 古人对于储备粮食，以丰年之有余补荒年之不足早已有清醒的认识，通过仓储形式来积储备荒成为历朝都积极推行的备荒制度。

汉代通过入粟补官，倡导位置消费的方法积储粮食，出现了汉武盛世局面。宣帝五凤四年（公元前54），大司农中丞耿寿昌针对当时社会连年丰稔，谷价甚贱伤农的局面，建议设立常平仓制度，“以谷贱时增其价而籴以利农，谷贵时减价而粜”。常平仓作为储粮备荒的一种最基本的仓储形式，一直为后代所沿袭。

隋唐是我国仓储制度发展史上的又一个高峰。最重要的成就是义仓的设立，隋开皇五年（585），工部尚书长孙平上奏设立义仓，史书记载：

令诸州百姓及军人劝课当社，共立义仓。收获之日，随其所得，劝课出粟及麦，于当社造仓窖贮之。即委社司，执帐检校，每年收积，勿使损败。若时或不熟，当社有饥馑者，即以此谷赈给。自是诸州储峙委积。其后关中连年大旱，而青、兖、汴、许、曹、亳、陈、仁、谯、豫、郑、洛、伊、颍、邳等州大水，百姓饥馑。高祖乃命苏威等，分道开仓赈给。又命司农丞王亶，发广通之粟三百余万石，以拯关中。又发故城中周代旧粟，贱粜与人。

这段记载将义仓设立的目的、作用做了很好的解释，反应了它在救济水旱灾害中的重要作用。但是它的性质却逐渐由自愿性的不定额的转变为半自愿的、强制性的定额缴纳。

唐朝贞观二年（628）设立义仓。义仓仓谷来自按亩纳税，“亩纳二升”，交纳品种粟、麦、稻均可。商人无田，按户等交纳，五斗至五石不等，下下户及少数族不征。贮存州县仓库，以备荒年。高宗永徽年间（650—655），一度改为按户征收。玄宗时恢复亩税二升旧制。唐在各州建有常平仓，并规定了米、粟储藏时限和仓本钱标准。隋唐时期的常平仓，主要功能仍是调节价格，政府根据不同的州的等级设立常平仓本钱，上州三千贯，中州二千贯，下州一千贯，由常平监管理，仍是朝廷荒政中不可缺少的重要措施之一（张弓，1986）。

宋元时期用于备荒的仓储，有义仓、常平仓、惠民仓、广惠仓、社仓、和籴仓、预备仓等。北宋建隆四年（963）诏令诸州在各县立义仓以备荒。惠民仓创设于后周显德年间，平时以杂配钱折粟积储，待岁歉时减价出粜以惠民生，故曰惠民仓。宋淳化五年（994）始置；广惠仓是宋代特有的救济性仓储，由枢密使韩琦倡设于嘉祐二年。其粮食来源于本州县没官绝户田地上的租入。南宋乾道四年（1168），朱熹在家乡福建建宁府崇安县开耀乡创立社仓，借本府常平仓米为谷本，夏季听民借贷，入冬征还，每石取息2斗，遇荒年只收息二肥一或不收息。淳熙八年（1181），朝廷批准朱熹建议，将社仓推广各地。

元明清时期仓储制度更为为完备，元代各路普遍设置粮仓，特别是以在京诸仓、河西务诸仓、上都诸仓、宣德府仓、御河诸仓、各路常平仓、各地社仓等最为重要。明代专为赈济灾荒而设的、影响较大的是预备仓。明朝建立之初，令天下州县设东西南北四所粮仓，官出籴本收贮，以备荒赈，由当地年高笃实乡民掌管，岁歉贷给百姓，即为预备仓。预备仓之外又有义仓的设立。宣德七年（1432），周忱还在江南推行济农仓等。清代形成了以官仓为主、民仓为辅、“常平仓”为骨干的全国粮食储备及供应体系（陈桦，2007）。

历代作为备荒措施的仓储制度，本身存在一些不完善之处，而在实施过程中又发生诸多流弊，比如“灾年借贷，至期难还，仓本亏空；弄虚作假，谎报仓储虚数；挪作他用，甚至监守自盗，侵吞仓粮等等”，不一而足，大大减弱了仓储制度的防灾备荒功能和作用（赫治清，2008）。而对各种种类的仓储制度的重视程度也不一致，义仓、社仓在王朝末期往往湮废，导致大量饥民流亡城市，引发各种社会问题。

3. 水利兴修制度 从大禹治水开始，中国就形成了悠久的水利兴修传统。有学者将古代中国称之为“水帝国”，认为正是由于水利兴修的需要而使古代中国形成中央集权体质的国家（魏特夫，1989）；还有学者指出，不同时期的水利工程形成了不同的经济区（冀朝鼎，1981）。虽然有些观点颇受争议，但水利在我国国民经济生活中的重要地位不容小觑。

早在春秋战国时期，各诸侯国就兴修了芍陂、漳水渠、都江堰、郑国渠等一批著名水利工程来预防、减轻水旱灾害。《华阳国志·蜀志》中说，都江堰修成后，成都平原因此“沃野千里，号为陆海。旱则引水浸润，雨则杜塞水门”，“水旱从人，不知饥馑，时无荒年，天下谓之天府”。《史记·河渠书》中说郑国渠建成后，“于是关中为沃野，无凶年，秦以富强，卒并诸侯”。

秦汉政府在中央和地方都设有主管水利工程的机构和职官。西汉时期，黄河决溢日趋频繁，政府设有河堤都尉、河堤谒者等官职，每年拨出大量经费治河，特别是在汲黯、贾让、王景等人的努力下，黄河决口获得控制，黄河下游河道出现了800年的相对安流局面，河患大大减少。

唐代中央掌管天下河渠堤防的是尚书省，其下属工部的水部郎中和水部员外郎掌“天下川渎陂池之政令，以导达沟洫、堰决、河渠。凡舟楫灌溉之利，咸总而举之。”同时，掌管河渠水利事务的，还有都水监。唐朝共兴建农田水利工程253处，其中灌溉面积在千顷以上的就有33处。唐朝还制定了相关水法——《水部式》。

北宋王安石颁布《农田水利约束》，在全国掀起农田水利建设热潮，其时“四方争言农田水利，古陂废堰，悉务兴修”。《宋史·食货志》载，1070—1076年间，京畿及各路兴修水利工程10 739处，溉田36万余顷。宋代在前朝基础上，着力发展圩田，成绩突出。但圩田面积盲目扩大，又带来新问题。南宋政府三令五申禁止盲目围湖造田，加强对圩田建设管理。由于豪强与贪官污吏相勾结，政府屡禁不止。

元朝工部尚书贾鲁治河，取得了巨大成就，在中国减灾史上留下著名一页。明朝著名水利专家潘季驯先后四次出任河道总督，主持治理河患，倡“束水攻沙”法，借淮河之清以刷黄河之浊，筑高堰，建遥堤、塞决口，治河取得了突出成就，黄河河道因此基本稳定了200多年，在很大程度上扭转了黄河长期分流的混乱局面。潘季驯的《河防一览》为我国古代水利学的经典之作，对后世防洪治河产生了深远影响。

明朝开国之初，太祖朱元璋就给地方官下诏，凡民间有关水利工程修筑事宜，必须迅速呈报，及时办理。清朝康熙皇帝认为：“水利一兴，田苗不忧旱涝，岁必有秋，其利无穷。”他还说：“朕为民生，再三图画，非修治水利，建立闸座，使蓄水以灌田畴，无以为农业缓急之备。”明清两代政府，尤其是清朝把兴修农田水利作为防灾减灾对策，实施有方，成绩明显。康熙皇帝亲政后，将“三藩”、河务、漕运列为三大政事，平定“三藩”之乱后，他把治河放在最重要位置，6次南巡，调查研究，听取汇报，制定治河方略，亲理河工。康熙和乾隆年间，黄淮海平原受灾程度明显减轻，与治河有直接关系。

4. 农业抗灾技术与作物的推广　中国古代提倡深耕农作，注意搜集刊印官私编撰的农书，推广防治农业灾害的技术和知识。著名的《氾胜之书》、《齐民要术》、《农政全书》、《农桑辑要》等农书，都提出了诸如抗旱、保墒、防御低温、病虫害、盐碱化等灾害及治蝗对策。宋、辽、金、元、明、清政府还制定了捕治蝗蝻的制度、政策。康熙皇帝亲自到蝗区作调查研究，总结前人治蝗经验和蝗虫生存危害的规律，提出新的捕蝗对策，撰写了著名的《捕蝗说》。

与此同时，历代封建政府还把植树造林、禁止乱伐森林，发展抗旱涝高产粮食作物，作为防灾备荒措施。宋真宗曾推广耐旱的占城稻，“给占城稻种，教民种之”。具有高产、耐旱涝、对土质要求不高等优点的玉米、番薯相继传入我国后，明、清政府大力推广种植，在备荒中发挥了重要作用。

（二）灾荒救济制度的发展演变

灾荒救济制度也称荒政，是古代中国国家有关救济灾荒的法令、制度与政策措施。荒政一词，最早见诸成书于战国时代的《周礼·地官·大司徒》。书中提出的救灾之法："以荒政十有二聚万民：一曰散利，二曰薄征，三曰缓刑，四曰弛力，五曰舍禁，六曰去几，七曰眚礼，八曰杀哀，九曰蕃乐，十曰多昏，十有一曰索鬼神，十有二曰除盗贼。"

1. 灾害的奏报与勘查 对灾情的及时奏报早在秦朝就已作出规定。当时的田律规定，如遇到旱灾、暴风雨、水潦或虫灾损伤了禾稼，地方官要及时如实上报。其后历朝的规定更加详细：宋初规定，夏灾上报限四月底，秋灾限七月底；荆湖、江、淮、浙、川、岭南秋灾上报不迟于八月底。县官接报后分行检视，然后上报州官。州官复检后上报三司，确定受灾分数及蠲免比例。特别严重灾害免复检。为了减少奏报复检环节的迟缓，真宗天禧年间（1017—1021），诏令各路及时报灾，免去复检。元朝报灾时限稍向后延，江南秋灾时限为九月。明初报灾不拘时限。明代弘治十年（1497）始定夏、秋灾上报时限各为六、九月底。万历九年（1581）改为内地分别为五、七月，沿边各为七、十月。清代夏、秋灾上报时限各不出六、九月。拖沓或者谎报者均要受到处罚。

在地方奏报后，要进行勘查，即地方官吏查勘核实田亩受灾程度，确定成灾分数。清代勘灾有一套严格程序。受灾人户要填写简明申报表。经核对后，申报表作为勘灾底册，交勘灾人员一一核查。勘灾之后，州县官将结果汇总造册，然后上报。清初规定，歉收地方五分以下不成灾。乾隆初年起，凡受灾五分之处也算成灾上报。户部接到各地报灾题请后，还要派员复勘，复查属实，勘灾结果便可作为蠲免的依据。若需要赈济的人户，还加审户程序，划分极贫、次贫各个等级。

淳熙式
訴災傷狀
某縣某鄉村姓名今具本戶災傷如後
一戶內元管田若干頃畝某都計夏秋稅若干
夏稅某色若干　秋稅某色若干
一今種到夏或秋某色田若干頃計
某色若干田係旱傷損
某色若干田苗色見存
右所訴田段各立土埄牌子如蒙差官檢量却與今
狀不同先甘虛妄之罪復此類不詢謹狀年月日姓
名

图 3-2　宋代报灾诉状

2. 灾害的赈济　赈济是灾荒之后由政府发放钱粮等等进行灾民的救济的制度，主要有谷赈、银赈、工赈、粥赈、布帛赈等几种形式。例如，《汉书·文帝本纪》载，后元六年（公元前158）夏四月大旱、蝗，“发仓庾以振民”。《册府元龟》卷一百五《帝王部·惠民一》载，唐天宝十二载（753）正月丁卯诏曰：“河东及河淮间诸郡，去载微有涝损，至于乏绝，已令给粮。”粥赈即施粥，历代都行此法。除政府行为外，民间亦多有此举。清代京师每年十月初一至次年三月二十日，五城按城设厂煮粥赈济，每城日给米 2 石，柴薪银 1 两。各直省省会也照京师五城之例，于每年冬月煮粥赈济饥民。工赈，即以工代赈，指官府利用赈济银、粮兴办公共工程，让灾民参加劳作获得相应的赈济钱物。春秋时期的晏子即推行过此法。唐代已有宣州刺史卢坦以工代赈之事，宋代开始多起来。欧阳修知颍州时，就曾募饥民修陂塘。神宗熙宁六年（1073），北宋政府以诏令形式将以工代赈作为救灾重要措施加以推行。以工代赈，是清朝经常实施的一种赈济形式。嘉庆皇帝就说过，“救荒之策，莫善于以工代赈”。由于工赈所兴工程大多属于农田水利建设和治理河患，因而是一举多得的积极救灾对策措施。

赈济还有一种方式，即借贷，需要在一定期限内归还，一般是无息或低息的。借贷内容除粮、钱外，也包括种子、耕牛等。《康济录》卷三《临事之政》载，北宋曾巩任越州通判时，逢岁饥，出粜5万石，贷民为种粮。明初对灾情不重的缺粮户借贷曾规定，一口之家准借1斗；2～5口之家借2斗；6～8口之家借3斗；9口以上之家借4斗；家中有人淹死者借2石，房屋或牲畜被洪水冲走者减半。借贷于秋后如数还官，一般年息三分以下，最高七分。清代最初借贷也于秋后征还，每石加息1斗。乾隆初开始因灾借贷免息，十七年（1752）进一步规定，夏灾、秋灾借贷种食，分别于当年秋后和次年麦收后免息还仓。

3. 赋税的蠲免　灾荒之年，或免除灾区全部租赋，或减征租赋数额，或延缓征收时间，以减轻灾民负担，缓解灾民压力。《汉书·昭帝本纪》记载，始元二年（公元前85）政府下诏：“往年灾害多，今年蚕麦伤，所振贷种、食勿收责，毋令民出今年田租。”《文献通考·国用考》称：“宋以仁立国，蠲租之事视前代为过之，岁不胜书。”

对于蠲免的标准，唐以前并没有固定的蠲免标准，只是根据当时的情况颁布诏令。这种滞后的制度对于及时开展救荒活动是不利的。但到唐以后，随着社会各项制度的日益完备，针对制度滞后可能带来的无谓的成本损失，赋税蠲免制度也日趋制度化，规定也更加详细。

4. 移民就食　移民就食即将灾民转移到粮食丰裕的地方是饥民获得生存。由于古代粮食储备和运输条件差，一旦发生严重灾荒，大批饥民往往转徙求食。如果政府不出面组织，就可能出现灾民乞食四方的流民潮。灾民自发流动乞食，盲目性大，难免沿途抢劫，滋生事端。国家颁布相关政策法令，组织灾民有序流动，不失为一项应急对策。中国古代封建国家历来都有这方面举措。如《汉书·高帝纪》载，高祖二年（公元前205），“关中大饥，米斛万钱，人相食，令民就食蜀汉”。有时甚至由皇帝共同参加，唐代高宗、武则天、玄宗时期曾多次因为关中饥荒而率领百姓与大臣到洛阳“就食”。

5. 平粜与禁遏籴　平粜是仓储制度建立后常用的救济制度。唐开元十二年（724），蒲、同等州旱，朝廷令太原、永丰二仓各出15万石米，按低于市价10钱卖与蒲、同二州百姓。清朝主要采用截留漕米平粜。据《光绪漕运全书》载，乾隆朝平粜20次，共计米麦62万余石。嘉庆、道光朝各5次、2次，共计米麦分别为8.1万石、10万石。清朝粜米，每石比市价便宜100文至200～300文不等，即比市价低10％～20％左右。封建国家除动用仓储粮平粜外，还鼓励商贩运粮到灾区发售，以增加灾区粮源。但有的地方担心粮食外流会导致本地粮价上涨，对粮食流通设置障碍，以致出现“遏籴”、“闭籴”现象。唐贞元元年（785）正月，德宗诏令“诸州府不得辄有闭籴”。九年正月，又诏：“分灾救患，法有常规；通商惠人，国之令典。自今宜令州府不得辄有闭籴，仍委盐铁使及观察使访察闻奏。”自此，历代封建政府都把遏籴、闭籴看做妨碍荒政而加以禁止。

防灾与减灾制度的建立与实施，是传统社会在经济层面创造的财富，对于中国社会的稳定与发展起到了重要的作用。作为一种正式的制度，政府对其投入了极大的精力，形成了丰硕的成果，为我国现在的经济建设留下一份珍贵的遗产，影响深远。

二、经济领域非正式救灾制度

经济救灾制度中的非正式的制度主要指来自民间约定俗成的

救灾制度。大体而言，民间的救灾可分为两部分：一是微观的家庭御灾，二是宏观的社会救灾。

从微观看，单位家庭在自给自足的小农经济生产模式下，农民通过落后的生产方式进行生产，劳动生产率低，经济状况拮据，除必要的生产资料及缴纳政府赋税外，一年收获所剩无几，甚至要依靠借贷、典当维持生活。因此御灾能力十分有限，稍遇荒歉，即陷入窘态。如果没有外力的相助，个体农户家庭大都难以支撑，轻则典卖田地，重则家破人亡①。在灾害来临、政府救济尚未到达之时，家庭自我的御灾防灾意识就十分重要。通常，政府在作物种植、房屋建筑等方面对个体家庭加以指导。

从宏观看，民间社会的救灾制度，在传统社会大体有四种形式：

（1）血缘性组织的互助活动，比如宗族。古代社会是一个依靠宗法制维持统治的国家，宗族占有重要的地位。各地的宗族组织一般都有以赡养本族为目的的义庄、族田②。自范仲淹仿效佛教组织创办范氏义庄以来，这个制度成为后世家族救济的一个典范（Twitchett，1959）。平时救济贫困，灾时则用于族内的救灾活动（邢铁，1987；梁庚尧，1997；李文治，2003；张文，2005；蔡勤禹，2005）。唐宋以后，随着乡村社会力量的兴起，以富民为代表的民间救济开始发挥越来越重要的作用（林文勋、谷更有，2005）。

---

① 《新唐书》卷五十二《食货志二》云："凶荒不遑赈救。人小乏则取息利，大乏则鬻田庐。敛获始毕，执契行贷，饥岁室家相弃，乞为奴仆，犹莫之售，或缢死道途。"就是真实的写照。

② 在我国传统社会，那些热衷于乡村相助相恤、孝友睦族的善行美德，常常被冠以"义"的评价和推崇，如义门、义民、义士、义举、义庄、义田、义冢等。这种基于道德力量所建立起来的社会救助和社会治理方式，曾经在我国封建社会后期起到一定的积极作用。其表现内容和存在范围甚至超出于民间私权力的秩序，直接承载着国家公权力在基层社会的运作，如盛行于清代的义图制度（龚汝富，2005）。

（2）区域性组织的互助，比如“社仓”，在政府的倡导下，各地以行政村落或乡镇为单位，百姓通过公捐或摊征来储积粮食。灾时发粮赈济，米价昂贵之时，则减粜仓粮以济民食。

（3）个人的捐赠。部分官僚缙绅、富户巨商在灾害发生时，捐出部分救灾物资。这样的事例很多，如清代政府鼓励民间富户将多余的粮食捐献“常平仓”，捐粮多者，由所在地方政府给以戴花红、赠匾额，甚至授顶戴的表彰性奖励。富商大规模的灾荒救济活动始于商业经济发达的宋朝（赵全德，1996；林文勋，2004；林文勋、谷更有，2005）。随着商业不可遏止的发展，古代的大商人改变了人们称之为“奸商”的看法，以充满善德观的理念进行灾害救济活动，也向世人展示其在经济生活中越来越重要的地位（龚汝富，2001）。但这种活动有时也带有明显的功利性，清代的大商人，特别是盐商，为了获得政府的特别支持，会在适当的时机捐献钱粮，功利色彩十分明显①。

（4）来自宗教的慈善救助制度。西方中古时期的济贫医院主要是由基督教会兴办的，至于修道院、寺院等救济贫民的活动更是不胜枚举。中国在中古时期也有这样的活动。据谢和耐（Gernet，1956）的研究，6世纪以后，传入中国的佛教，其义理中含有强烈的行善观念，行善成为中国佛教信仰的基本实践活动之一。全汉昇（1986）对它们做的救济事业作了考证。北齐河清三年（564），山东水灾，灾民死亡无数，官府却无力救济灾民。而此时河北范阳地区信仰佛教的地方救济团体“义”就进行了救济

① 李文海（2005）认为，劝商贾捐的过程中，政府主要用“祈福避祸”的理念来进行教化，但与此同时，会陷入两个陷阱，一是把赐福降祸的权力，归之于不可捉摸的“上天”，而祸福的实现，又需待之于来生或体现在子孙身上，未免有点虚无飘渺，在宣传因果报应时又常常带上迷信色彩；二是行善为了得福，似乎把慈善活动变成了一种交易，又带有了浓厚的功利色彩。故又有人从社会的角度出发，声称富人们要想保住自己的财产，甚至身家性命，就要维护朝廷的“法度”，同时避免引起“众怒”。换句话说，捐资赈灾的善举，正是消解社会矛盾的良方。

灾民的活动（《定兴金石志·标异乡义慈惠石柱颂》）。类似的慈善组织有南北朝的“六疾馆”、“孤独园”、隋唐时期的悲田养病坊等，宋以后这种组织更多。根据梁其姿（2001）对清代两千多种地方志的统计，清代的慈善组织大致数量：育婴组织先后成立至少 973 个，普济堂 399 个，清节堂类 216 个，以施棺为主的慈善堂会 589 个，综合性的慈善堂会 338 个，其他难以区分的 743 个，分布全国。清中叶以后，以外国传教士为中心建立的民间救济也开始兴起。宗教救灾制度的开展，改变了以往在民间单纯依靠乡里宗族救灾的局面，为中国传统荒政的社会化作出了贡献，同时也为国家救灾手段提供了新的思路。

民间的救济活动是政府救灾的有力补充，它对于抗御灾害，维护社会经济秩序的稳定具有积极的作用，而且民间的救灾行为多是一种伦理道德激励下的自我救助，不需要政府付出太多的救灾成本。从灾民的流动偏好考虑，灾荒发生后，灾民们会大量的涌向城市，接受官府的救济，但在偏乡僻壤，广大灾民却得不到有效的救济，这更有赖于宗族之间的互救。

第三节　中国传统社会政治救灾制度与制度分层

政治救灾制度也称之为灾害祈禳制度，是被广泛视之为迷信的一种灾害救济制度。何谓灾害禳弭制度？简单地说，就是禳灾的救灾制度，即人们通过对某些超自然力量的祈求或控制，围绕预防或消除自然灾害的目的而形成的制度（段伟，2008）。禳灾制度是与经济领域的救灾相对应的一种制度，它的形成是人类与自然博弈的结果，是基于“天人感应”的基调下产生的，具有极强的神秘性。

禳灾，谓之禳除灾祸，《周礼·天官·女祝》：“掌以时招梗会禳之事以除疾殃。”《注》：“却变异曰禳。禳，攘也”，又《春官·鸡人》疏："禳，谓禳去恶祥也。"《文选·张衡〈东京赋〉》："冯相观祲，祈禠禳灾。"李善注："禳，除也；灾，祸也，谓求祈福而除灾害也。"禳灾产生于人们对自然界不可预测之事理解的缺乏。面对自然灾害，人们感到恐惧和惊慌，在科技缺乏的情况下，只好将灾害的发生归咎于上帝的恩威，将一切事物的变化、自然灾害的发生和农业生产的丰歉视为天帝的决定。为规避灾难，人们必须采取各种仪式进行祈祷，以博取上帝的欢心，祛却灾害。这种救灾方式与减灾制度的最重要区别就在于它要求将灾害彻底消弭，这显然是不科学的；而后者则要求将灾害造成的损失逐步减轻。灾害禳弭制度的产生有着深刻的背景，它是基于天人感应的"灾异天谴论"形成的，即将人世间的一切灾患视为上天对人间作为不满的反应。在中国古代社会中它与政治行为常常紧密地结合在一起，故而与经济救灾制度对应，称之为政治救灾制度。

马克思·韦伯把灾异天谴的发生视为"卡里斯玛（Charius-ma)"信仰的丧失，在《儒教与道教》中，韦伯对缘何产生这种救灾制度作出了精彩的论述：

如果江河决堤，如果奉献了一切牺牲，天仍不下雨，那么，……就证明了皇帝不具备天所要求的卡里斯玛品质，在这种时候，皇帝就要公开忏悔他的罪孽。……要是这样做了还是无济于事，他就要准备让位……官员的资格也以卡里斯玛为前提：在他们管辖的区内出现的任何社会的或宇宙气象的动乱都说明：他们没有得到神灵的恩宠。不问如何原因，他们只能辞职。

韦伯的论述可能存在以偏概全之嫌，比如皇帝不可能无效就让位。无效的情况下他们更多的是加大成本，继续祈祷，直至降雨。历史上提出过退位的也仅仅有唐朝的文宗皇帝，但也并非完全归咎于灾异，而是当时激烈的朝野矛盾（阎守诚，2008）。官员也并非总是无奈辞职，他们往往能找出众多的说辞来完成退场。

政治救灾制度的研究成为新近讨论的一个热点。议论的焦点在于这一制度在国家运行中的意义究竟如何，是不是仅仅是一种迷信行为。大多研究认为，政治层面的这些救灾制度，消极意义占据主导地位是毋庸置疑的，但在解放劳动力，节省国家经济成本，缓解社会矛盾还是起到积极作用的，不应该全盘否定。实际上，政府禳灾不仅仅是政治的考量，他们的本始含义应该是通过祈求天地阴阳的和谐，以求达到风调雨顺，从而实现农业的复苏与发展，这种经济的复苏是统治者实现其长期利益、获得持久税源的考虑。灾害发生后这些制度的实行，也改变了国家的其他制度的安排，最明显的是大赦对法律制度的影响以及灾时宰相策免对君相地位、宰相制度的冲击（雷闻，2001；阎守诚、李军，2004a、2004b；李华瑞，2004；陈业新，2004；李军，2006；石涛，2006；卜风贤，2006 等）。这些制度与现行的救灾制度没有共通之处，——虽然祈雨等行为尚存在一些地区，但多数成为一种迷信行为或民俗行为（安德明，2003），而其他的制度伴随实施阶层的灭亡，已经在我国消失了。

一、政治领域正式救灾制度

（一）灾害祈祷制度

在古人眼中，灾害是上天对人间的谴责与惩罚，故遇有灾害，直接向上天祈祷、检讨就成为应有之事。中国主要的灾害是水旱，这衍生出两种基本的灾害祈祷行为，即：旱时祈雨，水时祈晴。祈祷的对象有上帝、龙王、土地神等。祈祷被认为是人与自然达成博弈正和的最佳方式。早在商代，商汤王在桑林中祈雨，并且以剪发、割手来表达为民祈福的决心，遂成为后世的模范，其后历代帝王多有祈雨的行为，如北魏高祖、唐武宗、宋仁宗、明太祖等。

古代社会的祈祷制度分为定时祭祀和临灾而祈两种。定时的祭祀主要是祈祷丰收，而灾时祈祷的应急目的很明显，就是消弭灾害。如旱灾，古代限于科学的不发达，人们的认识主要集中于阴阳五行说、灾异天谴说和致灾怪异神说，据此产生了各种祈雨形式。历史上主要的祈雨习俗有三类：敬龙祈雨、祭祀祈雨、乐舞祈雨和巫术祈雨。

（二）反省六事制度

据记载，商汤在桑林中祈雨时曾说的“六事”，要求帝王在灾害发生后，要及时地对政道、民生、俭奢、宫政、官员收受贿赂、谗言盛行等等有关吏治民生的情况进行检讨。其后，“六事”不断演化，或为“五事”、或为“七事”。至南宋董煟的《救荒活民书》将帝相灾时应付诸的行动进行了系统的总结：

人主救荒所当行：一曰恐惧修省；二曰减膳撤乐；三曰降诏求直言；四曰遣使发廪；五曰省奏章而从谏诤；六曰散积藏以厚黎元。

宰执救荒所当行：一曰以燮调为己责；二曰以饥溺为己任；三曰启人主警畏之心；四曰虑社稷颠危之渐；五曰陈缓征固本之言；六曰建散财发粟之策；七曰择监司以察守令；八曰开言路以通下情。

后世的许多救灾行为就是由此演变而来，其目的无外乎是祈求上天宽恕所犯的罪恶，达到天地人之间的和谐，达到农业经济的复苏。

1. 君主自谴制度 唐启宇认为：“汉儒及阴阳家的观点，以为灾害之临，由于帝王过失所致，如果帝王悔过从义，自然复至泰来。”自秦汉以来，自谴成为一种最为常见的救灾制度。有统计认为，两汉君主灾后下达的自谴诏书计有30余次（陈业新，2004）。其后诸朝多有发展，粗略统计，唐代涉及自谴内容的诏令有130次之多（李军，2006）。宋以后虽有所减少，但是灾后自谴制度成为一种潜意识中的制度形式长久存在，到清圣祖康熙时期依旧因为天旱而自责不已。据记载，康熙曾亲自参加祈雨的

“常雩之礼”42次，而嘉庆参加6次。

2. 改元制度 中国古代的纪年，在汉代以前，并无特殊的名称，一般只记某王某地某年而已。至西汉文景时，始有“后”、“中”、“前”诸名。武帝即位，立“建元”之名，年号之设，遂为定制。年号的设置，不仅“反映了君主专制自尊之意，而且也与天时人事的发展变化密切相关”。因灾改元制度肇始于此。史书记载，武帝时灾害较多，仅在公元前109、公元前108、公元前107、公元前105、公元前100年就有7次大旱。年号“天汉”就是在频繁旱灾的历史背景下出现的。在汉代诸帝建元、改元的76次之中，因灾害而改者有35次之多，几占总数的一半（陈业新，2004；段伟，2008)。但这种毫无规律制度给政事处理制造了许多不必要的麻烦，而且改元并不能真正阻止灾害的降临，故自两汉以后，因灾改元制度日渐减少，唐代仅仅在高宗时期出现过“咸亨”和“通乾”两次（李军，2004)。明清以后，基本沿用一个年号，年号遂成为帝王的代称。

3. 策免三公（宰相）**制度** 先秦时，三公作为宰相辅佐君主、总领百官，地位崇高，被君主视为移过的首选。但当时不论是君主移过，抑或宰相主动受过，都是在一种神秘的氛围中进行的，宰相尚无权公开对“灾异”负责。清代皮锡瑞在《经学历史·经学极盛时代》中指出：“其时人主方崇经术，重儒臣，故遇日食地震，必下诏罪己，或责免三公。”帝王在回应上天谴责的同时，将自身面临的危机向宰臣转移。据统计，在东汉安帝到献帝兴平二年中，因灾异被策免的三公中太尉有21～24人次，占同期太尉数的34.4%～39.3%；司徒5～10人次，占12.2%～24.4%；司空15～17人次，占25.2%～31.4%。其中因水、旱、地震、蝗、疾疫、风、雹、寒冻等灾而被削职的三公司徒有8人次，司空23人次，太尉18人次（陈业新，2004)。

伴随宰相构成机制的变化，因灾策免三公制度不断发生变化。三国曹魏时期，三公权力式微，策免三公以推卸灾异责任逐渐废止。唐代延续了这一局面，三公成为无具体职务的荣誉职衔。但作为宰相的其他官员，如中书、门下、尚书三省长官，同平章事、同三品衔的官员仍有灾时求免的潜意识，并一度成为唐宋宰相们争权夺利的工具（阎守诚 李军，2004a）。至明清以后，相权在与君权的斗争中权势渐丧，因灾策免制度也趋于消失。但仍旧有一些官员因为灾害的发生而丢官罢职。

4. 因灾求言制度 求言制度是古代帝王为了全局掌控国家动态，解决信息非对称的努力之一。西汉文帝时颁布过此类诏令，其后更成为历朝历代皇帝灾后的必修课。以唐代为例，求言诏令几乎贯穿于王朝始终。其中，太宗5次、高宗6次、武后1次、中宗1次、玄宗2次，德宗2次，文宗2次，共计19次（李军，2006）。因灾求言制度也是灾后政府选拔官员、提举贤能的重要途径。两汉举士总数共65次，其中因灾举士者25次，约占39%（陈业新，2004）。这种制度，“至南北朝，大概人智进步，乃稍稍变矣”（邓嗣禹，1983）。但借着灾害选拔官员的制度仍长期存在，唐代马周的政治生涯就源于灾后太宗的赏识。

5. 大赦制度 先秦时期大赦也成为禳弭灾异的重要手段。汉代赦免的次数更多、范围更广，“灾异之赦几乎占了整个汉朝赦免总数的三分之一”（郭金霞、苗鸣宇，2003）。灾异之赦之频繁实施与其所需国家临时成本不多，且能笼络人心，解放农业劳动力相关。但是，从长期看，对赦免范围的泛泛化，又极易使罪行严重者逃脱法网，成为社会治安的不稳定因素，也使一些人抓住大赦的漏洞而实施犯罪。所以，以后的王朝，对大赦的范围有了更严格的界定。另外，由于它的实际效能并不如意，故次数也逐渐减少，如唐朝仅有6次，仅占总数184次的0.03%（阎守诚 李军，2004b）。宋以后，逐渐成为与改元、上尊号或者节假日相附的一种制度，清朝仅有世祖因水旱、地震实行过一次。

6. 因灾虑囚制度 虑囚（或称录囚、理囚）是我国古代司法制度史上的一项重要制度，它是指对监狱在押犯进行审录复核，对狱政管理状况进行监督检查，以纠正错案、督办淹狱、宥减轻系的制度。因灾虑囚制度同样源于“灾异天谴”论。因灾虑囚制度在汉以后屡见不鲜。唐代共有 67 个年份，74 次，即有 7 个年份有 2 次虑囚的记载，几乎每个皇帝都有虑囚的纪录。即使在西方科学思想大量传入中国的清末时期，因灾录囚仍然存在。光绪二十六年（1900）三月：“癸丑，以旱诏中外虑囚。”因灾虑囚，虽然于消弭灾害无补益，但在因灾导致社会矛盾加剧的情况下，虑囚可以清理冤狱淹狱，改善狱政吏治，释放部分囚犯，从而有利于缓解社会矛盾，安定人心和社会秩序。

7. 避正殿制度　避正殿制度是帝王以避其位来回应上天的谴责，显示自己虽身在其位而未谋其政的悔恨。这一做法在汉代时就存在了，后代继承。据两《唐书》本纪统计，避正殿制度在唐代共有 25 次，11 个皇帝曾经参与此制度。

当然，避正殿制度并非意味着对政事的荒废，而是要另觅处所处理政务。唐代帝王要“御小殿视事”。这些“小殿”包括延福殿前东廊、帐殿丹霄门外、延英殿等。其后的金章宗、元英宗、明宪宗等具有此种举措，但次数逐渐减少。从《清史稿》来看，清代这种制度已经消失，反映了帝王救灾的逐渐务实。

8. 厌胜制度　根据阴阳五行学说，宇宙间的一切事物，无不具有阴阳五行中某些方面的属性，阴阳五行处于相互制约的平衡状态，如果均衡被打破，就会出现灾异。厌胜就是恢复阴阳五行均衡状态的方法。具体而言，厌胜制度包括闭坊、徙市、盖井、禁屠、禜城门、禁止妇女出入、因灾出宫女等制度。这些制度的立足点就是改变阴或阳过盛的局面，使之重新达到和谐状态。比如闭坊制度，久旱关闭的坊的南门，久雨则关闭的是北门。久旱闭南门是希望以此使阳气不至于过盛，达到降雨的目的。反之，久雨闭北门是借此抑制阴气的外泄，调整阴阳之气的平衡。厌胜制度是一种非理性的制度，但又因为它有学说上的支持，故而又貌似科学，影响深远。日僧圆仁在唐代游历日记中记载："唐国之风，乞晴即闭路北头，乞雨即闭路南头。相传云：'乞晴闭北头者，闭阴则阳通，宜天晴也；乞雨闭南头者，闭阳则阴通，宜零雨也。'"① 充分反映了这种观念在民间也具有极强的生命力和广阔的市场。

9. 减膳制度　因灾减膳制度是帝王在灾害造成经济困难时，令尚食局减少膳食，显示自己的忏悔、对稼穑的关注以及与民同苦的决心。历代帝王饮食极其奢侈，唐宰相舒元舆之弟舒元褒在应考贤良方正科时上策说："尚食之馔，穷海陆之珍，以充圆方，一饭之资，亦中人百家之产，此耕夫十去其一也。"② 对皇帝奢华的饮食进行了批评。当然这种制度的采取只能是一种做派而已，但它凸现了帝王与民同甘苦的决心。这一制度唐宋最多，其后日趋减少，到清代仅有康熙因旱减膳一次记载。

二、政治领域非正式救灾制度

政治救灾领域的非正式制度是指宗族间通过乡规民约、伦理道德的宣教，来提高族民、村民的互助意识，在灾荒时期进行相互救济。这种宣教理论是不断完善的。汉魏南北朝时期，门阀士族通过血缘关系的结合而形成严密的宗族制度，强调重伦常孝悌、同财共济的行为内涵。从宋代开始，针对唐中叶以后，由于土地关系的变化而引起的人们的宗法血缘观念逐渐趋向淡薄的局面，官僚士大夫发起整顿活动，给宗法观念披上情理外衣，即从思想意识方面加强对族众的控制。宗族之间除经济上的互相救济外，更多的是通过建祠堂、制定家约族规、置田祭祖等行动加强精神上的联系。明清之后，虽然宗法伦理思想趋于松懈，但约束族众宗族的非正式制度却相对加强（李文治 江太新，2001）。各种乡规民约更加众多，影响深远，甚至持续到现代的一些地区

---

① 《入唐求法巡礼行记》卷一。

② 《全唐文》卷七四五。

（肖唐镖，2001）。宗法观念指导下的与公平、公正、互助有关的道德与理论体系，缩减了具有不同独立行动能力的人们在抉择自己和家庭以及社会的关系时所耗费的时间和成本。

宗教的救济多数是通过教义的宣传实现的，特别是积善修福的救赎、生死轮回观念的宣教，使因灾害而陷入困顿迷茫中百姓，往往以此寻求精神上的寄托[①]。明人沈鲤在《劝输文》中说："济人利物，无过于凶年饥岁，与人盂饭可当斗粟，举我一念可活一人，故欲积阴德，行好事者，惟此时最得力，亦惟此时最省事，神明降鉴，惟此事最分明，亦惟此事最锡福。诸君如欲为今生、为来世、为身家、为子孙，当无逾此者。"[②] 当时甚至有《为善阴骘》之类的书。一些《义民传》中，也常常可见此类阴报事。明代贵池义民李积惠，正统时捐谷一千余石，子孙多登第贵显，"人以为阴骘之报"[③]。铜陵富民袁泰，正德时饥荒出谷数百石，贷千金而不责人偿，"四十岁始生子，厥嗣以衍，乡论以为阴骘所致"[④]。张文（2005）认为，"乡论"一字表明，因果报应成为明代民间普遍的思想，这可能是宋以后富民赈济的一个心理原因，也为地方官劝谕找到了一个突破口。

同时，受灾害频发的影响，古代社会也基于非正式救灾制度而形成了禳除灾害的民间信仰。在古代政府的劝导与示范下，在无法抵御的灾害造成的沉重的物质与精神压力，百姓只能将祈求

---

① 如佛教，谢和耐（1987）认为，五六世纪以后，传入中国佛教的慈善观念发展日益明显，原来仅限于小乘佛教出家人有限范围的慈善事业在大乘佛教中推而广之，运用到全体众生身上。这些宗教形式与传统儒家根深蒂固的说教，使中华民族形成了浓郁的伦理道德氛围。虽然在一些问题上有分歧，但在许多意识形态方面，他们又是近似的，常常泛化为一种"报"的观念。严格说来，"灾异天谴"中，灾异对人间的警示是一种"现世报"。而传统伦理所表现的多是一种"身后报"。这种"报"可以惠及后半生，甚至可以惠及子孙后代（杨联陞，1957）。

② 《荒政丛书·社仓考》。

③ （康熙）《贵池志》。

④ （嘉靖）《铜陵志》。

生存和发展的希望寄托于形形色色的民间诸神。如福建泉州在清朝康熙年间面对多发的灾害，除了求助于妈祖，又告禳于城隍，陈鸿邦所撰写的《莆靖小记》记载："步行至城隍庙设坛。是夜微雨一番。廿六夜大雨一次，廿七日午刻大雨，又晴，沟河竟无水。……众言须请黄石玄天上帝入城，可祈有雨"；"百姓奉神驾至东门外，竟大旱。谷价每石至五钱以上，贵不肯祟；肉价每斤二分，贱无人买。奉祀大洋大所张公圣君于凤山寺，用青白布制八角旌旗，次日小雨一番，次夜大雨二次，竟不济。"

晚清许多地区的祈祷之风仍旧盛行，如广西地区有祈祷与游神、迎神等多种禳灾形式（高茂兵 刘色燕，2010）。例如，玉林地区主要祭祀的是寒山龙神。《玉林州志》记载："寒山庙在州北三十里，山巅及麓并有庙，祀寒山神也，岁旱祷雨辄有灵感，故乡村所在立庙祀之。凡之官至玉林者，莅任初例往祭谒焉，遇旱则诣庙祈祷。"又《容县志》记载，容县"遇天久旱，农村有菩萨出游求雨之习。形式是四人抬起神的偶像，后面簇拥敲锣打鼓，吹长号筒，撑旗帜，荷火药枪之行列，沿预定路线游行。所到之处，人们烧香点烛、放鞭炮、供牲醴相迎，认为如此可以感动神灵兴云降雨。"再如关中地区，祈祷的雨神一般包括龙王、太白、华岳、禹王、伍子胥、圣母等多种神灵。同时，在民间祭祀农业灾害神灵的庙宇中，祷雨的庙宇最多，地点也是分布最广的一个。如在麟游县，用于祷雨的庙宇有龙神庙、五龙神祠、黑龙祠、浮泽大帝庙、紫荆山太白神祠、威龙山阿姑圣母庙、九曲山太白庙和圣母庙、狼嘴山太白祠、九龙山的太白和圣母庙等，另外还有其他祷雨场所就有7处，共有18处。蝗神主要是八蜡、刘猛将军神等。此外，关中各地相关此类灾害的雹神、风神、瘟神等庙宇亦存在多处。其中和农业生产联系比较紧密的是瘟神的崇祀（朱莹，2008）。

从根本上看，政治救灾制度是人类与假想中的自然界（上帝）进行的一场交易，是为获取农业丰收、风调雨顺、祛祸避灾的一系列博弈制度，是在“天人感应”观的制约下实现的。在这场博弈中，古代的人类完全处于被动状态。从现代的观点审视，这种博弈完全是不必要的和无实质意义的。但在当时的科学水平下，以及经过检验、“屡试不爽”的“事实”前，又被认为是行之有效的。科学证明，久旱自然会有降雨，祈祷到一定时候，自然会与天意“契合”。这些偶然性极强的事件却加强了古人对政治救灾的诚信度，导致它们绵延几千年之久。特别是祈雨，由于它既能凸现帝王的天子地位，强化统治，又有实效，交易费用低于收益，所以逐渐由一种非正式的规则演变为国家法典着力强化的正式规则。

与自然的博弈是一个长期的过程，试错也并不都是一项一项的摸索，特别是在大的灾害面前，经常是几种救灾制度共同使用，而不计各项制度的执行成本和效果。比如祈雨同时，大赦、虑囚、避正殿、求直言等救灾制度都会实施。当有些交易费用超出人们可以承担的范围时，该制度往往得不到坚持。比如东汉的元氏县人为祈雨保丰收，曾定期祈神。但是后来由于外敌入侵，又遭饥歉，民众流离失所，根本无暇顾及祭祀，于是该制度荒废了。可见，制度的成本有时候影响着制度的兴衰。再如远古流传而来的自焚求雨，或自曝祈雨，由于要冒生命危险，成本甚大，所以不到万不得已，不会采取。东汉戴封、唐田仁会等都曾暴身祈雨，这“自然是一种忏悔的做法，是为了感动上天”（福伊希特旺，2000），白居易曾对这种方式大加赞赏，并鼓励人们勇敢去实践，但这一成本高昂的制度却是应者寥寥。帝王在灾害面前的避位则成本更高，唐文宗曾经因灾害频发而萌生退位的念头，武则天也曾有过辞去皇后位的上表，但这决不是仅仅因灾而生的，文宗时被朝廷的党争搞得筋疲力尽，而武则天更多的是一种姿态罢了。因灾而辞去帝后之位，放弃江山，交易费用实在太高，所以历史中也就这几例而已，而且也只是说说。而王朝末期，也往往由于政府的衰落，社会矛盾激化，朝廷很难付出极大的交易成本来救灾救民，因此，除了减膳、撤乐、避正殿等象征性的措施外，而一些涉及政治、经济、社会的实质性制度，或者是喊几句空洞的口号，如减免赋税、罢役赈恤；或者如因灾求言，由于建言者触犯了皇家威严，使其统治的制度成本受到削弱的威胁，建言者被束之高阁，或因之丧命，充分反映了政治救灾制度的虚伪性与欺骗性，并无实质意义。

当然，这种救灾体系也不是仅仅用迷信荒诞能够概括的，在天人感应内核的支撑下，它的存在仍旧有着合理性：其一，政府政治救灾制度实施的首要目的就是巩固自己的价值体现，维护政治统治的合法性。其二，安定灾害时期人们的心理动荡。其三，政府还可借此缓和社会矛盾。其四，通过灾害时期对吏治、法制的反省与革新，也可以实现对封建统治结构的完善与调整（李军、马国英，2008）。

同样，基于民间文化而形成的非正式救灾制度几乎贯穿于整个中国传统社会农业生产过程的始终。由此形成的民间信仰在心理保障机制上能够使灾民在农业灾患面前调整好自己的心态，进而克服暂时的困难，渡过难关，并伴随救灾技术的低下以及灾害的频发成为一种重要的救灾方式。当然，在长时间不见效，并得不到政府的有效救济的情况下必然导致农民的反抗，进而推翻政府的统治，实现王朝的更迭。因此，从长远的看，农业的发展应该依靠技术的进步，而这种信仰恰恰阻挡了技术文明的发展，这是在看待民间非正式救灾制度应当注意的。

第四节 传统社会救灾制度层级之间的关系

卢现祥（2004）对正式制度与非正式制度之间关系的分析认为，非正式制度的建立早于正式制度，后者是对前者的逐渐替代，两者相互生成。就制度的起源看，是先有非正式的习俗习惯、伦理道德等制度，然后才在非正式制度的基础上形成正式法律、政治制度的，非正式制度是正式制度产生的前提与基础，一定的正式制度常常是依据一定的价值观念、意识形态建立起来的；反之，一定的正式制度的确立，并将对人们的行为形成新的约束，并逐步形成一种新的行为习惯和伦理观念，又形成一种非正式制度。具体到救灾制度，却往往呈现一些不同的特征。

一、两者相互依存

研究救灾制度，必须将其置于整个社会的大背景下进行考察。灾荒作为国之大事，必须依靠全社会各阶层、各部门的积极参入，才能取得实效。

贺雪峰（2006）认为，传统社会中，国家及其行政建制（包括县级政权及其下的乡里组织）为农村基本秩序提供了保证，其中包括法律制度的供应，大江大河的治理，社会治安，灾荒赈济等。同时，传统中国的国家作为真正意义上的弱国家，中央权力很难有效延伸至乡村，而相当多的乡村社会秩序，比如社会治安、小型水利、灾荒救济、纠纷解决等，一般的小农家庭与家庭联合无能为力，需要由乡村社会内部力量予以解决。因此，以自治为特点的农村地缘和血缘组织，便因为功能性的需要，而凸显出来。尤其是明清以来，宗族组织逐步成为维持农村基层社会秩序的决定性力量。宗族乡村的基本功能除“守望相助、疾病相扶”外，以地缘为基础的宗族最为重要的功能是提供与农民生产生活密切相关的公共品，如公用道路的修筑，水利设施的兴建，水井的穿凿，以及村落围墙的修建等。对于种水稻的南方农村，修建水利设施（用于灌溉的堰塘、水渠、陂坝和用于防洪的围堤等）对于提高农业效率，维持农业生产，具有基础性的作用。以上的分析，可以清晰地看出，乡村宗族在提供国家非正式制度供给中的重要作用，这些行为深刻地塑成了今日中国农民行动逻辑中的若干深层次逻辑。

西方政治社会学曾经流行“国家—社会”二元对立的认识范式。马克思·韦伯（Webber，1993）早在20世纪初就提出关于传统中国“有限官僚制”的看法。他认为：“事实上，中华帝国正式的皇权统辖权只施行于都市地区和次都市地区。……出了城墙之外，统辖权的有效性便大大地减弱，乃至消失。”美国家族史专家W.古德（1986）也认为：“在中华帝国统治下，行政机构的管理还没有渗透到乡村一级，而宗族特有的势力却维护着乡村的安定和秩序。”正如罗兹曼（Rozman，1988）所言，“在光谱的一端是血亲基础关系，另一端是中央政府，在这二者之间我们看不到有什么中介组织具有重要的政治输入功能。”著名的社会人类学家费孝通（1998）提出：“中国乡土社会的基层结构是一种差序格局。……皇权政治在人民实际生活中，是松弛和微弱的，是挂名的，是无为的。”又说：“一方面是自上而下的皇权，另一方面是自下而上的绅权和族权，二者平行运作，互相作用，形成了‘皇帝无为而天下治’的乡村治理模式。”其实质和核心都在于，无限地夸大和美化了“地方精英阶层”的非正式约束，而忽略了隐藏其背后的国家正式制度，减弱了制度在国家与社会中的中介作用。费正清、黄仁宇等西方学者就主张应将制度放置于“国家—社会”视野中，他们对中国社会的研究就较多地采用了“国家—社会”这种对立的分析模式。

从两者的依存关系看，任何正式制度的作用都是有限的，它们作用的有效发挥，都离不开一定的非正式制度的辅助，只有依靠不同形式的非正式制度的必要补充，才能形成有效的社会约束体系。从历史看，在正式制度设立之前，人们之间的关系主要靠非正式制度来维持，即使在现代社会，非正式制度对于人类行为的调节和约束仍占据主要地位。对于为什么国家允许社会中存在一套自行的秩序与习惯法，即非正式制度，梁治平（1996）指出：“这种局面的形成，很大程度上是因为国家没有、不能、也无意提供一套民间日常生活所需要的规则、机构和组织。”在救灾的过程中，如果没有宗族、宗教等民间的救济以及来自伦理、意识形态的约束，人人各行其是，就会导致“道德经济崩溃”，不仅政府的救灾成本要提高，而且还要时刻面临社会陷入崩溃的危险（Garnsey，2006）。李文治（2001）等的研究也表明，宗族救济对于维护国家法制、加强社会统治有着积极作用。德鲁兹与森将由饥荒导致的农村社区的自发救济称之为“非正式的保障安全系统”，他们认为：“这类非正规的保障安全系统，为防止农村社区受控于不可靠的外来援助源，具有相当的价值。”（德鲁兹和森，2006）

同样，非正式制度作用的有效发挥，也依赖于正式制度的支撑。由于非正式制度的约束是非强制的，只有借助一定的强制性的正式制度的支持，才能有效地实现其约束力。民间宗族乡绅的救济活动，一般会获得地方政府的配合与支持。明朝的时候建立的“义民旌表”制度便是通过政府正式的制度对民间救济予以激励与表彰。民间的仓储制度，也离不开官府的支持与监督。这种监督既是为了州县政府能够了解仓储及赈济情况，便于宏观调控；也是为了防止各种弊案的发生[①]。陈桦等（2005）认为，清朝政府公共管理机构的介入，解决了普济堂之类救助机构在地方上遇到的诸如田产、房产的问题，而大量持续性、稳定性资金的注入，解决了其经费上的匮乏[②]。

民间的赈济范围与数量在传统社会，特别是在商贸交通相对滞后的唐宋以前，是有限的。民间的救灾活动，由于力量分散、

---

① 南宋朱熹撰写的《社仓事目》中有以下规定：①社仓米的贷放、收回。事先须报州县政府批准；②贷放和收回时，县府派精明强干的官吏到场监视；③出纳完毕，社仓主持人须将收支数额报州县备案；④贷放和收回过程中，如有阴欺显夺，许当场举报，由官府纠办。

② 但国家的进入也会引发新问题，比如官员的偏好对它的影响。李瑾明（2005）就认为，由于对贫民救济机构充满热情的官员的离任，其财源也迅速地被侵占或掠夺。

互不统属、物质基础薄弱，而且受到地域的限制，因此不可能长时间的维持，对于持续时间长、规模大、地域广的自然灾害也往往是束手无策的，其救助的力度也是有限的（陈桦，2005）。例如，宋代民间的救济就往往只针对本地的饥民，对于外地的甚至有强烈的排斥倾向（张文，2005）。夏明方（2006）的介绍也表明，即使是在民间慈善救助事业发达的江南地区，其筹集的资金、救助的范围也往往只限于本地区。只是在清末民初，才开始了江南资金用于区域之外的事例。所以在更广泛的范围的救灾活动也必须依赖于正式的救灾制度。

宗教势力建立的救济机构，也受到朝廷的重视，政府设立专门的官员进行管理，“置使专知”①。政府的这一举动，可以保证救济活动的顺利开展，方便救济机构的运作，又有效进行了监督。正如前文提及的，非正式制度有一条底线，一旦接近或越过，就会受到朝廷的“猜忌”，进而强行取消。宗教救济团体的发展，固然显示了自身的道德优越，但也显示了朝廷的无能（梁其姿，2001）。况且在传统社会的政治理念中，还有着政府应该是国家产权，或者说是社会福利的主要的，甚至是唯一的提供者的想法。亦因此，唐朝宰相宋璟认为国家设官监督这些救济机构，实乃“国家小慈，殊乖善政”。虽然唐玄宗并没有采纳他的建议，但一百年之后的武宗时期，由于宗教团体经济实力的庞大，造成国家户口的锐减，最终难逃一劫，反映出国家政策对非正式制度的强大控制力。

二、两者相互演变

从两者的演变关系看，大多数正式制度在制度的产生之初，并非是一种正式的制度，比如粮食储备制度，农作物的种植与推广制度、水利兴修制度、祈祷制度等。在国家成立之初，这些制

① 《全唐文》卷二〇七。

度是以非正式的习俗形式存在于民间社会之中。它们是受制于恶劣生存环境的先民，在民族的发展过程中养成的生活习惯，或者说是逐步积累的生存经验。随着国家机器的发展与疆域的扩充，一家一户的储备显然不能满足国家维持其统治的需要，军队的供给、官僚的俸禄、灾荒的救济等都需要国家的支出。为此，国家需要通过强制的手段来进行物资的收集与储备，并创设新的制度形式，例如汉代常平仓、隋代义仓、各种军仓等的创设原因都是如此（张建民，1998）。

同样，一家一户，目的单一，不讲究耕作方法的种植，也不适应国家维护其机器运转的需要，必须由国家进行有组织的推广，以扩大粮食产量。水利的兴修这种大规模的公共品建设，也只有依靠国家的力量才能实现。获取收益最大化，是政府将非正式制度改造为正式制度的基本原因。在这两种制度的转换过程中，由于受到“路径依赖”的作用，仍旧保留了一些非正式的制度形式。比如在救荒中形成的悠久的习惯——民间的仓储制度，就同时与国家的正仓共存，并在灾荒救济中发挥出巨大作用。再如水权制度，在制度上也有国家的正式规定与民间乡规民约等非正式制度共存的情形（宁立波，2004；王亚华、胡鞍钢，2006）。

国家作为新制度经济学的重要理论基石，在正式制度的确立过程中发挥着中流砥柱的关键性的作用。大多数的制度只有在国家产生之后，才能形成一种正式制度。比如赋税蠲免，以及精神层面的多数正式救灾制度，都必须在国家这一载体出现后，才能形成，并且它一出现就是作为正式制度的形式存在着。

三、传统社会救灾制度演变的内在原因与实质

通过以上的分析可以清楚地看出，在传统中国社会中，正式与非正式的救灾制度，两者是相互依存，共同发展的。受制于国家政治与经济实力，原本是非正式制度的个体会在一定时刻会向正式制度演化，而正式制度由于实施主体的限制，一般不能转化

为非正式制度，但是，却会出现非正式制度超越正式制度的情况。如宁立波（2004）等人的分析就认为，作为重要的救灾制度，由国家主导的水权制度，到明清时期非正式制度已开始占据主导地位。

正式制度对于非正式制度具有强大的控制力，一切非正式制度的开展，必须在符合其统治的基本标尺下进行。而非正式制度对于正式制度具有极强的依赖性与辅助作用，它必须在正式制度容忍的范围内开展活动，它的伦理道德、乡规民约是在国家正式法律规章的框架之内进行的，是在权力主体建立的制度范围内，是受制于大一统国家的意识形态的。这是由国家作为产权所有者的性质决定的。非正式制度的开展，降低了国家政治与经济运行的成本，得到政府的保护与支持。

非正式制度的变迁和修改，往往是个体率先打破这种“习俗”安排，但它打破的习俗或重建行为是否被固化起来，取决于权力主体的认可及其保护。中国几次大的农民起义发生的原因，都与灾害相关，同时也多有宗教的掺入，而且这些宗教的产生多是在灾害的多发地，反映了人们对无望生活的一种渴求。比如东汉末的“五斗米教”、元末红巾军借助的明教、太平天国洪秀全的拜上帝教，而义和团运动的发生除了与清末山东地区频发的灾荒有关联，也受到白莲教的蛊惑。这样的非正式制度对国家的威胁是很大的，沉溺于宗教或遁入空门，必将造成百姓不事生产和国家控制户籍、劳动力的减少，而聚众反叛，形成“政府中的政府”（周锡瑞，1987），更是对国家产权的严重冲击，是朝廷所不能容忍的。于是，在宗教势力强大时，往往出现国家强行压制的举动。著名的“三武一宗”灭佛就是例证之一①。清末对于西

① “三武一宗”灭佛是中国佛教史上最大的法难，指汉地佛教传播史上遭受的四次来自官方的禁断命令。三武，指魏太武帝、北周武帝、唐武宗；一宗则指后周世宗。

方传教士的救灾活动也大加压制，这不能仅仅简单地归因于时人在知识上的混沌与落后。从制度经济学的角度看，真正的内因是非正式制度的存在威胁到了国家的政权这一正式的制度，触及了国家作为产权唯一所有人的地位这一能容忍的底线。

虽然用现代的、科学的眼光看传统社会的救灾制度，特别是政治救灾制度，许多都是无效率的，但却依然在古代国家的运行中扮演着重要的角色。其根本原因就在于意识形态的刚性，是统治者维护自身权威而作出的选择（林毅夫，1989)。这一制度的存在维护了统治集团的既得利益，通过这样的制度，统治者在经济上保证了最大化利益的获得，在意识形态上强化了“溥天之下，莫非王土，率土之滨，莫非王臣”的观念，巩固了天下共主的地位。因此，统治者对其大加维护，特别是祈祷制度，更是受到各种规章制度的保护。对于其他的制度，如闭门以隔断阴阳过盛以求消除灾害的制度，即使明显没有成效，受到老百姓的讥笑与责难，也依旧坚持实行①，说明统治者对于个人利益的追求始终是第一位的。特别是在王朝统治末期，往往由于政府的衰落，社会矛盾激化，朝廷很难付出极大的交易成本来救灾救民，因此，除了减膳、撤乐、避正殿等象征性的措施外，而一些涉及政治、经济、社会的实质性制度，或者是喊几句空洞的口号，

① 《新唐书》卷90《杨再思传》记载道，唐中宗景龙年间，东都洛阳霖雨一百多天之久，朝廷官员闭坊市北门祈晴。一驾牛车的老汉苦于路上泥污难行，在街上发牢骚说：“宰相不能调阴阳，致兹恒雨，令我污行。”恰巧中书令杨再思路过，回答他道：“汝牛自弱，不得独责宰相”。于是百姓“共呼坊门为宰相”。即使这样，在敬宗年将，仍旧正式将其定为一种祈禳的制度，“每阴雨五日，即令坊市闭北门，以禳诸阴。晴三日，便令尽开。使启闭有常，永为定式”（《唐会要》卷八十六）从将迷信行为制度化也反证出唐末王朝对灾荒的无奈以及统治的日渐衰微。

如减免赋税、罢役赈恤；或者如因灾求言，由于建言者触犯了皇家威严，使其统治的制度成本受到削弱的威胁，建言者被束之高阁，或因之丧命，充分反映了政治救灾制度的虚伪性与欺骗性，实质意义较为微弱。

即使是经济救灾制度，在很多情况下也是象征性含义多于实际意义。比如余耀华（2000）就认为平粜政策的实施有着很大的局限性，主要表现在实施范围窄，仅限于京畿和附近州县，享受优惠的群体较少；其次，政府平粜的粮食主要出自官仓，数量有限。因此，他认为，这一政策在中国古代，实际上“只起到一种宣传作用。一种宣传作用，一种象征性的作用，即用以表示朝廷对饥民的关怀而已。”或许这也是导致帝国后期民间非正式救灾制度日益发展的重要原因之一。

第四章

中国传统社会救灾制度的变迁周期与影响因素

古代社会的救灾制度受到王朝政治、经济等外部因素的左右，呈现出具有一定规律性的变迁特征。

救灾制度在王朝的不同时期呈现的特征是并不完全相同的。一般而言，在王朝建立的中前期，由于统治者对朝廷"潜在的竞争对手"——灾民动乱的威力尚存畏惧，国家的经济实力也能应付灾害的破坏，各种救灾制度一般能顺利运行；但到晚期，各种制度的供给就会出现明显地失衡或者不足，在救灾领域出现政治救灾制度的数量多于经济救灾制度的情形。以下分析传统社会救灾制度的变迁周期，并阐释影响其变迁的因素。

第一节 中国传统社会救灾制度变迁的周期

一、救灾制度演变周期的断代分析

(一) 西汉的案例[①]

1. 救灾制度的僵滞期 高祖—文帝之前（公元前 206—前 180）。大泽乡的连绵大雨诱发了秦末农民大起义，在楚汉争雄中

---

① 本书对于西汉救灾制度变迁周期的论述主要参考段伟（2008）；段伟（2004）曾以西汉、清两朝黄河水患为中心，探讨过其防治制度的制度变迁周期。

胜出的刘邦开创了中国大一统王朝霸业。但帝国肇始，百废待兴，经济一片残败。原先的独占型利益集团——军功官僚阶层对于王朝的改革并不感兴趣，只是想从好不容易打下的江山中获取利益。刘邦虽然确立了帝王的绝对权威，但却没有对救灾制度进行大的改革。文帝之前，崇尚无为而治，依靠从秦前继承而来的制度维持国家的运转。据史书的记载，在高祖在位期间发生的饥荒中，采取的应对制度仅仅是允许就食它处，买卖子女，免奴为民、解放劳动力等等。

2. 救灾制度的创新期　文帝到武帝（公元前179—前87）。经过20余年，汉代经济逐渐复苏。原先的独占型利益集团——军功官僚阶层，经过高祖、吕后的打击一蹶不振，新的利益阶层开始兴起，在他们的推动下，达到了中国传统社会的盛世。与此相适应，救灾制度也开始了一个大的创新时期。汉代许多救灾制度就是出现在此时。如水利公共品的大量提供，冬小麦的推广种植，开放私有领地，鼓励民间救灾等等，故文景时期被称为“文景之治”。武帝是一个特殊时期，本来沿袭前朝的制度，将会大大的提高国民经济的力量。但是，武帝“好大喜功”的个人偏好，最终使国家财政再度陷入窘境。但武帝时期，仍旧作出了两项重大的创新，一是将儒家理论进行了强制性的制度变迁；二是建立了“官商合一”的经济政策。这两项制度影响了整个历史时期的救灾制度变迁。

3. 救灾制度的均衡期　昭帝到元帝（公元前86—前33）。在经过汉武帝时期的短暂低潮后，西汉经济又发展起来。救灾制度基本继承了前几代创建的格局，并略有创新。精神层面的救灾制度成为与物质层面救灾制度并行的救灾形式。在各种制度的稳定运行下，救灾成效明显。

4. 救灾制度的再僵滞期　成帝到平帝（公元前32—公元5）。西汉王朝又一次出现了独占型的利益集团——外戚。对经济利益的过分攫求，使政府缺乏物质救灾的动力，反而使过分地重视精神层面的救灾制度。外戚王莽最终篡夺了西汉的政权，建立新莽政权。

西汉的救灾制度基本奠定了中国传统社会救灾制度的基本模式，有些制度直到现在仍旧沿用。纵观西汉的救灾制度变迁，可见传统文化与经济状况在其中的重要作用。无论是文化的发展还是经济的绩效都是在特定利益集团的影响下制定的。制度变迁的周期或长或短，与经济条件的发展相关。西汉的恢复期较长，约略经过 26 年，而唐朝的僵滞期则经历的时间相对较短，从建国的高祖武德元年（618）到唐太宗贞观三年（629），仅仅 10 余年。

（二）南朝的案例

以南朝作为一个整体，审视不同时期的救灾制度的实施频率差异。三国魏晋南北朝时期是我国历史上集团势力最庞大的时期，对于它的分析，更能说明利益集团盛衰对于国家救灾的影响。东晋是在南北方士族，特别是北方士族的支持下建立下，士族集团势力极其强大，史书记载，“晋自中兴以来，号令威权多出强臣”①，呈现出“主弱臣强”的权力分配格局，加上此期为国家提供财源的农民，无论是对官府还是对私人地主的依附关系都在强化，使得东晋财力分配格局表现出“国弊家丰”的突出特点（陈明光，1997）。国家无力对灾民进行救灾，据统计，在东晋 241 次灾害中，重大的赈灾制度实施仅有 17 次，赈灾率为 7.1%（黄平芳，2004）。

南朝宋、齐年间，随着士族集团的由盛而衰，以及寒门出身的皇帝对寒士庶族的偏好与重用，东晋以来“主弱臣强”的局面得以改变，中央控制了财政权。尤其是宋、齐的前期，吏治较为清明，社会相对稳定，人民的赋役负担相对减轻，农业生产得到

① 《晋书》卷一，范弘之传。

恢复和发展，财政状况趋于丰足。《宋书》卷五十四《孔羊沈传论》云："自义熙十一年（415）司马休之外奔，至于元嘉末，三十有九载，兵车勿用，民不外劳，役宽务简，氓庶繁息，至余粮栖亩，户不夜扃，盖东西之极盛也。"政府对灾荒的投入大大加强了。在宋元嘉（424—453）时期，共发生 40 次灾害，重大赈灾制度实施有 20 次，赈灾率达 50%；齐建元（479—482）、永明（483—493）时期，灾害有 35 次，重大赈灾制度实施有 23 次，赈灾率高达 67.5%。六朝时期重大赈灾制度实施只有 83 次，而这一时期就有 71 次之多，赈灾率高达 52.4% 。

但到了宋、齐的后期，由于皇室不同集团之间的内讧，皇帝的昏虐以及吏治的腐败，加上南北政权的交战，财政逐渐走向衰败。相对前期，重大赈灾活动明显减少，赈灾率下降，宋后期发生灾害 50 次，赈灾制度实施 23 次，赈灾率降到 44%，齐后期灾害共有 17 次，赈灾制度实施却只有 6 次，赈灾率下降到 35.3%。荒政效果也大打折扣，沈约在《宋书·孔季恭传》中，将永明末年的救灾情况与元嘉时期作了比较，"大明末年，积旱成灾，虽弊同往困，而救非昔主，所经病未半古，死已倍之，并命比室，中减过半。"差异之大可见一斑。

（三）唐代的案例

"唐宋变革期"作为中国传统社会的重要转型期，政治、经济领域的众多制度出现具有历史意义的变迁（谢元鲁，2005）。救灾制度也不例外，在继承前朝的基础上，出现了新的特点，比如前文提到的仓储制度中义仓、社仓的创建，入粟补官、劝分制度的发展与使用等等。同样，制度变迁的周期，在与前朝基本类似的前提下，也出现了新特点。以两《唐书》记载的唐代的旱灾救济制度为例，分析主要救灾制度方式在不同时期应用的差异。表 4－1 的统计显示，唐代历朝的救旱制度共 132 次。从时段上看，除了减膳、撤乐、避正殿等象征性的措施外，求直言、减免赋税、罢役赈恤等具有实际意义的救灾制度在穆宗之后，变得越来越少；即使有，也可能成为空文，“州县不以实闻，上下相蒙”的官场恶习已经蔚然成风，朝廷的诏敕也“徒为空文”①。东汉末期也流行过“州郡记，如霹雳；得诏书，但挂壁”② 的俚语。吴宗国（1984）认为，这应该与王朝末期，阶级矛盾迅速激化，而国家对于社会职能的执行已日渐消极，并逐步丧失改革的信心与兴趣的大背景有关。历代的发展基本类此，在王朝末期，祈禳之道大行其道就说明了这个问题。

表 4-1　唐代历朝旱灾救济制度表

	大赦	录囚	避殿	撤乐	减膳	求言	罢役	减税	振恤	徙市	闭坊门	葬暴骸	出宫人	罪己诏	减马料
高祖															
太宗	2	3	3	1	2	3	1		1						
高宗	1	10	8		5	3		1							
武后			2	1	2	1									
中宗	1	1	3		3		1								
睿宗															
玄宗		7	2	1	3	1	1		2			1			
肃宗		1			1		1	1		1					
代宗	1	3	1	1	1	1									
德宗		2	1		1		1	1						1	
顺宗															
宪宗		2						1							1
穆宗															

① 《资治通鉴》卷二百五十二。
② 《全后汉文》卷四。

（续）

	大赦	录囚	避殿	撤乐	减膳	求言	罢役	减税	振恤	徙市	闭坊门	葬暴骸	出宫人	罪己诏	减马料
敬宗		1													
文宗		5	2	1	1					3	1		1	1	
武宗		2	1					1							
宣宗		2	1	1	1								1		1
懿宗														1	
僖宗		2	1	1											
昭宗															
哀帝					1										
总计	5	41	25	7	21	8	5	5	3	4	1	1	2	3	2

资料来源：两《唐书》本纪。

（四）清代的案例

清代救灾制度中的蠲免与其财政实力也呈明显的正相关。如表 4－2。

表 4－2　清代历朝灾蠲灾赈比例表

朝代	受灾州县	灾蠲数	年均蠲数	占成灾比例（%）	灾赈数	年均赈数	占成灾比例（%）
顺治	1 719	1 144	63	66	91	5	5
康熙	6 161	4 735	77	77	1 298	21	21
雍正	1 175	845	65	72	721	55	61
乾隆	10 634	6 092	101	57	6 732	112	63
嘉庆	4 395	1 096	44	25	1 433	57	32
道光	4 854	1 801	95	37	1 039	54	21
总计	28 938	15 713	80	54	11 314	58	39

资料来源：李向军，《清代荒政研究》，中国农业出版社，1995 年，66 页。

上表显示，清代康乾盛世期间，灾蠲灾赈的数量所占比例最高，平均达到80%左右。此后的嘉庆、道光年间迅速下降，只有约此前的50%。这与清代财政的盈缩密切相关。顺治年间承明末财力匮乏，入不敷出，相应救灾力度较低；康乾时期，随着国家的稳定，国家进入了传统社会的鼎盛时期，救灾的次数也更为频繁，力度更大；但乾隆末期，奢靡之风盛行，亏空严重，至嘉庆时期，国家财政再次陷入紧张，国家拨款赈济大为减少，多以缓征、带征代替灾蠲，以煮粥充放赈，频开捐赈①。国家财力使救灾制度陷入衰亡的同时，也使中国传统社会的危机全面激化；而此时西方世界却逐渐兴起，中西进入冲击与融合的新阶段。

二、历史时期救灾制度变迁的演进特征

以上针对不同王朝进行了断代分析，从纵向看待整个历史时期救灾的制度变迁周期存在一定的难度，只能从传统社会救灾制度变迁过程呈现的特征中加以理解。

（一）政治救灾制度呈现不同变迁路径

正如我们在分析两种制度供给方式时所提及的，政治救灾中的正式救灾制度除了祈祷这种直接与上天“谈判”、代表君权神授的制度受到政府的长期支持外，其他的或者由于其他制度变化的影响，如君相权力的强弱变化导致因灾策免宰相的制度消失，或者由于成本昂贵，如改元、避正殿等可能带来的社会不稳定等，都趋于减少或消失。而非正式制度由于意识形态具有的弹性性格，它的供给是渐进的、自发的，面临的变迁是一种更长的讨价还价、不断的试错过程。“这是宗教信仰、伦理道德规范存在中国社会几千年的原因所在。只有在国家正式制度变迁的拉动

① 对于清代救灾制度与财政实力相关问题的分析，请参见李向军（1995）。

下，非正式制度的供给路径才发生了改变，甚至是革命性的质的变迁”（朱启才，2004）。

（二）民间救灾制度作用逐渐加重

经济救灾中的非正式制度，也就是民间救灾制度，随着宋代富民阶层的兴起、宋明理学制约下的宗族关系日趋紧密以及国家财力的窘迫而作用益重。救灾制度在国家与地方的连接上起的作用也更加重要。梅元郁（1983）认为，宋代居养院这类民间救济机构的兴盛恰恰是宋徽宗朝，蔡京弄权，国家全面陷入混乱之时。陈桦等（2005）的研究也表明，由于国家救助能力的下降，清政府更加鼓励与支持民间的救济活动，以民间为主体的工赈制度成为救灾的主要救灾制度。原先主要由政府兴建的水利工程，民间自发兴建所占的比重也逐渐增大。

表 4－3　13—19 世纪中国官方与民间参入水利兴修表

年代（世纪）		13	14	15	16	17	18	19	总计
广东	官方	9	20	23	13	6	30	9	110
	私人	5	40	12	12	4	0	4	77
云南	官方	1	4	12	14	20	6	38	95
	私人	0	2	3	5	7	16	16	49

资料来源：珀金斯，《中国农业的发展（1368—1968）》，上海译文出版社，1984 年，461 页。

从表 4－3 的记载可见，宋以后民间广泛地参入到救灾制度的建设中。私人兴修水利数量占官方的 60%以上。

已有的研究显示，宋代是富民经济的高度发达时期，富民参入了灾荒救济的各个环节，在很大程度上已经取代了政府在灾荒救济中的角色与地位。受此影响，灾荒救济呈现出以乡村为单元的特征，补了官府救助覆盖面的缺失，减少了村民在获取食物索取权上的不均衡。“地方精英”阶层的出现对中国传统社会影响深远，“透出了近代的曙光”（林文勋、谷更有，2005；谢和耐，1998）。此后，民间救灾制度发挥着越来越重要的作用，以宗族为核心的义庄以及民间的救助机构，如普济堂、惠民局等取得了迅速发展。到了19世纪中期，特别是1849年大水灾的发生，使朝廷主导救荒的格局逐步向绅士主导的格局转型，朝廷已退居倡导、奖谕、资助等角色（郭剑鸣，2008）。

从历史的整体发展看，民间力量的兴起是与中央集权的逐渐强化相关的。在中国主要的王朝，如汉、唐、宋，府、州级的地方政府有一种明显的趋势，即趋向于权力的式微。随着中央集权化趋势的高涨，中央政府将它的控制，紧紧地强加在地方财政上。从宋代以后，府、县的库房就几乎不曾有过足够的基金来实行任何大规模的建设工程。如同顾炎武在其名著《日知录》中所观察到的：“今日所以百事皆废者，正缘国家取州、县之财，纤毫尽归之于上，而吏与民交困，遂无以为修举之资。”地方政府只有更多的借助民间的力量。鸦片战争之后，民间绅士救灾力量的兴起也缘于此。

（三）经济救灾制度中的正式救灾制度条例更细，实施更加频繁

随着灾害的频繁，国家财政压力的增大，政府的救灾规定更为翔实。以赋税的蠲免制度为例。

唐以前并没有固定的蠲免标准，只是根据当时的情况颁布诏令。这种滞后的制度对于及时开展救荒活动是不利的。但到唐以后，随着社会各项制度的日益完备，针对制度滞后可能带来的无谓的成本损失，赋税蠲免制度也日趋制度化，规定也更加详细。在中国制度史上具有象征意义上，并奠定以后王朝制度基础的《大唐六典》中明确规定：

凡水、旱、虫、霜为灾害，则有分数：十分损四以上免租，损六以上免租赋，损七以上课役俱免。若桑麻损尽者，各免调，

若已役已输者，听免其来年。

其后又作了进一步修改：

诸田有水旱虫霜为灾处，据见营田州县检实，具账申省，十分损四分已上免租，损六分已上免租调，七已上课役具免，若桑麻损尽着，各免调，若已役已输者，听折来年，经两年后，不在折限。其应免者，通计麦田为分数。

在此基础上，至明清时期规定的更加详尽。明弘治三年（1490）甚至形成固定的函数，既受灾十分，免七分税粮，依此类推至四免一为止；清朝大体类此，但有了一定的弹性。顺治十年（1653）规定州县受灾八至十分，免30%；五至七分，免20%；四分，免10%。其后几经变革，如表4-4。在制度上规定更加具体，并赋予适当的弹性区间，这种制度的创新可以节约救灾的成本，更适合国家的统治。

表4-4　清代灾蠲比例表

被灾 蠲免	十分	九分	八分	七分	六分	五分	四分
顺治十年（1653）	30%	30%	30%	20%	20%	20%	10%
康熙十七年（1678）	30%	30%	20%	20%	10%		
雍正六年（1728）	70%	60%	40%	20%	10%		
乾隆元年（1736）	70%	60%	40%	20%	10%	10%	

资料来源：《清史稿》卷121；冯柳堂，《中国历代民食政策史》，商务印书馆，1934年。

再如报灾制度，对于报灾的时限与区域划分逐渐详细。

秦朝田律规定，如遇到旱灾、暴风雨、水潦或虫灾损伤了禾稼，地方官要及时如实上报。但并没有规定具体时间与步骤。唐代首先是由“以司督察”的里正向县汇报，然后由主管全县“虫霜旱涝，年收耗实”的县令“亲自注定”，确定受灾作物“分数”后申报到州。宋初规定，夏灾上报限四月底，秋灾限七月底；荆湖、江、淮、浙、川、岭南秋灾上报不迟于八月底。县官接报后分行检视，然后上报州官。州官复检后上报三司，确定受灾分数及蠲免比例。元朝报灾时限稍向后延，江南秋灾时限为九月。明朝弘治十年（1497）定夏、秋灾上报时限各为六、九月底。万历九年（1581）改为内地分别为五、七月，沿边各为七、十月。清代夏、秋灾上报时限各不出六、九月。拖沓或者谎报者均要受到处罚。清代还有定期上报雨水粮价的制度，从康熙朝开始，皇帝要求省一级的地方官，每年必须有两次向朝廷汇报当地的雨水粮价，这是一个最基本的制度。时间一般是夏、秋两季，比如降雨量多少，粮食价格多少，收成多少。皇帝据此判断国家的基本经济状况。可见，这种变化更加科学，有利于减少信息不对称问题①。

从国家实体看，经济相对发达的王朝是救灾制度创新的频繁期。比如仓储制度，汉代创建了常平仓制度，隋唐出现义仓制度，宋代出现社仓制度。其他创新还有汉代因救灾官员的缺失而创造出的求直言制度，宋代鼓励民间的劝分制度，明代的义民旌表制度等等。而清代由于人口增多，粮食极度匮乏，于是制定了保护农产品的粮食安全制度（冯柳堂，1998）。

下面再从水利兴修来看救灾制度实施的频繁度。不管是历史时期，还是现代，水利工程都是政府提供的最主要公共品。这与我国水灾的发生规模有关。据竺可桢的考察，在公元前1世纪只

① 许多史料都证明，由于信息传播的缓慢，一些地方都会灾情发生很久的情况下才得到救济。唐代宗大历十一年三月“以杭州前岁水灾，命右散骑常侍萧昕使于杭州宣慰赈给”（《册府元龟》卷一百六《帝王部·惠民二》）。过了两年才实行救济，恐怕早已哀鸿遍野了。懿宗大中六年出现过灾区“州府地远，申奏往复，已至流亡”的悲惨局面。宋代也出现过“至八月则收状，至九月则检放，至十月则抄札。又有检放未实而再覆实检放者，亦有抄札未实而再覆实抄扎者，往往多至十一月而后定。然后官司行救荒之政，下劝分之令，虽至十二月民犹有未得食者”（《宋会要辑稿》食货五十八之二十四）。

有河南一省有水灾出现。2 世纪上升至河北、山东、山西、河南、福建、湖北、湖南和陕西 8 省，2 世纪又增加两省（江苏、安徽），达到 10 省。4 世纪开始下降，至 6 世纪降 2 省。在 2—6 世纪中，平均每世纪 6 各省份发生水灾。7 世纪回升到 9 省，此后一直保持在 8 省以上。7—15 世纪平均每世纪 11 省有水灾。16 世纪以来，水灾发生省份保持在 14 省以上。16—19 世纪平均 16 个省发生水灾。而 20 世纪 80 年代末以后，水灾已遍布全国各省。因此，建立水利兴修制度，提供水利工程公共品，维护水权就成为任何时期的重要制度。各朝建立的水利工程如表 4－5。

表 4－5　历代水利工程表

朝代 地区	春秋	战国	秦	汉	三国	晋	南北朝	隋	唐	五代	宋	金	元	明	清	合计
陕西			1	18	2			9	32	4	20	4	12	48	38	208
河南	1	3		19	10	4		4	11		11	2	4	24	843	947
山西	1			4	1	1	1	3	32		25	14	29	97	156	389
河北				5	1	2	3	1	24		20	4	11	228	542	886
甘肃				1	1				4		2		2	19	19	50
四川		1			1				15	1	5		1	5	19	53
江苏	3	2		1	3	2	8	1	18		117		28	234	62	595
安徽	1			1	3		4	1	12		16		2	30	41	127
浙江		2		4	2	3	2	2	44	1	302		87	480	175	1 406
江西				1		1	1		20	1	56		13	287	222	658
福建						2		4	29		402		24	212	219	1 294
广东											44		35	302	165	536
湖北							1		4	4	21		6	143	528	728
湖南				1				2	7	2	5		3	151	183	209
云南				1				1		1			7	110	292	412
合计	6	8	1	56	24	16	20	27	254	13	1 110	24	309	2 270	3 234	8 498

资料来源：根据冀朝鼎，《中国历史上的基本经济区与水利事业的发展》（中国社会科学出版社，1981 年，36 页）整理计算。

从表 4 - 5 可见，各朝共为各地提供水利公共品 8 498 项，从各省的兴建情况来看，浙江、福建、河南、河北、湖北、江西等列前几位，分别占 16.5%、15.2%、11.1%、10.4%、8.6%、7.7%，这主要反映了唐以后由于长江流域对国家税赋的贡献愈益突出，对其水灾的防备也更加仔细了。从朝代来看，前四位的分别是唐、宋、明、清，分别占 3.0%、13.1%、26.7%、38.1%，这几个朝代都是经济实力较强的王朝，这在说明反映了水患的日益严重的同时，也说明了国家盛衰对救灾制度的正作用力。水利兴修的演变从政治与经济上解释了救灾制度变迁的影响因子。

（四）各种制度长期不变

从总体来看，各种制度在长期保持一种不变的稳定状态，只是在种类与数量上略有变化。徐钟渭（1936）认为，救灾制度乃“一国兴亡之所系”，至周代时已大备，后世荒政原则上都不超出此时，仅略有变通。当然有时也会受到一些挑战，但这样的挑战，改变不了根深蒂固的救灾制度的总体格局。这既是路径依赖在起作用，也是意识形态在发挥功效。

因此，只有随着意识形态的改变，科技的进步，传统的救灾制度才能发生根本的改变。清道光之后，西方思想的大量传入，使人们开始改变千余年来形成的固定的救灾模式，西方社会的救荒济贫思想与中国传统救荒理论相融合，产生了一些新的救灾制度。比如清代赵元益即直接借鉴西学思想，提出了区别于传统观念所理解的现代科学技术指导下的农学以及铁路、报商、制造等新的救荒制度。当时亦开始注意依靠国际的援助实施救济。中国传统救济方式注重物质上的帮扶，突出所谓的“养”的功效，但却忽视了“教”的内涵，即通过对饥民培训使其学会谋生之道。随着西方思想的传入和社会管理理念的传播，“养”、“教”开始结合在一起，官方救助出现变化，开始注重其个人素质即生产技能的培训。而对于逃荒者，以往的经验是将其遣返回原地，但清末却将其视为本地经济发展的动力而予以挽留。更大的变化是将户部中负责救荒的机构独立出来，成立了民政部（陈桦等，2005，2007）。这些制度的变迁反映了意识形态在制度变迁中的重要作用。但是大多数救灾制度仍旧保存下来，反映了制度的刚性特征。

第二节　传统社会救灾制度变迁周期的影响因素

一、"诺斯悖论"的作用

在《经济史中的结构与变迁》里，诺斯曾明确指出："历史上知识存量的积累在很大程度上是不可逆转的，但人类经济的进步却不是这样。毋庸置疑，政治经济单位时兴时衰，整个文明更是如此。以上两个方面的截然不同，清楚地表明了一个重要观点：正是组织的成功或失败决定着社会是进步是倒退。"这就是著名的"诺斯悖论"。诺斯指出，国家负责界定产权并因此对经济史中的繁荣和衰退负责，使统治者租金最大化的产权结构和低交易费用、促进经济增长的产权结构间的持久冲突是社会不能实现长期经济增长的根源。可见，国家的存在可以推动救灾制度的运行，实现王朝的盛世。但它并不都是理性的，为了维持统治集团作为经济人的最大利益，它可以置社会福利于不顾，强行推行某些效率低下的制度。诺斯指出，决定制度供给的核心在于财产权、国家与意识形态。谁掌握了国家，谁就拥有了权力。在中国历史上，每个帝王登基后往往要"改号"、"改元"，这意味着新的制度供给的开始。虽然这些有对旧制度的继承、延续与局部的修改，但它的前提是，这些制度对新的权力主体有益，即能带来的收益率，若过低就要废除。救灾制度作为国家制度的重要组成部分，必然受到历史时期所发生的利益集团之间斗争的影响。

比如，利益双方在灾情问题上的对立交锋，就可能使国家采取错误的救灾制度。宋代的董煟曾经说："自古奸臣固位，惟欲谄事人主，不乐闻四方水旱盗贼之警，故多掩遏之计。不知稔成祸基，非国之福。孟子曰：'入则无法家拂士，出则无敌国外患者，国恒亡。'"对灾情的不知情，只能是使灾民得不到及时的救济，救灾制度无从实施，社会陷入动荡。更有甚者，有的利益集团还会搭灾害之便车，仅考虑集团的利益，通过利用灾害重新进行官员的安排，达到消灭政敌的目的，全然不顾救灾（石涛，2003；陈业新，2004；阎守诚、李军，2004a）。利益集团对政局强弱的影响与国家政治、经济实力密切相关。

通过对救灾制度供给的分析可以看出，权力所有者的意志对制度供给起决定性的作用。正是由于统治者处于培养税源而形成的"重农"偏好以及惧怕"天人感应"带来的不可预知的后果，他们才设计出了一系列的救灾制度体系，并允许民间非正式救灾制度的存在。但是当统治者的个人利益面临受到侵害的危险时，他会毫不犹豫、毫不留情的予以镇压；而当他的行为可能促使社会福利受到损害时，他也会极少顾及他人的意愿与利益。历史发展表明，制度变迁的过程中，制度往往伴随国家力量的强弱而发生变化。为了更加清楚地看到制度在国家与社会中的重要作用。如下图示：

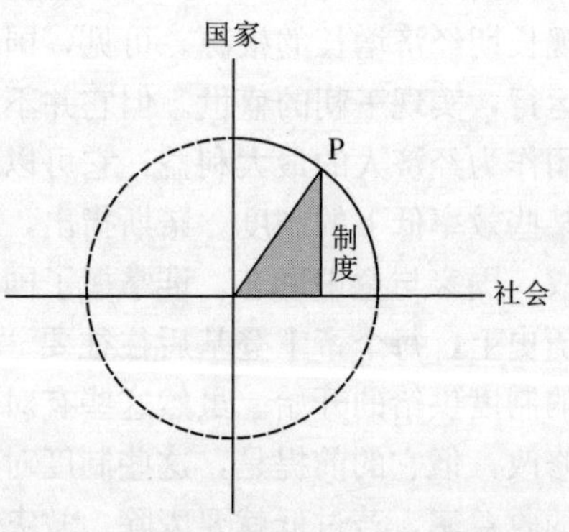

图 4-1　国家—制度—社会作用变化图

如图 4-1 所示，纵坐标轴为国家，横坐标轴为社会，图中点 P 的纵坐标代表制度，圆代表潜规则，阴影部分的面积代表国家和社会相互作用的均衡程度。国家和社会的矛盾的相互作用必须遵循一个约束规则（圆），点 P 在圆周上运动反映出它们相互作用的过程。

P 点的运动规律如下：如果 P 点靠近纵坐标轴，横坐标、纵坐标均随之改变，反映了国家力量强大时，足以控制社会的合理运转，保证制度的运行畅通；反之点 P 远离纵坐标轴，意味着国家力量的变弱，因横坐标、纵坐标的改变，则国家控制社会能力的降低，制度往往空转，乃至彻底失灵。在整个运动过程中阴影面积，代表着国家和社会相互作用的均衡程度。阴影部分面积最大时也就是社会和国家力量均衡的最大之时。救灾制度的实施随着国家力量的强弱而发生变化，制度最完善的时刻就是在图 4-1的阴影部分出现之时。

救灾制度的变迁周期与中国王朝发展的历史分期基本一致。通常的规律是初期阶段，百废待兴，统治者通过对臣民和官僚体制的严格监督、控制来降低国家范围过大带来的交易费用。此时的统治者无力进行大的变革，只能依靠先前的制度来维系国家的运转，不仅是经济制度，政治制度也往往如此，但由于他们多数起自民间，对百姓疾苦有所了解，所以不会进行经济上的过度掠夺；只有在国家稳定下来，经济逐渐复苏后，国家才会对各项制度进行变革；正如 Lin and Nugent（1994）分析的，当统治者的财富增加时，财富的边际效用下降，其他商品，如声望、历史地位等等的边际效用上升。因此，统治者会由追求财富转而追求声望和其他东西。在此刺激下，统治者会产生改革的动机。而变革后的制度会在维持一定的均衡后，随着时间的推移，统治者需要支付的监督费用的边际不断上升，统治者需要支付的监督费用在边际上不断上升，官僚合谋机的会增加以及统治者偏好的变化，使制度再度进入僵滞期，从而进入新的循环。从这一点看，是制度的变迁推动了王朝的盛衰循环。这些特征，在大一统的王朝体现的格外明显。

二、路径依赖的作用

但从古代社会救灾制度的总体演变格局看，绝大多数是长期存在的。路径依赖是解释古代社会救灾制度长久存在的主要理论工具。为什么大多数在救灾制度在形式上长久能够保持不变，即使是不合理的，低效率，甚至是无效率的？这些问题都需要从路径依赖来理解。

达尔文的优胜劣汰理论并不能解释制度演进中长期存在着的不理性因素。诺斯认为，“路径依赖”是对长期经济变化作出分析性理解的关键。这是因为，制度变迁中的时滞的产生与路径依赖有很大关系；一个社会制度演变的路径是以前制度变迁的轨迹，它在很大程度上制约了制度变迁今后的发展方向。在诺斯看来，正是由于路径依赖的存在，才导致了一些经济社会制度安排中的高效率，同时另一些经济社会的低效率制度安排的存在。救灾制度存在路径依赖导致制度变迁缺乏动力而产生时滞，出现有效率的制度与低效率甚至无效率的制度同时并存的局面。这种局面的形成是帝王们发现，维护这样一种制度体系所获得的收益大于变革应付出的成本，简单地说就是，这样一种制度维护了政府的合法性地位，即满足了治国者追求合法性利益最大化的目标函数（何帆，2002）。

诺斯（1992）认为，作为国家而言，其目标包括政治支持最大化和经济利益最大化两个方面。政治支持最大化就是对合法性的巩固。只有在合法性地位得到巩固的基础上，才能获得经济利益的最大化。在传统社会的救灾制度中，由于救灾活动的开展，以帝王为代表的政府不断强化政权职能与巩固国家统治合法化的理念。纵观我国古代社会的灾荒史，我们不难发现：历史上许多王朝都是在借助因灾荒引发的大规模暴动中，通过宣传减免赋税、开仓济粮、赈济灾民等具有号召力的口号，建立自己的统治，确立新王朝的合法性统治。王朝统治者的救灾活动，也往往成为强化自己作为上天在人间代言人的绝佳机会，每次灾难都为帝王专政合法性证明提供了论证的机会。因此，帝王的救灾必然首先表现出其与上帝的沟通，而不是真正为了灾民的利益，帝王建立救灾制度就是希望通过在“德”、“仁”等方面的检讨，体现自己奉天承命、抚育万民的身份，并借天灾发生后的危机反应，成为灾民名正言顺的监护者和专政者，以此重建和巩固政府合法性的权威。

一般而言，古代政府救灾的基本程序是这样的：首先，避殿，减膳，祈雨，虑囚等精神层次的救灾，以祈求神灵的垂怜与赐福。如果奏效，即欢呼“所见徵祥，果成其应”[①]“德至于天，庆自嘉节，实有神应，旋降甘雨”[②]，将功劳归于上天，进而加深对上天的感恩，强化帝王与上天一体的思想，使“天人感应”的观念更加深入人心。若不奏效，就认为自己辜负上天所托，所任非人，所作有失，即从政府工作的得失着眼，着手改善吏治以及政府部门的形象，灾荒时期许多官员的任免就是在这种思想指导下的产物。然后，再遣使巡行灾区，抚慰、赈济受灾地区的百姓。这一系列方案的选取次序，也体现着古代社会里根深蒂固的等级观念：天→地（政）→人（民生），保民要先理政，理政先须敬天。在本质上，这是一种基于“天人感应”基础上的危机反应模式，并通过这种反应来强化帝王执政的合法性和权威性。

美国政治学家李普塞特（Lipset，1993）指出，一个政治社会的民众和群体是按照政治制度的价值观念是否符合他们的价值观念来确定该制度是合法的或非法的，“合法性涉及该制度产生并保持现存政治机构最符合社会需求的这种信念的能力”。“灾害天谴论”是古代社会判断政治合法性的理论依据之一，采取必要的措施维持帝王权威的合法性是灾后必然的考虑之一。故有学者云：“如同货币是市场体系的硬通货一样，合法性是政治体系在整个社会市场中的硬通货。历史上和现代社会政治体系出现的不稳定、冲突或危机，其多少均与该政治体系的合法性危机有关，

① 《全唐文》卷三十七。

② 《全唐文》卷二百八十九。

而事实上，一切实现政治统治的努力均与合法性有密切关系。……危机状态下的政府管理……均是与探讨合法性问题有关的。……从某种程度上讲，政治体系的合法性代表着该体系的秩序和权威，高的合法性意味着高的秩序和稳定。”（许文惠、张成福，2003）灾害的发生，从思想意识上对统治者的合法地位造成严重的冲击，在民间形成了不稳定的因素。就实质而言，救灾制度的确立就是维护政治合法性的努力。

只有在合法性的幌子下才能维持政权的长久，才能保证对国家资源的长期掠夺，帝王们确立这种制度安排，正是看中了它所具有的报酬递增性质。这种独特的发展路径一旦形成，一系列的外在性、组织学习过程、主观模型都会加强这一轨迹。从实际效果来看，传统社会救灾制度的建立与发展在一定程度上起到了很好的防止饥荒的作用，特别是到18世纪，中国甚至被西方艳羡地称为“福利国家”、“救荒的黄金时代”。

虽然事实证明，这种能够帝王将相们带来巨大边际收益的制度，有一些是对正常生产活动的阻碍，但是由于已经产生的与现有制度共存共荣的组织和利益集团，这些集团就缺少变革的动力与勇气，面对改革可能带来的边际成本高于边际收益的局面，他们宁愿把有限的资本投入到巩固现有的制度体系中，以维持现有制度的政治组织，从而使这种无效率的制度变迁的轨迹持续下去。比如我们前面提到的对儒家文化的投资，就是对现有制度体系的一种维护，而通过科考制度，特别是登峰造极的八股取士，更进一步束缚住人们的思维，将制度创新的动力封杀，既得利益者不断地抵制社会变革①。中国就是被这样一种与绝对政治权威

---

① 刘绪贻（2006）认为，中国的儒学统治是既得利益抵制社会变革的典型事例。封建统治阶级的两个组成部分——皇室和儒生阶层——都在儒学统治中具有深厚的既得利益，儒学统治是使中国社会长期停滞在封建主义阶段，难以实现工业化、现代化的极其重要作用。

紧密联系的主导意识形态体制所统治，任何有关不同体制问题的公开或私下的讨论都在监禁或被禁之列。虽然传统中国社会缔造了四大发明等一大批先进的科技，但传统的政治和意识形态仍旧严重阻碍了新制度的自发出现。这种低效率的制度安排，在“路径依赖”的作用下持续千余年，最终在外国势力的强势冲击下失去均衡。西方文化的涌入改变了一些不合理的制度体系，使中国的救灾制度日趋合理规范。但这一变革的速度是相对缓慢的，其中一些仍旧存在，这反映了“路径依赖”在历史进展中的强势作用。

三、财政实力的作用

古代社会救灾制度是逐渐趋于理性化的。这是“过密化”的中国传统社会，在面临人口数量增长、人均占有耕地面积益少以及灾害数量日趋频繁，国家的财政压力逐渐加重背景下，采取的危机应对之道。

表 4-6　中国历代人口、耕地及旱涝频率表

朝　代	耕地面积（亿市亩）	人口（亿人）	人均占地面积（市亩/人）	旱涝灾害频率（次）
战国中晚期	0.9	0.2	4.26	—
西汉末	2.38	0.595	3.76	—
唐	2.11	0.529	3.76	1.6
宋	4.15	1.04	3.75	1.8
明	4.65	1.3	3.23	3.7
清中叶	7.23	3.61	1.71	3.8

资料来源：吴慧：《中国历代粮食亩产研究》，农业出版社，1985 年，195 页；邓拓：《中国救荒史》，北京出版社，1998 年。

表 4-6 可见，我国的灾害频率是逐步加大的，人口数量也逐步提高，虽然耕地面积有所增加，但人均占地面积却逐步减

少。这必然对国家形成较大的财政压力，迫使政府不得不在经济救灾制度的建设上投入更多的精力，并求助于民间的协助。

通过对汉、南朝、唐、清等朝的断代案例以及救灾制度总体变迁特征的分析，可以得出如下结论：救灾制度的实施归根结底是与一国的财政实力密切相关的，经济是影响救灾制度变迁的决定性因素。利益集团归根结底也是通过对财政的控制来影响救灾活动，乃至国家大事的。中国是传统的农业社会，统治者以农业为衡量国家兴衰的标尺。因此，在救荒事业上一般是不吝投入的。据李向军（1995）对资料详全的清代 233 个具体灾蠲州县和钱粮的资料的计算，清政府总计灾蠲州县 15 713 个，约免地丁银 127 385 291 两，年平均免 649 925 两。若加上蠲免灾歉的数字，清代的蠲免总数约略在 1.5 亿～2 亿两之间。这样的支出势必给国家财政造成极大的困难，造成了救灾制度在不同的时期呈现不同的变迁特征。江太新（2008）对清代救灾与经济变化关系的研究也证明，清代救灾情况变化，与国家经济发展与变化密不可分。“当经济发展，国家财政收入充裕，政府才有能力把救灾工作做到尽量完善，使农民在灾年能得到及时救济，灾后生产也能得到适当资助和安排，可以减轻灾荒带来的严重损失，社会秩序也较稳定；若经济衰落，国家财政收入减少，政府救灾职能就会大大打折扣。光绪初年山西、河南等省灾荒缺乏政府有效救助，至使灾情失控，就是政府财政严重不足的反映。事实证明：只有国家经济持续发展，救灾工作才能到位，才能做好，否则只能是空话一句。”

这一变迁特征也与我国古代的财政政策密切相关。中国历代专制王朝之所以重视和维护小农经济，目的主要在于巩固自己的统治。不过中国统治阶级的思想家很早就懂得不能杀鸡取卵的道理，懂得要有取于民，就必须让人民活下去的道理，因之历代王朝，特别是初兴不久的时候，总能够采取一些措施来恢复小农经济，常以实施“轻徭薄赋”为要务，制定“量入为出”的财政政策，以尽快恢复生产，为大量增加税收提供可能性；其后，由于国家临时开支不断增加，以及人口的增加和官僚机构的膨胀，国家支出不断增加。“量入为出”，转为“收支相抵”；长期的斜线向下，财政政策又转为“量出为入”。救灾制度的投入随着国家财政政策的演变而呈抛物线形变化。

资金是救灾的物质基础，政府经济能力的强弱，影响着救灾投入的多寡①，进一步决定救灾的效果，社会生产的恢复，进一步影响着下一年的收入。没有救灾投入，就没有减灾的产出。这是一个值得总结的历史经验。救灾制度与经济实力的消长相互依存，又相互作用，与中国历史的周期结合，不断循环，重复出现。

四、政府救灾制度变迁的经济学解释

传统社会的政府在选择政治禳灾还是经济救灾之间，通常会有一个选择过程，这个过程可以通过以下的模型予以解说。

假定减灾与禳灾是政府向灾民提供的主要救灾物品——产品 X 和产品 Y，从实际意义上看，以赈济为核心的减灾制度（X）带给灾民的实际利益，对灾民而言明显优于空洞的禳灾制度模式（Y），因此，他们有着自己的偏好与效用函数。政府若不能够准确估计这一偏好与效用函数，就会导致赈灾行为不能完全满足灾民需求、达到福利最大化。政府对灾民救灾制度的需求判断将在很大程度上影响国家兴衰走势。

假设灾民对于产品 X 和产品 Y 的需求具有柯布·道格拉斯偏好（Cobb - Douglas Preferences），则其效用函数 U 的表达式为：

$$U=AX^{\alpha}Y^{\beta} \tag{1}$$

① 黄仁宇（2001）认为，明政府由于税收不足，很少能造福于民。甚至连治水这种中国政府最应该表现出莫大关心的事情，16 世纪的明朝政府也做的远远不够。

其中 α、β 都是正数，且 $\alpha+\beta=1$。

由于灾区受灾，无法自己生产产品，所以需要由政府来提供这两种产品。但是，政府提供这两种产品要受到其预算 m 的限制，即：

$$P_X X+P_Y Y\leqslant m \tag{2}$$

其中 PX、PY 分别是产品 X 和 Y 的价格。

如果政府准确了解灾民偏好，按照灾民的效用函数，求解灾民效用最大化的需求函数，即求解以下问题：

$$\text{最大化}\quad U=AX^{\alpha}Y^{\beta} \tag{3}$$

满足 $P_X X+P_Y Y\leqslant m$

其中 α、β 都是正数，且 $\alpha+\beta=1$

该最大化问题求解既可以采用拉格朗日（Lagrangian）法，也可以采用直接代入法，求得最大化解为：

$$\begin{cases} X\ (P_X,\ P_Y,\ m)\ =\alpha m/P_X \\ Y\ (P_X,\ P_Y,\ m)\ =\alpha m/P_Y \end{cases} \tag{4}$$

但是，如果政府不能准确了解灾民偏好，使用了错误的灾民效用函数来求解灾民需求函数，则会出现效用减低、福利不能达到最大化。

假设政府估计的灾民效用函数为：

$$U=AX^{\gamma}Y^{\delta} \tag{5}$$

其中 γ、δ 都是正数，且 $\gamma+\delta=1$。

如果该效用函数与（1）不一致，则 $\gamma\neq\alpha$，且 $\delta\neq\beta$。由于存在限制条件 $\alpha+\beta=1$ 和 $\gamma+\delta=1$，则当 $\gamma>\alpha$ 时，有 $\delta<\beta$，当 $\gamma<\alpha$ 时，有 $\delta>\beta$。求解此效用函数在预算约束下的最大化解为：

$$\begin{cases} X'\ (P_X,\ P_Y,\ m)\ =\gamma m/P_X \\ Y'\ (P_X,\ P_Y,\ m)\ =\delta m/P_Y \end{cases} \tag{6}$$

很明显，（6）$\neq$（4），若政府按照该式提供相应数量的 X' 和 Y'，则可能出现某种产品提供过多，而另一种产品提供不足的情况，赈灾行为不能完全满足灾民需求。而且，在同一预算约束下，这一赈灾产品的提供也不能达到灾民效用的最大化，参见图 4-2。

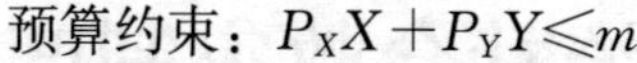
预算约束：$P_X X + P_Y Y \leqslant m$

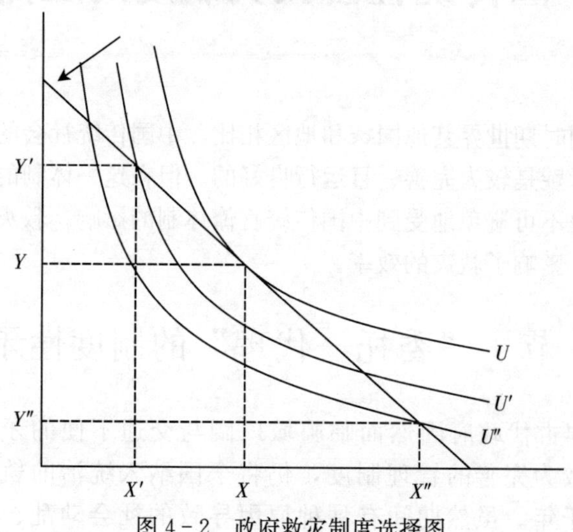

图 4-2 政府救灾制度选择图

在同一预算约束 $P_X X + P_Y Y \leqslant m$ 下，只有在政府准确了解灾民需求，得到与（4）完全一致的产品提供数量 X 和 Y 时，才能实现最大化的效用 U。如果政府没能准确掌握灾民需求，则其计算得到的 X' 和 Y' 只能给灾民带来较小的效用 U'，这是 X 提供不足，Y 提供过多的情况。或者也可能出现 X 提供过多，而 Y 提供不足的情况，即 X'' 和 Y''，结果是得到 U'' 的效用。不论出现哪种情况，灾民得到的效用都要小于 U，进而影响到灾民是否继续顺从，或者选择揭竿而起。

第五章

中国传统社会救灾制度的阻滞

与同时期世界其他国家和地区相比，中国传统社会的救灾制度体系无疑是较为完善、且运行良好的。但在这一体制的演进过程中，也不可避免地受到中国传统官僚体制的影响，救灾制度产生异化，影响了救灾的效率。

第一节　“委托—代理”的制度性矛盾

中国古代政府固然面临疆域广阔与交通不便的矛盾，但是通过较为完善的管理制度，仍将全国纳入统治的轨道，且经行几千年。虽然期间有种种原因导致的社会动乱、王朝更迭，但政府管理体制却愈发完善。这一体制从经济学的角度分析就是“委托—代理”机制，它在古代社会的众多方面，例如政治、经济、文化，当然也包含救荒等政府行为中发挥着重要的作用。

一、传统社会救荒中的“委托—代理”制度

（一）中国传统社会的“委托—代理”制度

经济学的“委托—代理”关系泛指任何一种涉及非对称信息的交易，交易中有信息优势的掺入者称之为代理人，信息劣势的称为委托人。委托人与代理人的矛盾通过“委托—代理”合同来解决。对于委托人来说，只有使代理人获得效用最大化才能获得自身效用最大化，然而要使代理人效用最大化的行动必须要对代理人进行有

效的激励。这样，委托人与代理人之间的利益协调问题就转化为非对称信息状态下的最优制度安排，即设立奖励与惩罚等约束机制，促使代理人从自身利益出发选择对委托人最有利的行为。

中国古代社会是一种“家天下”的企业模式，帝王居于绝对的中心。统治决策层是整个国家结构稳定的责任人，与王朝的利益基本是一致的，因而具有明确的行为取向。君王通过掌握全国的生产资料——土地的使用与分配，占有或支配社会基本的精神生产手段，建立了牢固的官僚统治体系。通过选官制度——察举制、九品中正制或者自隋而来建立的科举制度，选拔、任免官员，建立执行机构，强化专制主义的中央集权统治，两者之间形成一种“委托—代理”关系。

在疆域辽阔的古代社会，单纯依靠帝王一个人的力量是不可能实现统治的，他们必须依靠这种“委托—代理”关系，以获得最佳效益，规避统治风险。执行层的利益取向与社会整体性的指标的关联性远远低于决策治者。两个具有确定行为取向的行为主体之间，如果存在利益冲突，就会形成一种博弈格局。这种博弈格局的结果，由双方的可选策略和信息分布决定。帝王作为委托者，通过建立一系列规则来约束代理人的行动，减少帝国行政事务中官僚欺上瞒下行为造成的信息不对称。Arrow（1985）认为，“委托—代理”问题的建立可分为两种基本类型：一是道德风险，二是逆向选择，主要含义是代理人利用信息的非对称性、不确定性以及契约的不完全性等进行不利于委托人的活动。解决这个问题的关键就在于能否设计一套有效的监督激励契约以诱导每个代理人的行动，从而将代理人的行为严格限制在符合委托人利益的范围内，达到“激励相容”。按照诺斯（1981）的论点，统治者的目标函数是双重的：第一重目标是自身租金的最大化，第二个目标是在前者的制约下追求社会利益的最大化，即实现政治支持最大化和经济利益最大化。在一般情况下，皇帝并不愿意将社会搞得民怨沸腾。因此皇帝是有动机和激励去监督官僚阶层的，这可以从历朝历代统治者至少在名义上强调任人唯贤以及设立规模庞大的监督机构可以看出。

（二）传统社会救荒中的“委托—代理”机制

从制度经济学的理论分析，制度的变迁总是要由一定的行为主体来发动和实施的，而推动制度变迁的行为主体就是那些能够从制度变迁中获得利益的社会群体。救灾从根本上取决于救灾主体以及救灾物资的分配。孙绍骋（2004）认为，在一定的制度环境下，处于不同阶层的主体，面对同一资源条件的分配使用，每个主体的行为都构成对其他主体追求利益的行为的限制，而面对其他主体的行为，作为理性的主体又会做出自己的反应，追求自己利益最大化。在各个主体相互作用、相互矛盾的过程中，资源不停的流动，最后作用到客体。

由图 5-1 可见，救灾制度实施的主体与客体之间通过救灾物资进行联系，在古代社会，这些主体可以是以帝王为首的中央政府，或是各级地方官员，由此形成以帝王为中心的中央集权的救灾管理体制；客体可以是地方的官员，或是百姓大众。此过程中信息的顺畅流通是救灾制度平稳运行的关键。按照博弈理论，决策层的策略选择取决于对执行层官僚行动策略的了解，包含信息的来源渠道和信息分布传播。古代社会学信息技术发展缓慢，信息分布和传播主要与有社会组织技术和结构水平相关。

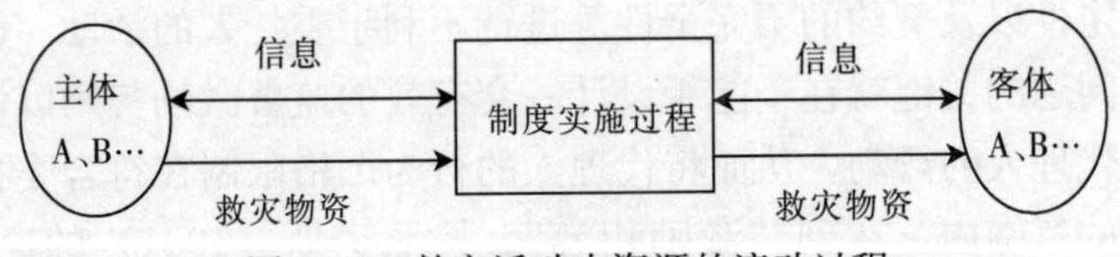

图 5-1　救灾活动中资源的流动过程

古代社会和现代社会的区别在哪？Posner（1983）认为：“初民并不能很好的理解自然的规律（对魔力和巫术的信仰几乎在所有的初民社会中都存在），缺乏书写方法以至于无法记录，缺乏现代通讯技术——缺乏这些意味着和当代社会相比原始社会获得信息的成本更高。”张维迎（2006）认为，获得、传递信息能力低下，是古代社会的根本特点之一。尽管秦始皇统一文字、度量衡，秦帝国以后王朝都努力构建水陆交通网、驿站邮传等制度，来降低信息的传递成本。但与现代相比，其效率还是不高。唐玄宗就发出过“道路悠远，往复淹滞，以此恤人，何救悬绝”① 的感叹。

此外，古代社会等级严格，层次分明，在等级组织的每一个层次，信息的每一次综合与传递都可能发生遗漏、扭曲和失实。官僚组织越是庞大，对统治者而言，获得信息的效率就越低。因此，与水平和分权的组织相比，垂直和集权的等级组织在信息的搜集与传递上总是低效率的。Tullock（1965）曾建立等级歪曲模式来说明官僚部门正式信息向上传递过程中出现的歪曲。而安东尼·唐斯（Downs，2006）则建立一个包括 7 个级别的权力层级体制，在这一体制中，仅有 38％的信息能够如实传达到顶尖。可见，由于信息沟通系统内部的摩擦而造成的信息遗漏是非常巨大的。这种遗漏是如此之大，以至于最高层收到的大多数信息，从他的角度看，根本就不是真实的消息，而是噪音——通过信号发送机构的运作而错误引入的信号。救荒中倘若出现类似的信息必将延误灾害的救济，扩大灾害的损失程度。

一般而言，灾害发生后的信息主要有两种，一是灾情的上报信息，二是灾后下达的各种救济决策信息。它们的传递通常经过帝王、州府、郡县、乡、村等几个环节。唐代灾害发生后，首先由“以司督察”的里正向县汇报，然后由主管全县“虫霜旱涝，年收耗实”的县令“亲自注定”，确定受灾作物“分数”后申报到州，由州府核实后申报尚书省，赈济步骤同样由上及下②。清

① 《资治通鉴》卷二百十四。

② 《唐律疏议》卷十三。

代的灾情申报程序则是：灾害发生后，州县应立即上报督抚，督抚接到报告后，一面上报朝廷，一面选派官员会同州县前往灾区实地查看。根据灾情的轻重，造具图册申报司道，由司道复查具结，再次上报督抚，督抚再将勘察的情况上报中央。中央批准后，即可落实各项救灾措施。可见古代的报灾与赈灾环节均相当繁琐。

在这些复杂的信息传递过程中，每一个环节都可能出现信息歪曲，灾情信息的上报与灾后决策信息的下传会出现因为各主体之间信息不对称而产生利益博弈的空间，“州县不以实闻，上下相蒙”① 是古代灾情奏报常常出现的情形。

清朝乾隆十九年（1754）九月，甘肃总督上报夏禾的收成为“六分有余”。但是乾隆根据当时估灾的定法，“向来统计收成分数，俱系多少相乘，折中定数”计算，“八、九分者约居十之六，七分以下至五分者约居十之四，核计自应七分有余”。算出的结果，即：

$$(8+9)\div 2\times 0.6+(7+5)\div 2\times 0.4=0.75$$

由此得出的结果是“七分有余”，而非先前呈报的“六分”，这一分的差距就是双方利益博弈的空间。按照清政府的制度，“七分”是丰稔的表示，而“六分”却意味着受灾。虽然一分之差，却意味着双方能否获得各自的利益。在制度体系相对完备的清朝以及政治相对清明的康乾盛世，这种企图通过信息不对称来获利的行为或可得以避免，使政府不致出现无谓的成本耗散。但实际上，这种追求各自利益最大化的博弈行为广泛地存在于历史的各个时期。其中，地方官员为了获得官位的升迁而故意漏报、少报、瞒报，或者为了获得更多经济收益而多报灾情等是常见的模式。

政治清明的古代帝王会通过悬挂圣旨或选举代表接受谕旨的

---

① 《资治通鉴》卷二百五十二。

方法，避免信息传送中出现的差错，增加透明度。唐代的一道赈灾诏令云："所有诸道放免事例，宜委州县于乡村要录一一牓示，遍令闾阎，分命周知。"① 清代则通过"奏折"、"密报"等制度的运用来减少信息传递的环节，避免信息传递中的错失（魏丕信，2003）。但即使如此，救荒中的信息谬误仍旧是不可避免。例如，乾隆四十年湖北东部十九县歉收，影响60%～80%的人口，但要求赈济的人口竟然比这些县的人口总数还要多10万人（何炳棣，2000）。

为了减少信息不对称所造成的被动局面，中央政府在救荒中强化了制约与监督的"委托—代理"机制，并予以激励。

二、"委托—代理"机制的激励与阻滞

（一）"委托—代理"机制的激励

在古代社会的救荒中，为了保障赈灾物资顺利到达灾民手中，政府制定了详细的奖惩机制。这其中有具文的对救灾各个环节中出现纰漏的惩处规则，也有中央政府不定时的巡抚监察。史书中经常见到因为救灾得力而获获升迁或者因为救灾不力而被惩罚的事例（孙绍骋，2004）。卢现祥（2004）。认为，适当的制度可以起到激励的作用，通过提倡什么，鼓励什么或压抑什么的信息传达出来，借助奖励或惩罚的强制力量得以监督执行。制度的激励，可以规定人们行为的方向，改变人们的偏好，影响人们的选择。有效的赏罚制度有利于政府开展救灾活动。统治者的激励主要体现在意识形态与法律规章等方面：

1. 强化意识形态"忠君爱民"、"天人感应"的儒家理念，签订非正式合约　诺斯（1981）指出："造就用以规定和实施一组所有权的基础结构，需要授权于统治者的代理人。代理人的效

① 《全唐文》卷八十一，《赈恤江淮百姓德音》。

用函数与统治者的效用函数不完全相同，统治者规定一组规则，而要与其目标一致的代理人去执行。不过，统治者权力扩散到一定程度，代理人便不完全受规章约束。”通过意识形态领域的投资可以减弱这一问题可能带来的副作用。为了培养代理人对自己的忠诚度，委托者通过自幼开始的儒家文化熏陶以及大量的教育投资，来固化人们的思维，培养忠孝悌的观念。汉代以来，政府的教育投资在国家的财政支出中开始占据较大比重，政府设立光学钱、廪饲之制、束修之礼以及允许贷款、提供食宿等制度支持儒家教育，减少统治者应支付的成本。灾害时期，“天人感应”与“灾异天谴论”的儒家理念使君臣在灾荒时期形成巨大的心理压力，迫使他们为救荒尽心尽力。

2. 建立法律的激励制度，签订正式合约，表现为规定详细的考课赏罚制度，特别是把劝课农桑、户口增减作为奖惩的标准《通典》卷十五《选举典三》中云：“诸州县官人，抚育有方，户口增益者，各准见户为十分论，每加一分，刺史县令各进考一等。……若抚养乖方，户口减损者，各准增户法，亦每减一分降一等。”在古代，这种规定常有“四善七十二最”之说。在前工业社会，灾荒的最大后果就是对农业生产与户口的破坏，是对官员前途的严峻考验，以此为考核标准是从根本上对官员进行约束。

在灾情的奏报上，《唐律》规定：“诸部内有旱、涝、霜、雹、虫、蝗为害之处，主司应言而不言及枉言者，杖七十。……若不以实言上，妄有增减，致枉有所征免，谓应损而征，不应损而免，计所枉征免，赃罪重于杖七十者，坐赃论，罪止徒三年。”① 明初规定，“灾荒以实闻”，灾害发生后，官府不向上级呈报，许百姓报告，报告属实当地官员就要受到严惩②若奏报时

① 《唐律疏议》卷十三。

② 《明史》卷二太祖纪二。

间延误，清代规定，地方官报灾逾期在一个月之内，巡抚及道、府、州、县官各罚俸一个月；超过一个月，各降一级；两个月，降两级；三个月，革职①。

3. 针对灾害建立监督与监察等反应机制　灾害是突发性事件，政府必须要有随机的制度来应付这一冲击，这是解决信息不对称的有效手段。在古代中国，这类制度很多，比如因灾遣使巡行。遣使救灾制度历史悠久，“自汉魏以来，水旱之处，必遣人巡问以安集之”②，使臣有应急处置权，是中央解决灾害救济奏报环节复杂、救灾拖沓的重要制度。宋仁宗明道二年（1033），“畿内、京东西、河北、河东、陕西蝗，淮南、江东、两川饥，遣使安抚，除民租”③。元代至正年间，灾害频生，顺宗多次遣官“分道奉使宣抚，布朕德意，询民疾苦，疏涤冤滞，蠲除烦苛。体察官吏贤否，明加黜陟，有罪者，四品以上停职申请，五品以下就便处决。民间一切兴利除害之事，悉听举行”④。清雍正九年（1731），遣刑部侍郎王国栋前往河南巡视救灾，“给与钦差大臣关防，驰驿前往，将被水之州县，一一查明，飞饬该地方官，动用本地谷钱粮，核实赈济”⑤。

4. 通过位置消费予以的荣誉激励，缓和灾荒时期的社会矛盾，减少政府的财政压力　救灾是一项庞大的社会工程，在小农经济的条件下，政府是救灾的主导力量，但它同时需要来自基层社会的援助。对于这种救助，古代政府会明文规定予以各种形式的表彰，如旌表家门、授予官职等，统称为入粟补官。从经济学的角度看，入粟补官属于位置消费的范畴。研究证明，对于这种

---

① 《清圣祖实录》卷二百二十四。

② 《唐大诏令集》卷一百一十六，《宣慰湖南百姓制》。

③ 《宋史》卷十，仁宗纪二。

④ 《元史》卷四十一，顺帝纪四。

⑤ 《清世宗实录》卷一百三。关于清代遣使救灾相关情况，参见李向军（1995）。

激励形式，政府大多会认真实施，以保障其信誉，减少政府灾荒时的支出（李军，2007）。

（二）“委托—代理”机制中的阻滞

“委托—代理”机制并不总是有效的，它往往受到政府激励不当的影响。为了维持王国的稳定，规范王国内部的各种关系，统治者决策层把自己的权力和统治职责分解并授予官僚组织，利用官僚组织来代理施行对王国的统治。作为经济人，政府竭力追求自己利益最大化，通过各种方式来激励社会各阶层服从与服务于他的统治。官员们通过完成职责以获嘉奖来实现个人利益。但是，这种权力代理的本质也带给了官员们另一种策略选择：利用权力的强大影响力直接获取利益，其选择概率取决于腐败的风险与机会成本之比，与政府形成利益博弈。博弈双方的利益取向和不同的策略选择形成两种社会秩序状态，由此形成两种后果，一是使个人从事生产性努力的收益率接近于社会收益率，从而激发个人的生产性努力的积极性；二是鼓励人们从事“分配性”努力，即“寻租行为”，使人们互相争夺劳动果实，导致经济裹足不前。两种现象往往并存于古代社会的救灾中。

处于统治的需要，古代政府发展完善了一套高度专制的中央集权统治体系，但在需要灵活、机动、快速要求的救灾活动中，高度集权往往导致“委托—代理”缺乏弹性，丧失效率。（中国古代）“机构复杂、层级重叠的官僚组织的运作往往机械死板，拖延迟缓——即使概念上不是这样，事实也是如此。正规的模式是，通过层层等级机构的链条来传达信息和指令，制度的集中化程度越高，留给下层组织的机动余地越小”（魏丕信，2003）。灾后的逐级上奏制度有助于中央了解地方的灾情，但严格的逐级上报，僵化的政府体制，使地方官吏在得到中央所发布的诏敕之前，无法及时有效地在最短时间做出救济。例如，在唐代的财政体制下，中央统一掌握财政收入，地方财政收入与支出皆受到中央严格的管理，每年地方的财政由中央户部度支制定的计划支用，地方官吏并没有任意动用义仓救荒储备的权力。通常情况下，如灾情严重，要动用州县义仓粮食储备，地方必须上报并得到中央诏敕，才可赈贷，有些地区甚至延迟至灾发次年才获得救济，唐代宗大历十一年（776）三月“以杭州前岁水灾，命右散骑常侍萧昕使于杭州宣慰赈给”①。过了两年才实行救济，早已是哀鸿遍野。宣宗大中六年（852）就出现过灾区“州府地远，申奏往复，已至流亡”的悲惨局面。宋代也出现过“至八月则收状，至九月则检放，至十月则抄札。又有检放未实而再覆实检放者，亦有抄札未实而再覆实抄札者，往往多至十一月而后定。然后官司行救荒之政，下劝分之令，虽至十二月民犹有未得食者”的现象②。南宋的董煟针对此类现象批评道：“岁之灾变旱伤，至易晓也。历时不雨，孰不知旱，旱则命长吏上闻而蠲其租，何必俟报？”③《容斋随笔·四笔》记载有这样一则故事，北宋乾道九年秋，赣、吉连雨暴涨。但此时却刚刚接到朝廷下达的救济几个月前旱灾的圣旨地方官员不敢违旨，只得“小厅设祈晴道场，大厅祈雨”。问其缘故，郡守回答说：“请霁者，本郡以淫潦为灾，而请雨者，朝旨也。”这自然不能完全归咎于郡守的不知变通，根源在于朝廷制度的僵化。即使是清末，这种情形也会出现。光绪二年（1876）至五年，陕西等北方省份的旱灾致使1 000多万人死亡，直到三年半后消息才传到京城。此种形势下的救济的成本将会昂贵得多。

（三）制度的有限弹性

在古代高度层级化的科层组织中，针对“委托—代理”机制

① 《册府元龟》卷一百六，帝王部，惠民二。

② 《宋会要辑稿》食货五十八之二十四。

③ 《救荒活民书》卷一。

运行中出现的种种问题，下层执行实体在行使中央的指令时通常也会获得一定的剩余操作权，以增加制度的弹性，均衡激励与阻滞之间的矛盾，使下级官员有实现层决策实体目标函数的动力。例如，在对待层出不穷的官员寻租问题上，朝廷创设收缴救灾主动权，由政府统一安排救灾事宜等力图消除或者减弱其副作用；甚至设立适当的寻租特权，以减少无控制寻租所带来的更大耗费，如北魏以来的职分田、清代的养廉银、议罪银、“雀耗”、“鼠耗”等制度。但是高度的中央集权，却又极易造成制度的僵化，加剧信息交流的不便，影响救灾活动的开展。于是，在制度之外，政府又给予地方适当的弹性，即适当赋予官员“擅赈”之权。政府希望通过这种弹性来弱化中央与地方之间的利益博弈。从史书看，这种制度虽然使一些官员没有因为擅自赈济而被处罚，甚至受到表彰，如汉代谒者汲黯、唐代温州长史李皋、清代甘肃巡抚华善等。但即使到清末，“擅赈”仍会被当作弹劾官员的重要缘由（李向军，1996）。可见，这一弹性是有限度的，其根源仍然在于专制主义的中央集权。而且这部分权力在信息不对称的古代社会很容易就会变假公济私的掠夺性力量，因此如何对贪污违法行为的有效治理变得尤为重要。

（四）监督成本的昂贵

在古代中国，科层架构是国家开展集体行动和实施集权管理的必然选择。科层的组织形式在许多方面节约了个体联合行为和区域协调的高昂合作成本，但与此同时，维持此结构正常运转所形成的较高的管理成本也不可避免。科层制度下，监督者管理力度是影响委托—代理关系的重要因素。奥尔森（1995）认为，“任何集体或组织，不管其大小，都是为某一集体利益服务的，其本质就是使集团中的成员受益”，然而，集团中的成员均是经济人。因此，“尽管集权的全体成员对获得这一集团利益有着共同的兴趣，但对承担为获得这一集团利益而要付出的成本却没有共同的兴趣”。正如钟祥财（2003）对中国古代社会的分析中指出的，“中国古代……收入分配与效益增长之间存在着负相关性，其发生机理是以官本位为核心的分配体制背离经济贡献与收益一致的原则，使激励消散，效率低下，理性压抑”，这一现实导致古代社会经济增长缓慢。古代统治者显然意识到这个问题，因此通过使职差遣、御史监察、言谏等制度形式加强监督。显而易见的是，在古代社会，“监管者的横向管理幅度和纵向管理层数的复杂性以及官僚间的合谋关系都是影响权力代理关系的重要因素”（胡书东，2002）。郭旸（2009）认为，随着统治决策层付出的监督费用的上升，对官僚的监督程度会在边际上趋于下降，监督难度的上升势必会最终引起监督投入的下降，而监督提供的不足，在既有制度下会对执行层面行政官僚或参与者的租金分享形式产生某种催生效应。监督费用在边际成本上的上升一是源于管制内容的日渐丰富，如官僚数目的不断增加等（图 5－2），二是源于官僚合谋导致的统治者在信息劣势趋势的增加，均会导致统治者监督成本曲线的上移（图 5－3）。这在历朝历代的盛衰演变中处处可见。

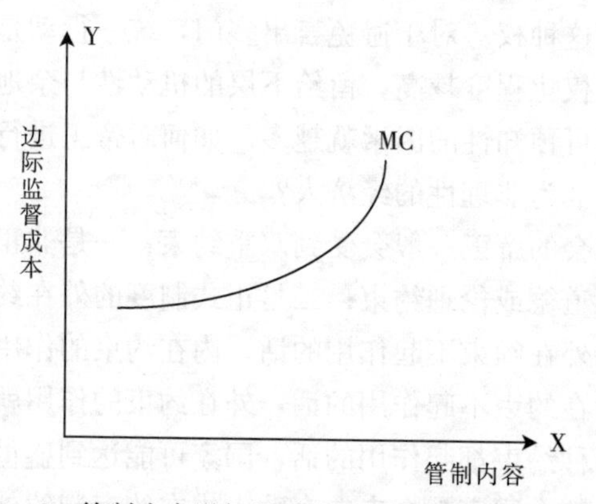

图 5－2　管制内容增加导致的边际监督成本曲线上升

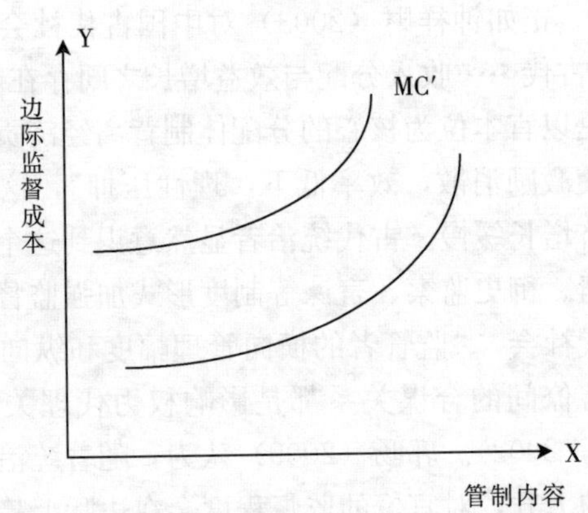

图 5-3　官僚合谋导致的边际监督成本曲线上移

三、传统社会救荒中“委托—代理”机制的历史评价

前工业社会的中国，帝王拥有绝对的、至高无上的权威，享有对产权的绝对支配权。民间任何私有权的扩张与增长都不是无限制的，必须在国家所有权允许的范围之内进行。一旦国家所有权有需要，私人所有权就会随时遭到限制、控制，乃至否定与消失。帝王的这种权势对于避免言出多门，统一行动是有利的。但是制度的集权化程度越高，留给下层的机动性与余地就越少，人们面临的不可预知性的因素就越多。如何对帝王进行约束，使其不至于完全成为非理性的经济人?

古代社会的帝王一般会受到双重约束：一是非正式制度的内在约束，即道德或伦理约束；二是正式制度的外在约束，即制度约束。如果外在约束不起作用的话，内在约束的作用就会更加明显；如果内在约束不起作用的话，外在约束的作用就显得尤其重要；如果两种约束都起作用的话，国家可能达到盛世；若两者都失效的话，整个国家就会走向衰败。内在约束制约外在约束，若丧失了内在的约束，外在约束也会遭到废止。内在约束下形成的

“道德人”，在古代社会中最终都难以抗拒“理性”的“经济人”，两者的争斗推动了王朝的兴亡循环。

古代社会的救灾制度，自西汉时就受到“灾异天谴”的机制约束，这种“天人感应论”适应了帝王加强中央集权君主制的需要，受到统治者的支持与鼓励，成为占主导地位的意识形态。这种机制的设计者们将其视为一种意识形态中的利益博弈，即帝王政治清明，则风调雨顺；反之，政治腐败，则灾害连绵以示警戒，这种机制在一定程度上对君主形成制约，使其不至于任意妄为，故而也为百姓接受。直至清末，洋务派的代表人物张之洞在给皇帝的上折中仍旧说：“星辰变异，正由上天仁爱人君，因事垂象，俾得早为之备”，足见该理论影响之深。从某种程度上说，这种人们意识形态中建立的观念也可以视为一种“委托—代理”关系，是人们监督委托人的一种制度形式。

这种人们潜意识中的“委托—代理”模式是以上天对人们的道德惩罚为激励标准的，通过一些儒家、佛教等学说的学教以及官方的大力扶持，在人们心中形成根深蒂固的影响。用现代科学的眼光看，这种代理关系是毫无价值的。但是，在古代中国交通不便、信息处于严重不对称状态下，用这样一种思想来巩固统治者的统治基础是有所裨益的。它能够使代理者较为诚心、忠心地服务于中央政府，减少社会动荡的发生，协助政府安定灾荒时期百姓惶恐不安的心理状态。

综合以上分析，在救灾活动中往往形成多层委托—代理关系：上天与帝王、上天与各级官员、帝王与各级官员、各级官员与百姓、百姓与帝王等，可见各级官员受到多重约束，这也是帝王处于追求利益最大化的设计。而帝王与百姓之间形成的是一种特殊的契约关系，可以理解为通过官员过渡的间接的委托—代理关系，但又可以视为百姓委托帝王治理国家的“委托—代理”型的契约关系。百姓通过纳税支持统治者，为其提供生活的公共品。当委托人不能执行百姓救济百姓的使命，百姓难以生存，就只能通过激励激烈的武装暴动将其赶下台。中国古代王朝的更替大多类此（阎守诚，2006）。

但是，对于这种激励机制不应过高评价，由于帝王是社会各种产权的所有者，它能够根据自己的利益，不断加以改造，建立符合个人需要的产权制度，维护君主利益。国家本身具有经济人的特征，会利用暴力的优势来为自己谋取税收和租金的最大化。诺斯（1981）指出，“在使统治者（和他的集团）的租金最大化的所有权结构和降低交易费用和促进经济增长的有效率体之间，存在着持久的冲突”，国家经常会为了自身收益来选择无效率的产权制度，最终破坏经济增长。

如何应对这种局面，中国古代建立了一种外在的约束机制，对其加以适当控制。外在约束主要是通过言谏制度、史官制度、监察制度、宰相制度的建立，使委托人不至于肆意妄为。敢于“批龙鳞”是需要勇气的，毕竟像唐太宗与魏征那样的君臣太少。灾荒时期，对帝王的劝谏同样需要极大的勇气，甚至冒着丢官罢职，乃至丧失生命的危险（李军，2006）。皇帝作为“委托人”，是“中心签约人”，是“无法被驱逐的人”，拥有绝对的权威，在任何事情上都拥有决定权，对宰相也不例外。人们希望通过内在与外在制度的约束，使帝王等委托人能实现他们期望的结果，在必要的时候给予救济。但帝王作为理性的经济人，并不是每次都愿意受到道德的约束，一旦其抛弃了这种理念，所有的外在约束都将不再起作用。更具讽刺意味的是，儒学家们建立的君相制约体系正是在他们建立的约束君权的“灾异天谴论”的影响下，通过不断地对宰相“燮理阴阳”的责任追究，转变为君权的至高无上的（阎守诚、李军，2004）。在双重约束都失效，不发挥作用的情况下，百姓们唯一能做的就是揭竿而起，选取新的委托人。

第二节 中国传统社会救灾中的寻租

一、寻租理论的概述

寻租（Rent - Seeking）理论最早由塔洛克（Tullock，1967）提出，此后克鲁格（Kruger，1974）和波斯纳（Posner，1975），以及后近的文献发展并丰富了这一理论，并被广泛应用于研究腐败行为①。寻租的“租”（rents）又称“经济租”（economic rents），原意指一种生产要素的所有者凭借垄断地位而获得的收入中，超过这种要素的机会成本的剩余。只要存在政府干预和垄断，就有租金存在，当人们以“合法”或非法活动而谋取超常的经济利益，其活动的性质就成了“寻租”。所以，寻租可以概括为通过非生产性活动来获取、维护某种特定的经济利益或对其进行再分配的活动。

前文的论述业已指出，历史时期存在“诺斯悖论”，这种观点的核心是：一方面，国家权力是保护个人权利的最有效工具，因为它具有巨大的规模经济效益；另一方面，国家权力又是个人权利最大的、最危险的侵害者，因为国家权力不仅具有扩张性质，而且其扩张总是依靠侵蚀个人权利实现的，在国家的侵权面前，个人是无能为力的。国家是救荒的重要组织力量。然而由于“诺斯悖论”，国家及其代理人——各级官员的权力却往往又成为阻碍救荒的渊源所在。

当然，关于寻租的准确定义，自寻租理论一经提出，就存在争议，例如，非政府部门是否存在寻租行为。在下面的研究中，将在沿袭寻租原始含义基础上，拓宽“租”的含义。“租”不仅仅是指经济租，而且包括在政治斗争中获利的政治租以及具有象

① 关于腐败和寻租行为研究的最近文献，请参见 Aidit（2003）。Aidit 的文献对于运用经济学框架来分析寻租和腐败行为做了一个全面的文献回顾和评论。

征意义的名誉租。在本书中，寻租者不一定仅是当权者，也包括有钱者（例如富商）、有关系者（例如外戚）等有一定社会地位的人。

二、中国传统社会救灾中的寻租行为

救荒中严重而又普遍的寻租行为，目前已是一个国际通病。在我国古代更是屡见不鲜，存在于整个历史时期。这些行为严重扭曲了资源的有效配置，造成了社会净福利的重大损失，甚至直接导致朝代更替。寻租的产生是官员在考量预期成本和预期收益后的判断，是对于其利益最大化的追求。灾害时期，政府官员面临的预期收益与预期成本如下：

$TC=PC+IC+MC$；$TR=IR+MR$；$\pi=TR-TC$；

$Max\pi=Max(TR-TC)$

其中，TC：寻租总成本；PC：救灾制度制定成本；IC：获得救灾信息的成本；MC：管理成本；TR：官员获得的总收益；IR：获得的租金；MR 官员获得的官俸；π：官员预期收益。在这样的预期成本收益对比面前，只要π值为正，作为理性的经济人的官员就会开展寻租活动，并且追求π值最大化。

需要指出的是，这里的 PC 是一次性消耗的固定成本，而 IC 和 MC 是随着国家管理疆域的扩大而增加的变动成本。这部分变动成本会逐渐地隐藏在国家机构的日常运行费用中，而官员获得的总收益却处于显性地位，这种反差对寻租者产生巨大的利益激励。如图 5-4。

图 5-4 纵坐标为“收益线”，横坐标为“疆域线”。根据图像关系可以看出疆域越大潜在的收益就越大。“官员获得的总收益（TR）线”位于纵坐标轴的正半轴方向意即“官员获得的总收益（TR）”为正。“寻租总成本（TC）线”位于纵坐标轴的负半轴方向意即“寻租总成本（TC）”为负。“TC 垂直镜像线”是“寻租总成本（TC）线”的绝对值线，本线是为了直观获得“预

期收益（π）线”也就是 TR－TC。从图示可以看出：政府官员为了获得更大的预期收益（π）有两种途径，一种途径是进一步扩大管理疆域，这一点在帝王的表现就是侵占更多邻邦以扩大国土；在地方官员的表现就是极力升迁以使自己的辖区更大，另一个途径是提高“TC 线”的斜率，也就是在“辖区”不变的情况下提高“获得的租金（IR）”。古代社会救灾中获取租金的形式主要有：经济租、政治租、名誉租。

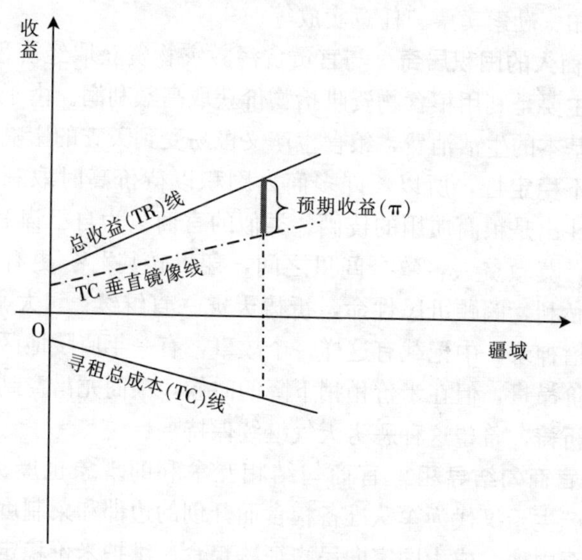

图 5－4　古代社会寻租行为产生示意图

（一）经济租

经济租包括：救荒活动中官员利用权力谋取私利，表现为贪污、挪用救灾物资；商人哄抬米价牟取暴利；或者官商勾结获利，等等。

1. 政府官员的以权谋私　古代社会，自然灾害发生后，每个为官为吏或为统兵大员的人往往本能地抓住机会捞他一把以为

“后图”，所以，这时被派去缓和或赈济难民的官吏，很容易成为“劫民”的使者（王亚南，1981）。如西汉末年，“流民入关者数十万人，置养赡官以禀之，吏盗其禀，饥死者什七八”[①]。河工的豪糜之风成为清代官场的黑暗风景（康沛竹，2002）。灾时施粥的过程中也往往存在官员以次充好获取私利的现象，而往粥中掺沙子竟然成为清嘉道后的“惯例”。李向军（1995）总结清代荒政弊端涉及官吏寻求经济租的方式有：多开花户、压搁誊黄、短放克扣、勒索卖票、任意卖放等。

2. 商人的囤积居奇 与官员贪污救灾物资获取经济租不同，商人们主要是利用粮食物资哄抬物价获取高额利润。由于粮食是人们最基本的生活消费，粮食生产又极易受到天灾的影响，具有极大的不稳定性，所以，许多商人囤积以待价高时取利。大斗进、小斗出是粮商惯用的伎俩。类似的官商只为自己谋利，“坐求善价，莫救贫人，致令闾里之间，翔贵转甚”。[②] 更有富商为了牟取私利，罔顾饥民性命，祈祷天灾一直继续。《太平广记》援引《稽神录》中记载有这样一个故事，有一年庐陵地区干旱无雨，米价昂贵，但在米价稍稍下降的时候，粮商龙昌裔到“神冈庙”中祈祷，希望这种恶劣天气继续保持[③]。

3. 官商勾结寻租 官商勾结相互牟利的现象也屡见不鲜。比如，产生于汉代为军队准备粮食而开创的边郡和籴制度，至唐代扩展至内地，成为国家向民户征购粮食、维护米价稳定的救灾制度，“米贱则……加估而籴，贵则贱价而粜”[④]。但是，这种相对公平、自愿的方式在安史之乱后变成一种强制手段。官府规定：和籴粮食不论原因，要定期按时缴纳，若迟缓或缴纳不足，

① 《汉书》卷二十四上，《食货志上》。

② 《唐大诏令集》卷一百七十，《遣使宣抚诸道诏》。

③ 原文是：“戊子岁旱，庐陵人龙昌裔有米数千斛粜，既而米价稍贱，昌裔为文，祷神冈庙，祈更一月不雨。”见《太平广记》卷二百四十三龙昌裔条。

④ 《新唐书》卷五十三，《食货志三》。

就要受处罚，即使是在歉收年景也是如此，这种行为称之为“配籴”（张弓，1986）。灾荒后粮食缺乏，百姓被迫高价向商人购买，然后缴纳官府。中唐以后，和籴出现了官商结合的现象。傅筑夫（1986）评价说：“不论多么好的政策，一经过封建官僚主义的官吏之手，就会走样，有时竟走到事物的反面。”部分商人通过向掌管和籴职权的官员行贿，获取征粮的优先权。由其先出面低价向农民购粮，然后再高价卖给官府，彼此从中渔利。唐德宗时，陆贽说过：“有司竞为苟且，专事纤啬，岁稔则不时敛藏，艰食则抑使收籴。遂使豪家、贪吏，反操利权，贱取于人以俟公私之乏。”①《全唐文》卷九百六十七《请贵籴便农奏》收录了这样一条奏文，唐文宗开成元年（836）一月，度支上奏说：“度支籴以六十，而百姓粜以二十五，农人贱粜，利归商徒，度支贵籴，贿行黔吏。”这种行为就是平粜时的“并籴”（套购）行为，在常平仓实行平粜时，各级官员或凭借职权，或虚报冒请，竞相套购官仓平粜之粮而独享其利。这种官商联合作弊现象长期存在。

（二）政治租

政治租包括：帝王利用灾害不计成本地确立和巩固权威；朝廷官员则借机清除异己，以获取在中央政治上的主导权；地方官员则想尽办法取得升迁的政治资本。

1. 帝王不计成本弘扬恩威 受“灾害天谴论”的影响，灾害的出现会对帝王会形成巨大的思想压力。君王纷纷下诏自责，进行自我检讨，自我批判，以示对上天责罚的回应。这一行为在商周时期业已存在，西汉泛滥，后世多沿袭之。帝王虽然通过“祈雨”、“改元”、“避正殿”等种种禳灾行为强化了自己作为“天子”的崇高地位，但是，这些行为是以巨大的经济付出为代

① 《资治通鉴》卷二百三十四。

价的。比如祭祀，王柏中（1999）指出："从经济的角度看，祭祀耗费作为一种与国家政治与民众信仰密切相关的精神性消费支出，在……国家及社会各阶层人们的经济生活中都占有相当大的比重。"这种消费无论是中央的还是地方的，都给人们造成了巨大的物质负担。尤其是在王朝的末期，统治者对禳灾的偏好远远超过减灾，大量的救灾成本浪费在无谓的祈祷消耗上，加上有限的减灾活动中寻租的猖狂，灾民往往得不到及时的救济，新的势力会借助因此而引发的农民起义建立新的政权。

2. 朝廷官员对朝政主导权租金的争夺　西汉以来，借灾害进行政治攻讦就成为一种常态。不同利益集团的官员们通过救荒活动中出现的经济危机与思想危机，制造一系列的政治危机，取得在政治上的主导权，获取政治上的租金。古人信奉"天人感应"，认为灾害的发生是阴阳失调的结果，其中宦官、外戚的干政最容易导致这种情况出现。因此，一些官员就利用这一观念，以消除灾害为借口，攻击政敌。例如，西汉元帝时，刘向借地震弹劾宦官弘恭、石显；宣帝时萧望之借京师雨暴批评外戚等（陈业新，2004）。以救灾不力攻击政敌更是屡试不爽，例如，唐代牛李党争时，会昌元年（841），李党的李德裕借灾害攻击牛党的牛僧孺，罢了他的职；宋代的改革家王安石也是在熙宁七年（1074）的大旱灾中被攻击罢官的。漆侠（2001）认为："自熙宁六年至八年各地发生灾荒，河北农民因此而四处流亡，更使变法派苦于安排。所有这些，特别是农民的流亡，成为反对派攻击变法的有利借口。"

3. 地方官员对升迁租金的猎取　专制社会的官僚只对上级负责，为昭显政绩，获得上级嘉奖，得到擢升，往往隐匿灾情，引起灾害的进一步恶化。《后汉书》卷四《孝和帝纪》记载道："间者郡国或有水灾，妨害秋稼。朝廷惟咎，忧惶悼惧。而郡国欲获丰穰虚饰之誉，遂覆蔽灾害，多张垦田，不揣流亡，竞增户口。掩匿盗贼，令奸恶无惩，署用非次，选举乖宜，贪苛惨毒，延及平民。”这在古代社会是普遍的现象：唐玄宗时期河南水旱灾害不断，遍地饥馑，但地方官员“贪名，不为检覆”，导致百姓流离失所、“漂流外境”①。谢永刚（2001）指出，“匿灾不报”、“虚报”、“视报灾为利薮”是近600年来官吏营私舞弊的主要现象。其目的是粉饰太平、规避处罚、挪用截留救灾物资等，获得政治、经济上的双重租金。

（三）名誉租

名誉租指政府设定特殊名号给予救灾的民间人士，以获得救济上的帮助，而豪绅富民借助灾荒中对地方的赈济，获得朝廷的表彰，以便于保护私产，赢得政治上的保护或者取得道德上的名誉。主要有度牒和劝分两种方式。在救灾史的演进过程中，它们逐渐由政府采取的一种积极的救灾方式异化为一种寻租的方式。本节以度牒制度为例，劝分将在后一节作一专题分析。

度牒制度是政府在救荒中的主要创租行为。度牒是封建国家对于已经得到公度、成为僧尼者所发放的证明文件。它主要是为便于僧籍管理出现的，并不是创租的目的，但在后世，演变成为一种租金，因为持有度牒的僧尼，不但有了明确的身份，可以取得政府保护，而且获得免除租税徭役的特权，因此，具有极强的诱惑力。唐中宗时始有买卖度牒的记载，《资治通鉴》卷二百九记载说：“虽屠沽臧获（注：臧获指奴婢），用钱三十万，则别降墨敕除官，斜封付中书，时人谓之斜封官；钱三万则度为僧尼。”安史之乱后为了聚集财富与叛军斗争，也有“卖官，度僧、道士，收赀济军兴”之举②。宋代开始用以救荒。神宗熙宁元年（1068），给陕西转运使僧牒，“令籴谷赈霜旱州县”③。哲宗元祐

① 《全唐文》卷二百五十四，《处分朝集使敕七》。

② 《新唐书》卷一百十三，《裴冕传》。

③ 《宋史》卷十四，《神宗纪》。

四年（1089），苏轼任杭州知府，恰巧当地“大旱，饥疫并作”，遂请“得赐度僧牒，易米以救饥者”，又“请得百僧度牒以募役者”，修筑西湖长堤，以防水患[①]。持有度牒者通过捐赈可以获得免税的资格，度牒成为一种特权的象征，拥有者既获实惠，又得到了“慈善”的美誉，成为一种名誉租。但是，为摆脱财政困境而滥发度牒，只能应一时之急，不可能从根本上改变贫弱局面。事实上，因度牒持有者数目的激增，大量课税户口消失，反而进一步导致财政恶化。加上豪富们操纵度牒市场，从中渔利，致使宋王朝日趋疲弊。

三、传统社会救荒中寻租行为的产生根源

古代政府的若干规章制度的存在是官员寻租的根源之一，这些规章从主观上是为了保障救荒的顺利进行，但在客观上却成为官员寻租的根源。这在经济学上被称为政府无意创租，即政府为了良好的目标而干预社会经济，但结果是创设了租金，给寻租活动创造了机会。

（一）官员的考课制度

古代帝王与官员是一种“委托—代理”关系。为保证官员为己服务，历朝历代创设了一系列的监督、激励机制，官员考课制度就是一种。官员的考课以垦田数目、户口增减作为重要指标，这对促进地方官员关心经济发展具有积极作用。但是，虽然国家的规定可谓详细，但越是详细，就越难避免出现漏洞与相互矛盾之处，从而造成灾害的奏报中，官员常常面临报灾还是匿灾的两难处境。报灾固然可以获得赈济，但却又反映政绩不善；匿灾虽然能获得考课好评，但却有灾情扩大、百姓流离、社会动荡的风险，同样可能罢官。考课激励设置的不当，给官员预留了与政府

---

① 《宋史》卷三百三十八，《苏轼传》。

博弈的空间，“长吏明知不申破，急敛暴征求考课”①。有的地方官员甚至为了掩盖受灾的事实，将以受灾田应承受的税额转嫁到未受灾的“熟田”之上，“将填欠数”②，其目的也是为了考课获得好评。唐代陆贽曾严厉批评过这种考核办法，认为它直接导致“四病”：“州县破伤之病”，“稼穑不增之病”，“不恤人之病”，“不恕物之病”③。明朝弘治年间开始，政府把州县备荒积谷数额与地方官的升迁挂钩，以调动官员的救荒积极性。但是，由于所定数额过高，完成困难极大。一些官员就强行向富民摊派，侵占富民捐献出来的义粮义米等，挫伤了富民参与救荒的积极性（张兆裕，2004）。而清代勘灾规定报荒册籍须由州县漕书、区书承办，这给了他们向灾民勒索的机会，给得起钱的富户被注明是荒户，而穷困的真正受灾的百姓却以荒做熟，得不到赈济，故时有“一百钱报一亩灾，无钱痛苦仍空回”、“农日瘠，吏日饱，是灾非灾恣颠倒”的批评。政府的种种规定成为官员寻租的原动力所在。

（二）信息不对称

信息不对称是导致寻租产生的重要原因之一。古代的中国幅员辽阔，即使有着严格的律文规定，并派遣官员监督救灾，但是，由于交通不便，常出现秋诉夏涝、冬诉秋旱的尴尬情形，使官府感觉“拒之则不可，听之则难信”④，因为已过了查验的时限。中央、地方对灾情的信息不对称为官员虚报、瞒报灾情、谋取私利的寻租活动创了条件。在提供救灾物资上，部分商人凭借向官吏行贿，提前得到有关商品的信息，在不公平的竞争中获取

① 《白居易集》卷四，《杜陵叟》。

② 《全唐文》卷八十一，《禁加征熟田敕》。

③ 《新唐书》卷五十二，《食货志二》。

④ 《宋会要辑稿》刑法三之四十三。

利润，甚至官吏本身就是奸商，他们同民间商人勾结，抬高粮价，大做投机生意（姜锡东，2002）。

（三）救荒制度的滞后

新制度经济学认为，制度是稀缺的。在交通不便、思想意识相对落后的古代，对于不可预料的自然灾害，无论是在灾害认识、救灾观念上都缺乏前瞻性。灾害来临时，惊慌失措的人们采取的措施多是事后应急之务，即邓拓（1998）所言“消极”救灾之策，这必然造成对事件缺乏全盘的把握，对问题考虑不周详，缺乏时效的实施机制，救荒制度的滞后为官、商寻租创造了机会。

（四）俸禄制度激励不足

政府作为占据权势主导的委托人，既想代理人兢兢业业地工作，又想减少交易成本，这显然是不现实的。经济学家认为，高薪是减少腐败的收效手段（Becker and Stigler，1974）。但叶文辉（2005）指出，在中国，对农业的过度重视使中华帝国的大部分财政支出向贫穷的农民转嫁，对农税的过度依赖导致了制度性财政风险，这样就难以为官吏提供合理的薪俸及相应的正常待遇。据唐代颜师古记载，国家政府的官僚们根据他们的序品来领取俸禄。譬如，最高宰相三公按照他们的俸禄被称为“万石”（1石＝19.4升）。他们每月领取350石的粮食，“二千石”每月可领取120石。被称为“百石”的最下级官僚每月可领取16石。根据《汉书·食货志》中李悝（公元前455—前395）的计算，耕种100亩的农户年收入为150石。这150石的年收入对五口之家来说显然是不够的，因此100石的下级官僚即使每月16石，即年收入200石，这也是仅够维持生计。即使到明代，知府的俸禄也不够养活一个小的家庭（黄仁宇，2001）。伏尔泰（1997）指出，中国官吏制度的主要弊端之一就是官吏薪俸不足，“形式上，政府支薪给它的官吏，但实际上得到政府薪俸的只有一小部分，甚至可以说是微不足道的一小部分。官吏既无法赖其薪俸生活，也无法靠薪俸支付才其义务内的行政开销”。

历史证明，高薪虽然不是养廉的充分条件，但却是必要条件。对官员来说，靠从圣贤书中接受的政德和修身等意识形态熏陶来自律是极不现实的，历代清官为民崇仰正是反映出这类道德英雄的稀缺，因为它不符合一般官员的普遍状态。况且在劝诱百姓参入科考的理由中，一句“书中自有黄金屋，书中自有颜如玉”就是对为官之道的最好说明，张仲礼（2001）曾概述：“做官，在中华帝国通常被认为是读书人的最高理想。儒家学说将出仕作为其弟子的责职。用子夏的话来说，即‘仕而优则学，学而优则仕’。官职也是一种巨大的权力和威望。……这种地位给了绅士们迅速积累财富的最大机会。在向绅士提供的各种机会之中，当官不仅是最荣耀的职业，而且几乎是获取巨额财产的唯一途径。在中华帝国，授予官职，同时也就是赐予财富。俗话就说，‘升官发财’。”林毅夫（1994）在解释“李约瑟之谜”时也说：“在前现代的中国，由于从各种意义上讲，在政府任职都是最为荣耀、最有利的职业，因而，传统中国社会把进人统治阶层看作是人们在社会中不断往上爬的最终目标。”这种理念与原先的道德宣扬又形成了新的矛盾。

（五）传统社会产权的唯一性

古代社会救灾中的寻租的出现有着深刻的历史和社会根源，最重要的就是专制主义中央集权的官僚制度以及古代中国社会权力支配一切的特点（刘泽华等，2005）。塔洛克（Tullock，1995）认为，拥有政治职位便意味着拥有与之相随的一种“产权”，这种产权不仅可以用来立法创租，还可用来增加他人成本。只要获得政治上的主导权就会攫取经济上的巨大利益，无论是政治租、经济租抑或是名誉租都是获得或保障政治、经济利益为目的的。因此，为了保证政治权势的存在，无论是帝王还是官员，都会借助一切机会巩固自己的地位。而官员由于与君主的“委托—代理”关系，只是作为工具，代君主去处理各种事务的，本身没有任何独立性，荣辱存亡完全依靠帝王，所以，他们会利用拥有权力的时候疯狂贪占，以备不时之需。韦伯（1995）也指出，由于在中国的政治和法律制度下统治具有一专的专断性，统治者有能力征集和支配资产，这种随意性使得任何一种投资都有可能得不到可预期的经济回报，因此，在传统中国最有利可图的投资就是官位。人都是理性的，自然也体会到在古代最可靠的方法就是做官以谋取名利。诺斯指出，国家内部是一个科层组织，存在着信息成本导致的逆向选择和道德风险，来自于官僚体制的风险是国家内部交易费用的重要组成部分。可见，制度上的风险预留下救荒过程中官员寻租的空间。这也是寻租之所以存在于中国古代社会的根源所在。

四、传统社会救荒中寻租行为本质评析

寻租的存在延缓了灾荒的及时救济，加剧了社会的动荡，成为王朝兴衰更替的重要因素之一。其实，纵观古代社会的灾荒史，不难发现，历史上许多王朝都是在借助因灾荒而引发的大规模暴动中，通过宣传减免赋税、开仓济粮、赈济灾民等具有号召力的口号，建立自己的政治地位，确立新王朝的合法统治的。而导致旧王朝灭亡的重要因素之一就是救荒过程中寻租的普遍性和严重性，例如汉、唐、元、明的灭亡。而越往后的王朝，寻租现象就越严重，这也是学者们解释“李约瑟之谜”的论点之一（卢现祥，2000）。

官员的寻租多数是与救灾活动相悖的，例如政治租，官员只想着政治倾轧，升迁取利；经济租更是为官员提供了大肆掠夺救灾物资的“良机”，这些无疑对救灾都极为不利。寻租的存在恶化了灾区环境，进一步加重了灾害。天灾导致人祸的出现，而人

祸又加重了天灾，正如孙中山（1981）在论及贪污与灾难的关系时所说："中国所有的一切灾难只有一个原因，那就是普遍的又是有系统的贪污。这种贪污是产生饥荒、水灾、疫病的主要原因，同时也是武装盗匪常年猖獗的主要原因。""官吏贪污和疫病、粮食缺乏、洪水横流等等自然灾害的关系，可能不是明显的，但是它很实在，确有因果关系，这些事情决不是中国的自然状况或气候性质的产物，也不是群众懒惰和无知的后果。坚持这说法，绝不过分。这些事情主要是官吏贪污的结果。"

当然，政治租中帝王处于维护自身地位而被迫采取的禳灾措施，也能在一定程度上稳定灾民心理。灾害社会学指出："灾害破坏了人的生存条件，人的心理如果不能及时地、相应地作出调整，发生相应的变化，那么，人是难以在灾变条件下生存的。这时人的心理的调整，包括人的需要的调整、人的情绪和情感的调整、人的生存能力的调整等。"这种心理调整如果不到位或不及时，"也会造成一种对人在灾害条件下的生存产生消极作用的力量，严重时它本身也会成为一种灾害即精神废墟的产生"（王子平，1998）。这种心理调整的滞后，给古代社会带来的是死亡或者暴乱，严重威胁国家的安危。因此，灾后心理调节是非常必要的。而名誉租的存在也使得更多的富民参与到救荒中来，这对缓解政府财政压力，稳定灾区局势是有利的。当然，这并不都是政府刻意追求的，多是一种客观结果罢了。

需要注意的是，现代化资讯的发达、国家审计力度的加强使古代社会救荒中的许多寻租行为已经丧失存在的土壤，但一些寻租行为依旧存在，例如，贪污挪用救灾物资、谎报灾情以求得中央财政的超额赈济等。寻租的存在势必影响灾民的日常生活，以及灾区经济的迅速恢复，影响国家对救灾的宏观调控和对灾民的及时救济。这就需要我们吸取历史的教训，进一步加强监督立法。

第三节 传统社会救灾制度演进中的异化

——以入粟补官为中心

中国古代救灾制度种类众多，其中通过政府掌握的官爵名号来换取粮食是自秦而来就有的制度形式，并从宋元之后逐渐发展壮大。从经济学的角度看，这是政府通过位置消费的方式来进行救灾。从历史的演进看，这一制度形式产生之初是出于挖掘民间社会资源，发挥第三方潜能的积极的救灾行为，但在其发展的过程中逐渐异化，沦为一种政府寻租的形式。但它在救灾过程中仍发挥了重要的作用，对其要进行客观的评价。

自凡勃伦 1899 年出版《有闲阶级论》以来，位置消费理论作为一门经济学的新分支得以产生和发展。作为福利经济学和消费经济学前沿课题的位置消费理论，它不像传统经济学只强调人们逐利的一面，而是强调人争名寻位的一面。传统消费理论主要强调对消费水平、消费结构的研究，而位置消费理论则侧重于对消费层次、相对消费位置的研究。求名比之逐利更接近人的经济本质，对经济有着更为本质的影响。在基本需求满足之后，追求经济的相对量即相对收入、相对效用和相对消费量，也即人们在经济生活中的相对经济地位—名次成为人们关心的问题。位置消费理论就是研究人们竞争经济地位（名次）的经济效果，即争名的经济学。位置消费的定义可以表述为：人们对包括相对收入、相对效用、相对炫耀性消费等在内的相对经济地位或名次的消费。

对于这一理论，Dukan（1975）、Shocmaker（1985）、Miner（1990）、黄有光和王建国（1993）、王建国（1995）等都作出过认真的探索，这些研究推动了人们对于位置消费理论的了解①。

① 请参见王建国（1999）。王对于位置消费理论的相关文献作出梳理总结。

但是与位置消费理论所强调的人们主动实行消费活动以追求经济地位的认可不同，中国古代通过授予官爵鼓励捐助粮食的行为，实际上是一种政治寻位优先于经济寻位的消费活动，是一种自愿与强制共存的过程。政治寻位的危害性大于经济寻位，因为“经济寻位活动导致过分的生产性行为，而政治寻位导致过分的非生产性行为”（王建国，1992a）。以下将以入粟补官这一行为为中心进行分析，对今天社会经济生活中的若干行动提出借鉴。

一、官爵为何成为位置商品

之所以称入粟补官是一种位置消费，首先在于所补官爵具有的位置商品的意义。位置商品是那些不可能生产出来的商品，如文物、古董、已故著名作家和艺术家的作品、人们的相对名次等（Hirsch，1976）。无论官和爵都是一种位置商品。

补官最初是鬻爵。爵位是一种地位的象征。爵位制度先秦产生，商鞅变法创造二十等爵制①，其中一至八级是授予一般平民与下级官吏的“民爵”或“吏爵”；而九级以上则是授给秩六百石以上的官吏的“官爵”。爵制初创时地位崇高，“爵制秩序就是国家秩序。以皇帝为中心，使所有官吏、庶民都参加到这个爵制秩序中来，人人都作为这一结构的成员而被安排到一定的位置上。这也就是说，这一秩序结构与当时皇帝支配的结构是一致的”（西嶋定生，1992），故颇受推崇。虽然后世爵位逐渐泛滥，丧失了起初的意义，但仍旧是一种名誉的重要表征。而西汉武帝时，困于多年的战争与饥荒造成的财政困境，不得不将爵位的买

① “一级曰公士，二上造，三簪袅，四不更，五大夫，六官大夫，七公大夫，八公乘，九五大夫，十左庶长，十一右庶长，十二左更，十三中更，十四右更，十五少上造，十六大上造，十七驷车庶长，十八大庶长，十九关内侯，二十彻侯”。（《汉书》卷十九上，《百官公卿表第七上》）

卖扩大到更有地位象征意义的官位的交易[①]。其后灾害时期以政府垄断的政治资本（官爵）换取物质资本（粮食）的特殊交易制度形成强烈的路径依赖，每当灾荒严重、财政吃紧时，几乎都要援引汉朝这一先例，用卖官或鬻爵的办法获取钱粮。

官爵成为一种救灾的交易对象，在于其资源的无穷尽性。朝廷是官爵产权的所有者，与其他物质资源的相对稀缺相比，这种资源丰富的多，“爵者，上之所擅，出于口而亡（无）穷”[②]。政府享有对其绝对的支配权与使用权。张宇燕（2002）认为：“从财政学的角度看，卖官鬻爵本质相同，即都是帝王出售其垄断的‘官、爵资源’以增加收入、应付财政危机。”帝王正是借助这种“亡（无）穷”的资源来换取相对匮乏的救灾物资。但人们接受这一制度安排，视官爵为位置商品，是受意识形态的支配，并与现实社会的激励紧密相连的。

（一）意识形态

新制度经济学家道格拉斯·C·诺斯认为，人类组织必须“辅之以一组道德伦理行为规范以减少实施费用”、“一个社会的健全的伦理道德准则是使社会稳定、经济制度富有活力的黏合剂”（诺斯，1992）。意识形态对灾害时期入粟补官制度的潜移默化作用是这一位置消费产生的根本前提。

1. 积富行善的思想 中国古代的慈善观念中流传着“祈福避祸”的思想，不论是儒家的“作善降之百祥，作不善降之百殃”，佛家的“因果报应”，道家的“天人感应”，都为“积善天必降福，行恶天必降祸”的理念提供了丰富的思想资料。所以在

① 参见《汉书》卷二十四下，《食货志下》。救灾成本的昂贵是武帝面临的一个重要财政问题。据邓宏图（2003）的分析，西汉王朝四次大的灾象中，汉武帝当政时期就占了两次；在全部 7 次水患中，汉武帝执政期就占了两次。而自西汉王朝兴起到武帝继位约七八十年的时间里，只有一次比较大的水灾。

② 《汉书》卷二十四上，《食货志上》。

募赈的时候，这方面的言论自然就成为主要内容。明人沈鲤在《劝输文》中说："济人利物，无过于凶年饥岁，与人盂饭可当斗粟，举我一念可活一人，故欲积阴德，行好事者，惟此时最得力，亦惟此时最省事，神明降鉴，惟此事最分明，亦惟此事最锡福。诸君如欲为今生、为来世、为身家、为子孙，当无逾此者。"[①] 明代甚至有《为善阴骘》之类的书。一些《义民传》中，也常常可见此类阴报事。明代贵池义民李积惠，正统时捐谷一千余石，子孙多登第贵显，"人以为阴骘之报"[②]。铜陵富民袁泰，正德时饥荒出谷数百石，贷千金而不责人偿，"四十岁始生子，厥嗣以衍，乡论以为阴骘所致"[③]。"乡论"说明这一思想为民间普遍接受。清代朱轼编撰的《广惠编》中亦有许多类似文字："捐一分之资，而活数千人之命，上纾朝廷隐忧，下为子孙积福。""积金遗于子孙，子孙未必能守。积书遗于子孙，子孙未必能读。不如积阴德于冥冥之中，以为子孙长久之计。""不知水火贼盗疾病横灾，皆能令我家业顿尽，少少福分，亦是天帝庇之，岂一俭啬钱癖能致然哉？一旦无常，只供子孙酒色赌荡之资，于是一掷足救千命者有之矣，何如积德邀庇于天之为厚也？"可见，捐赈者追求的是行善而不图留名于世，而求一种延期的"报"，认为这种"报"可以惠及后半生，甚至可以惠及子孙后代（杨联陞，1973）。

2. 入世观念的支配　传统儒家思想传授的"出将入相"的入世的思维模式是支配官民参入纳粟的另一支配思想。百姓需要通过获得官爵名位来弘扬家声、光耀门庭，在科考相对困难、军功难立且有生命之虞的情况下，通过这种方式获得功名无疑是个捷径，因此它对社会各个团体都具有极强的吸引力，不论是官

① 《荒政丛书·社仓考》。

② （康熙）《贵池志》卷七，《孝义》。

③ （嘉靖）《铜陵志》卷七，《义行》。

民，甚或士兵都参入其中。但士兵的参入却易造成军队战斗力的减弱。金宣宗时期即因军兵纷纷纳粟求官，致使“内外军人入粟补官者多，行伍浸虚”①。

积富行善与入世的观念决定了入粟者的消费欲望：通过捐献粮食，既在政治上获得认可，又在社会上获得声誉，将其变为一种追求炫耀性消费的过程。

（二）现实中的激励

Hirsch（1976）认为，人们对位置商品的消费不是为了从消费位置商品的绝对量中获得效用，而是为了从由消费位置商品时所产生的相对社会地位中获得效用。因此，政府还往往给予纳粟者实际的收益。

1. 入粟者可以免除差役 金朝中都人吕徵与其二子通过入粟获取官爵，“大定初，募献资助军储者，授爵有差。君以钱千万及二子取爵，非有仕宦意，期免调役耳”②。可见，其推行此举以豁免差役为鼓励标准的，入粟者亦以免“调役”为目的。捐纳粮食补官可以免役在金朝有着明文的规定，《金史·食获志二·租赋》记载：“进纳补官未至荫子孙、及凡有出身者、谓司吏译人等……皆免一身之役。”故此，有些富户甚至利用灾荒时期庶民的困境而大肆收买爵位，以求免役。《史记·孝文本纪》记载：“天下旱、蝗……民得卖爵。”同条《索隐》引崔浩语云：“富人欲爵，贫人欲钱，故听买卖也。”买卖双方市场的存在使这种特殊交易得以施行。日本学者西嶋定生对买爵的意义作了说明：“纳粟授爵毋宁说是预留给一部分富人的机会，是对功劳的酬赏，而遭遇凶年的灾民则是把其作为最后的手段卖出以维持生命。”（西嶋定生，1992）

---

① 《金史》卷十四，《宣宗纪上》。

② 语见《吕徵墓志》，转引自任秀侠（2001）。

2. 富者入粟以求保住家财，维护社会的安定以及缓解贫富之间的矛盾　入粟对于政府、施予者与接受者三方而言是一种利益博弈，若处置得法，对三者都是有利的。贫者获得救济，政府节约了不少的赈济费用，通过鼓励位置消费而将官民集中在帝国的统治秩序之下，富者也可通过官爵的获得而获得利益。富家“捐数十百金，以济嗷嗷饥苦之民”，“不惟贫民下户获免饥饿，而上户之所保全，亦自不为不多。”因富人常会因“多财而招尤取忌”，如果一味“多藏厚蓄”，悭吝惜财，灾荒之年，只顾自己“宣侈导淫”，不肯对冻馁乏食、朝不谋夕的灾民略施赈恤，挣扎在死亡线上的灾民就会铤而走险，富人们也就不免“因之贾祸”①。明朝熊过所说：“所赈皆是亲邻，可结恩惠，可积阴德；又其大者，贼盗不生，长守殷富；且得官同绅达，尊显其身。一举即有数利。”倘闭廪自完，不肯捐贷，使小民转死，“他时致有祸端则不保其富，谥为愚谬，遗笑后人矣。”②《广惠编》收录的镇江守令程峋颁布的《劝捐赈谕》的文告云：“且上户自思所以得保其为上户者，岂不赖朝廷有法度耶？则殷殷劝赈，又不独为尔等图久远，实为尔等图目前。众怒难犯，此我所不敢出诸口者，人人知之，尔富民岂独不知之？此又时势之必然者也。”③意思是，富人们要想保住自己的财产，甚至身家性命，就要维护朝廷的“法度”，同时避免引起“众怒”。换句话说，捐资赈灾的善举，正是消解社会矛盾的良方（李文海，2005）。

3. 官员可以获得考课上的殊遇　入粟补官是一种相对自愿的制度，政府推行入粟补官除了政府颁布诏文外，更多要依靠各级官员的劝勉来获得更多的粮食。因此，政府会按照官员们劝捐的数额进行奖励，给予考课上的殊遇。以劝分制度的推行为代表。

---

①③　《荒政丛言》。

②　《南沙先生文集》卷八，《潮州府赈贷议》。

表 5-1　金熙宗朝司县官员劝分奖励标准

数量	2 000 石	3 000 石	5 000 石以上	10 000 石以上	20 000 石以上
补官标准	迁官一阶	迁官两阶	减一资考	迁一官、减二等考	迁一官、升一等

资料来源：《金史》卷五十，《食货志五·入粟、鬻度牒》。

所谓劝分，“盖以豪家富室储积既多，因而劝之赈贷，以惠穷民，以济乡里”，它表达的是一种“有无相济”之意[①]。劝分早已有之，《左传·闵公二十一年》就有“务穑劝分”之语，但其真正大规模推行是在宋元以后。尤其在明代一度成为灾荒赈济中常用的奖劝之法，并形成义民旌表的制度体系，有了具体的旌格，即应出钱谷数量、旌表等次、优免事宜等具体规定。至清代，不同的地区则可以根据本地不同情况，自行制定奖赏规定（张文，2003；赵克生，2005）。虽然主要是获得名望道德上的褒奖，但捐多者仍旧可以获得官位。如表 5-2。

表 5-2　清代浙江省赏格

捐赈米谷数	奖　赏
10～29	花红
30～49	知县题写牌匾
50～79	同知题写牌匾
80～99	知府题写牌匾
100～149	布政使题写牌匾
150～399	巡抚题写牌匾
400～999	八品官员顶戴
1 000 以上；以及官员捐赈	根据捐赈者的身份或级别奖以不同荣誉

资料来源：根据［清］万维翰：《荒政琐言》（见李文海，夏明方主编，《中国荒政全书》第 2 辑，北京古籍出版社，2003 年，475 页）整理。

① 《救荒活民书》卷下，《劝分》。

意识形态的制约与现实收益的激励使官民参入到这一位置消费的活动中去，在一定程度上帮助国家节约了救灾的成本，缓解了国家的财政危机。但在探讨这一问题之前，我们有必要通过分析入粟补官的演变，了解这一位置消费活动所具备的特征。

二、入粟补官的历史演变

入粟补官是一个长时段的演变过程，纳粟者的交粮标准、各朝予以纳粟者的政治地位并不相同，这种不同反映出其所面临的财政危机也有所差异。

早在秦始皇时期，就曾因为灾害而下令百姓纳粮救灾。据《史记·秦始皇本纪》记载：始皇四年（公元前243年）十月，“蝗虫从东方来，蔽天。天下疫。百姓内（纳）粟千石，拜爵一级。”根据史书的粗略统计，自秦以来，两汉、曹魏、唐、后唐、宋、元、明、清等皆有灾害时期推行鼓励入粟补官这种位置消费活动的记载。尤以宋、辽、金、元、明的记载为详。

宋兴以来，“所重者独进士，若纳粟授官，止赎刑而已，於民政无预也”①。至神宗熙宁元年（1068），始行入粟补官法。南宋高宗建炎元年（1127），“诏劝诱富豪出粟米济粜饥民，赏各有差”。乾道七年（1171），中书门下省以“湖南、江西旱伤”而建议“立赏格以劝积粟之家”②。

表5-3 南宋入粟补官表

年号	建炎元年		乾道七年				
数量	3 000石以上	1.5万石以上	2万石以上	1 500石	2 000石	4 000石	5 000石

① 《文献通考》卷三十五，《选举志五·输材得官》。

② 《文献通考》卷二十六，《国用考四·赈恤》。

（续）

年号	建炎元年		乾道七年			
补官情况	守阙进义校尉	进武校尉	取旨优异推赏	进义校尉	武校尉	承信郎	承节郎

资料来源：《文献通考》卷二十六，《选举志五·输材得官》；卷三十五，《国用考四·赈恤》。

辽朝入粟补官初始范围仅针对本族契丹族，授官“舍利”①，“契丹豪民要裹头巾者，纳牛驼十头，马百匹，乃给官名曰舍利。后遂为诸帐官。以郎君系之”②。至辽道宗太安四年（1088）四月正式立“入粟补官法”，并将范围扩大至包括汉族在内的各民族中。《辽代石刻文编（天祚编）》中收录的《张世卿墓志》中记载：“大安中，民谷不登，饿□死者众，诏行郡国发仓廪以赈之。公进粟二千五百斛，以助国用。皇上喜其忠赤，特授右班殿直。”张世卿是拥有大量土地的殷富之家，因入粟补官，后升至银青崇禄大夫、检校国子祭酒兼监察御史、云骑尉。天祚帝时，灾荒再起，又规定不仅可以纳粟，进献马匹也可以获得出身，赈灾中带上了浓郁的畜牧文化特点，“并屡年困于用兵，应有诸州富民子弟，自愿进军马，人献钱三千贯，特补进士出身”。“诸番部富人进献马，纳粟出身，官各有差”。

金朝因灾而行入粟授官之法始于金熙宗，“皇统三年（1143）正月，陕西旱饥，诏许富民入粟补官”。世宗大定二年（1162）正月“庚寅，行纳粟补官法”、“以兵兴岁歉下令听民进纳补官”。“又募能济饥民者，视其人数为补官格”③。世宗即位时，战乱、灾荒交替而行，“财用阙乏”，故在除东京、南京之外的管辖范围

① 《辽史》卷四十五《百官志一·序》云：“舍利司。掌皇族之军政。”这说明舍利司是专掌四帐皇族之军政的官职。其属下有设舍利详稳、都监、将军、小将军等职。

② 《辽史》卷一百十六，《国语解》。

③ 《金史》卷五十，《食货志五》。

推行此法，以求尽快恢复经济实力，在与南宋的战争中获得主动。

表 5-4　金熙宗时期入粟补官表

数量	150 石	700 石	1 000 石
补官标准	迁官一阶，正班任使	迁官两阶，除诸司	迁官三阶，除丞簿（过此数则请于朝廷议赏）

资料来源：《金史》卷五十，《食货志五・入粟、鬻度牒》。

元朝入粟补官法始于至元年间（1264—1294），但其时尚属官吏个体行为，真正大规模推行是在成宗大德年间和文宗天历年间。大德七年（1303），“浙西饥，发廪不足，募民入粟补官以赈之”①。天历年间正式形成制度，明文标价，各地并以富庶程度差异而授官有差。天历三年（至顺元年，1330），由于内外郡县亢旱为灾，饥民众多，国家储粮有限，穷于应储，于是用太师答刺罕等言，实行富室入粟补官办法，令富室依例出米，“凡江南、陕西、河南等处定为三等，令其富实民户依例出米，无米者折纳价钞”②。

表 5-5　元代入粟补官表

年号	划分	省别	数量	补官情况
泰定二年（1325）			2 000 石	从七品
			1 000 石	正八品
			500 石	从八品
			300 石	正九品
			不愿仕者旌其门	

① 《元史》卷一百七十，《尚文传》。

② 《元史》卷九十六，《食货志四》。

（续）

年号	划分	省别	数量	补官情况
至顺元年(1330)①		陕西省	1 500 石	从七品
			1 000 石以上	正八品
			500 石以上	从八品
			300 石以上	正九品
			200 石以上	从九品
			100 石以上	上等钱谷官
			80 石以上	中等钱谷官
			50 石以上	下等钱谷官
			30 石以上	旌表门闾
		河南并腹里	2 000 石之上	从七品
			1 500 石之上	正八品
			1 000 石之上	从八品
			500 石之上	正九品
			300 石之上	从九品
			200 石以上	上等钱谷官
			150 石以上	中等钱谷官
			100 石以上	下等钱谷官
		江南三省	10 000 石以上	正七品
			5 000 石以上	从七品
			3 000 石以上	正八品
			2 000 石以上	从八品
			1 000 石以上	正九品
			500 石以上	从九品
			300 石以上	上等钱谷官
			250 石以上	中等钱谷官
			200 石以上	下等钱谷官

① 可折算银两：陕西每石 80 两；河南并腹里每石 60 两；江南三省每石 40 两，实授盐、茶流官（如不仕，让封父母者听）钱谷官考满，依例升转。四川省富实民户，有能入粟赴江陵者，依河南省补官例行之（《元史》卷 96《食货志四》）。

（续）

年号	划分	省别	数量	补官情况
	先已入粟，遥授虚名，今再入粟者，验其粮数，照依资品，实授茶盐流官	陕西省	1 000 石以上	从七品
			660 石以上	正八品
			330 石以上	从八品
			200 石以上	正九品
			130 石以上	从九品
		河南并腹里	1 330 石以上	从七品
			1 000 石以上	正八品
			660 石以上	从八品
			330 石以上	正九品
			200 石以上	从九品
		江南三省	6 660 石以上	正七品
			3 330 石以上	从七品
			2 000 石以上	正八品
			1 330 石以上	从八品
			660 石以上	正九品
			330 石以上	从九品
	先已入粟，实授茶盐流官，今再入粟者，验其粮数，加等升除	陕西省	750 石之上，500 石之上，250 石之上，150 石之上，100 石之上	
		河南并腹里	1 000 石之上，750 石之上，500 石之上，250 石之上（150 石之上）	

资料来源：《元史》卷二十九，《泰定帝一》；卷九十六，《食货志四》。

《明史》卷七十八《食货志二》所收录明代纳米赈济捐纳事例的规定，详见表 5－6。

表 5-6　明朝入粟补官表

帝王	宪宗			武宗		世宗
人员	生员	军民				
数量	100石以上	250石	250石加50石	1 000石以上	2（3）00～900石以上	20石以上
补官标准	国子监	正九品散官	增二级至七品止	表其门	授散官，得至从六品	给冠带，多者授官正七品，至500石者，有司为立坊

资料来源：《明史》卷七十八，《食货志二·赋役》。

清代的捐纳制度始于顺治年间的“纳粟入监”，康熙十三年（1674）颁布捐纳制度，有“常开事例”和“暂开事例”之分，一直到光绪二十七年（1901）被废止。清代的捐纳是捐粮与纳钱并行的制度。如果说，明朝以前的入粟补官仅是权宜之制，至清代的捐纳则正式成为一种制度，并成为科举制度的一种补充，对清代吏治形成冲击，并引发了诸多的社会问题（许大龄，1950）。

结合以上分析，中国古代的入粟鼓励位置消费的演变大致呈现如下特点：

1. 位置商品的价格有所差异　入粟补官制度中规定的官爵与粮食的交易标准并不统一，而是由各朝根据实际灾情与国家的救济能力、经济实力予以制定。所纳粟米低则明世宗时期的 20 石即获奖励，多则对 2 万石以上捐纳者也作出授官标准；对于地域的纳粟有不同的规定，主要是元代而言。针对陕西、河南并腹里、江南三省等不同地域的经济状况，元代对纳粟标准作出区分，物产富饶的江南地区最高，河南和腹里其次，陕西行省最低，形成严密的制度。

2. 位置消费的样式不统一　有授予爵位者，授予官位者、补吏者。对于先后多次入粟者，元朝也予以区分对待，实施更加优惠的奖励标准。明代的生员可以进入国子监，成为官员预备队伍的成员。

3. 位置商品交易对象的数量有一个由高至低的过程 西汉晁错建议纳粟“六百石”的最低标准是相当高的，根据《汉书·食货志下》所载，“今农夫五口之家，其服役者不下二人，其能耕者不过百畮，百畮之收不过百石”，每户田百亩年收入不过百石，“六百石”基本上相当于当时一个五口之家6年的粮食总产量。而到后期，随着科技的进步，粮食产量提高了①，但是纳粟获官的标准却降低了，这造成了爵位之逐渐泛滥，地位日益降低。同时也反映了古代灾害频率的加快的事实，这些都使得政府需要大量的粮食进行救灾。

三、入粟补官的实际效用

传统的闲置消费经济学家的观点认为，人们追求位置消费总是导致社会浪费，是无条件的。但是王建国（1992a）也指出，争名寻位行为不一定导致社会福利损失。政府竭力通过刺激人们心理的、精神的、满足虚荣心的欲望，推行入粟补官这种位置消费，看重的是它所能起到的实际效用。就救灾而言，它确实起到了辅助政府救济灾民的作用。

南朝宋的百姓徐耕，被县令举奏朝廷，酬以县令，原因就在于它因为“以米千斛助恤饥民”②。南宋淳祐六年（1246）七月泉州遭遇饥荒，百姓谢应瑞“自出私钱四十余万籴米以振乡井，所全活甚众，诏补进义校尉”③。《元史》卷三十四《文宗纪三》云：“杭州、常州、庆元、绍兴、镇江、宁国诸路及常德、安庆、

① 根据吴慧（1985）的统计，战国中后期、西汉末、唐、宋、明、清中叶的粮食亩产分别是每市亩216、264、334、309、346、367市斤，基本呈现一个递增的过程；余也非（1980）的研究也表明，各朝与前朝的粮食亩产也大致是按比例增加的，多则47.6%，低则2.3%。这种趋势在南方表现的尤为明显。

② 《宋书》卷五，《徐耕传》。

③ 《宋史》卷四十三，《理宗纪三》。

池州、荆门诸属县皆水，没田一万三千五百八十余顷。松江、平江、嘉兴、湖州等路水，漂民庐，没田三万六千六百余顷，饥民四十万五千五百七十余户”，朝廷通过江浙诸省入粟补官募得的“钞三千锭及劝率富人出粟十万石赈之”；清代乾隆三年（1738）始开各省就地捐粮纳粟捐监的办法，以增加各地的常平仓积贮，用以平粜市场粮价，借贷贫苦农民，备赈灾荒。乾隆年间，仅到户部报捐的京捐银两每年达 300 万两之多，成为充实常平仓贮的重要来源。

故此，这种位置消费形式获得了部分人士的认可。南宋著名的救荒专家董煟评价道：“名器固不可滥，然饥荒之年假此以活百姓之命，权以济事，又何患焉?”[①]《元史》卷九十六《食货志四》“赈恤条”中的史官评价：“入粟补官，虽非先王之政，然荒札之余，民赖其助者多矣”。亦正因为它所具有的效应，虽然入粟授官法时兴时废，但在调整官制，废除弊政时，往往得以保留。北宋淳熙三年（1176），“诏罢鬻爵，除歉岁民愿入粟赈饥、有裕于众，听补官，余皆停”[②]。当然这也是政府出于公信力的考虑，毕竟朝令夕改不利于以后类似活动的开展。宋代理学家朱熹任提举江西常平茶盐公事时“浙东大饥”，但上奏提供粮食的入粟者却未获朝廷“推尚”，朱熹认为有所失信而拒绝接受酬赏他“救荒之劳”的直秘阁之职[③]。《金史》卷一百一十《杨云翼传》所载更可为佐证，是时部分官员对“入粟补官及以战功迁授者……苛为程式，或小有不合辄罢去”，杨云翼认为不妥，“赏罚国之大信，此辈宜从宽录，以劝将来”。

但是，正如王建国（1999）所指出的那样，位置消费会影响资源的最优配置，阻碍其达到帕累托最优，争名或位置消费可能

① 《救荒活民书》卷下，《鬻爵》。

② 《宋史》卷一百五十八，《选举志四》。

③ 《宋史》卷四百二十九，《朱熹传》。

导致得不偿失的经济增长。从入粟授官本身来看，入粟者可以获得官爵以及免役免罪的待遇，因此，一些富户会借机垄断粟米。王夫之评价云："虽然，入粟六百石而拜爵上造，一家之主伯亚旅，力耕而得六百石之赢余者几何？无亦彊豪挟利以多占，役人以佃而收其半也；无亦富商大贾以金钱笼致而得者也。"如此，就会出现"重农而农益轻，贵粟而金益贵"的局面，"天下益汲汲于金钱……为败亡之政而已矣。"①

入粟补官更大的是对官僚体制本身的冲击。任何社会，官吏都不同于士农工商，国家通过他们为政、安民，官吏成为政权象征。正常情况下，官吏们是通过举荐、考核和层层筛选而产生。这是一项细致、严肃的工作，无论如何也不该进入市场交易的范畴。但恰恰是掌握国家资源的专制政权，希望通过出卖垄断的政府产品，给自己带来财政上的巨大收益。因此，毋宁说入粟补官的救济制度是统治集团追求社会福利最大化的行为，不如说是其追求垄断租金最大化的行为。政府在灾害时期以官爵为筹码，与民间进行粮食交易来救济灾荒是一种追求社会福利最大化的行为，但更是帝王追求自己垄断租金最大化的作为。长远来看，这种交易严重损害了国家的利益。如果说，日渐式微的爵位的买卖危害尚轻的话，卖官的介入则严重地加剧了朝廷的腐败，它所带来的社会危害性远远大于鬻爵。张宇燕（2002）认为，从政治学的角度，鬻爵的危害低于卖官，因为后者"涉及到权力的行使和利益的分配，以致官位成为投资对象。"投资者必然追求回报，买官者关注的是买官能带来的利润或租金，大肆寻租由此而生，"三年清知府，十万雪花银"就是一个鲜明的写照。从时间看，卖官可以满足一时之需，但长期说，却是"损害税金根基的过程"，实乃饮鸩止渴。由劝分发展而来的义民旌表制度一定程度上避免了官爵授予可能带来的官僚机构的臃肿以及"始散财以得

① 《读通鉴论》卷二，《汉文帝》。

官，终聚财以剥民”的贪污之弊，从制度的选择而言，无疑是进步的。但是捐官仍是朝廷与百姓供需双方的达成博弈均衡的最佳选择。况且，无论是劝分还是义民旌表制度，由于它所能给各级官员这些强势方带来的实际利益，有时也会演变成为假劝赈之名行摊派之实的弊政，自愿的行动成为强制的命令，加剧了社会的矛盾（张文，2003；赵克生，2005）。

而且，它所带来的不仅仅是税基的损害，更是一个官基的毁坏过程。大批缺乏素质的买官官员的上任，使国家政治更加腐败，机构更加臃肿。宋高宗时期，曾颁布诏令，“凡入粟补官者，毋授亲民刑法之职”[①]，说明这一问题已经引起朝廷重视。但至元朝仍有作奸犯科之人借入粟之机进入官僚队伍。《元史》卷一百四十《成遵传》记载，“时有令输粟补官，有匿其奸罪而入粟得七品杂流者”，被其“怨家所告”，有司以“输粟例，无有过不与之文”来搪塞。时任中书右司郎中的成遵严厉驳斥道：“卖官鬻爵，已非盛典，况又卖官与奸淫之人，其将何以为治。必夺其敕，还其粟，著为令，乃可。”虽有“著为令”的呼吁，但相信此类人仍不在少数。金朝平凉府元帅右都监女奚烈古里间亦属入粟而得补官者，但因“材识凡庸，不闲军务……遂得升用，握重兵，当方面，岂能服众”而被罢免[②]。此类人毁坏的是朝廷的根基，是王朝最终走向覆亡的潜在因素。历史证明，末世、乱世往往是买官之风盛行的时期，也是灾害频发的时期，如汉、唐、元、明等王朝都是在灾荒带来的经济危机与腐败带来的政治动荡的双重压力下崩溃的。

宋元以后的政府逐渐认识到这种寻租的恶劣后果，加之经济压力的加大，遂加大力度推行汉武帝时一度出现的旌表制度，给予输财赈济之人以道德名望的表扬和奖赏。义民旌表制度在明代

① 《宋史》卷二十八，《高宗纪五》。

② 《金史》卷一百一十六，《石盏女鲁欢传》。

得到发展，成为灾荒赈济中常用的奖劝之法，并有了具体的旌格，即应出钱谷数量、旌表等次、优免事宜等具体规定。一般由中央户部奉旨议拟，下地方实行。至清代，不同的地区则可以根据本地不同情况，自行制定奖赏规定。

宋元以后的这种义民旌表制度较入粟授官无疑是进步的，它可以调动地方更多地参与到救荒中去，国家不致付出太多，义民们也可以通过捐赈粮食来维持基本的社会秩序与社会的和谐，从而保证自身的安全，达到消除敌对情绪、增强统治阶级的社会合法地位的社会政治目的（魏丕信，2003）。寻租向寻利的方向转化。这种制度有着深刻的思想根源。它吸收了浓重的佛教概念——“积阴德”，即行善而不图留名于世，而求一种延期的“报”，这种“报”可以惠及后半生，甚至可以惠及子孙后代（杨联陞，1973）。所以，这种租金更是一种名誉租，有着一定的政治目的。

但是，这种本身应该是自愿的制度，却给地方官员预留了寻租的空间，“州县奉行，奸计百出”①，官员强制富民捐献，以作为自己的政治资本，向朝廷邀赏（张文，2003）。而且这种旌赏制度也保存了捐官的残留，如表5-2显示，捐多者还是可以授官的，“三年清知府，十万雪花银”就是捐官者们疯狂掠夺、以收取回报的写照。

而且这种官员还受到自认正统的官吏的排挤。明代成化二十年（1484）山陕大饥，政府重开纳粟入监之例，但通过捐纳入国子监读书的生员，“两阅月放回依亲，有告愿自备薪米寄监读书者听”②，进入国子监只两个月就被赶回了家。在晚明，轻视、歧视纳粟的监生、官员是很普遍的现象。传统的意识只看见这些纳粟者对固有制度的破坏，却忽视他们在

① 《金史》卷一百一十六，《石盏女鲁欢传》。

② 《玉堂丛语》卷六，《科试》。

特殊情况下所起的作用。这种私欲性极强的不宽容，是出于保护自己固有地位的另一种形式的寻租，它削弱了政府救荒政策的号召力，也使富民对捐献的价值产生疑虑，削弱了富民捐粟的积极性，造成富民与政府的隔阂，“这种隔阂尽管不足以使专制制度瓦解，却使明王朝的统治力量受到严重削弱，救荒方面得不到强有力的支持，荒政陷入困境，整个经济运行也受到影响”（张兆裕，2004）。

四、入粟补官是争名还是夺利

入粟补官是一种依赖国家掌握的专有品官爵来鼓励百姓进行位置消费的行为，从它的产生开始，就具备了经济与政治的双重功效。入粟者期求的是社会的声望、名声的赞誉，争的是名；但名的背后是利，是在获取声名之后对实际利益的维护与攫取。从整个历史时段看，它在经济方面发挥的作用远远低于人们对其在政治上的期求，这是因为在政治上的地位可以成为决定经济上的收获。王建国（1992b）认为，如果人们的收入分配是由他们在政治科层中的相对地位决定的，那么政治寻位如同寻租行为一样导致社会的浪费。这一特征决定了入粟补官不能是一种成功的救灾制度。它之所以蔓延长久，成为一种各朝习以为常的制度形式，是由其专制制度的本质决定的，反映了帝王对自身垄断租金最大化的追求远甚于社会福利最大化。这是专制历史的产物，不应成为今天效仿的对象。

第四节　利益博弈对救灾制度实效的阻滞

一、中央政府与地方政府的利益博弈

传统的中国社会疆域辽阔，各地经济发展千差万别，政治地位也有所不同。这种政治与经济地位的差异，造成了中央政府在赈济灾荒时，产生了不同的利益偏好，这种偏好影响着朝廷对它

们的关注度不同。

魏丕信（2003）曾以湖北和直隶为例对比说明清政府在救济上的程序差异。湖北省荆南道的道员俞森，由于级别所限，向上呈报灾情要经过一系列的官僚衙门。经这些部门进行登记、抄写、摘要以及审定它的递送格式和方式后，才送到户部讨论，如果认为是适当的，再通过内阁呈报皇帝。皇帝的回复谕旨仍将遵循同样复杂的路线才能到达湖北省府武昌。然后，再由湖北总督从武昌传递到荆南道的襄阳。这种繁复的程序耽误了救灾的实施速度，灾情已经蔓延开来。而直隶的河间府与天津府，扼守京城，横跨大运河，在地理位置上具有重要的战略意义，政治地位也高。灾荒发生后，中央派遣了一大批官员前去救灾。这些官员可以直接向皇帝汇报，即使是通知地方官员，他们也不敢耽误，通过“奏折”以最快的速度递交皇帝。这种制度减少了无谓的时间耗费，使灾民及时获得救济，不至于向京城流亡，威胁到京城的安全。

不仅是救济的程序存在差别，救济的力度上，政府的偏好也不同。对于政治或经济的中心区域，政府的救济力度往往很大，而对于偏远地区，政府的救济力度却明显差别很大。

以唐代为例。据史料的统计，当时的救济区域多限制在政治中心京师、河南及经济发达的江、淮、河北、山东，而对于偏远的边疆地区，尤其是岭南、陇右一带所占比例甚少。从地理分布来看，唐代自然灾害发生次数最多的是关内道和河南道，分别为427次、274次，占灾害总数的33.9%和21.7%，超出了唐代自然灾害总次数的一半以上，比例惊人；而赈济的次数也分别达到14.2%、24.9%，居于前三位（第二位河北道，18.8%），这应与这些地区经济发达，又是政治中心有关；其次，是江南道，灾害有160次，占12.7%，赈济次数占13.2%，这从一个侧面说明江南经济得到了很大的发展，日益受到中央政府的重视；至于自然灾害次数最少的道是陇右道和岭南道，分别是11次和9次，几乎是微不足道，所占不足0.1%，这两个道都是边远地区，经济落后，唐朝中央政府也不太重视，记载也少，相应的赈济数量也只有0.01%、0.04%。统计表明，政治、经济中心地区在政府的重视程度以及由此造成的食物的获取权上往往要优于边远地区（图5-5）。

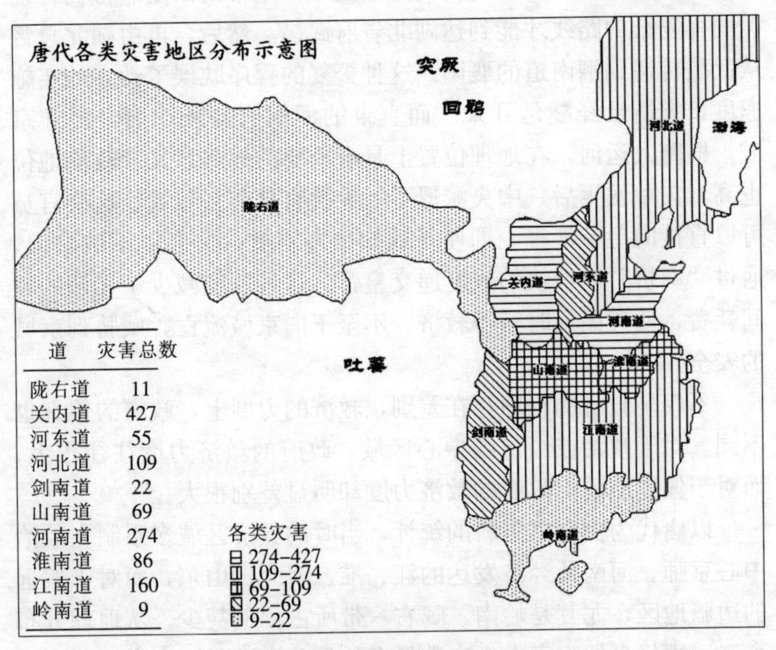

道	灾害总数
陇右道	11
关内道	427
河东道	55
河北道	109
剑南道	22
山南道	69
河南道	274
淮南道	86
江南道	160
岭南道	9

图5-5 唐代灾害区域分布图

表5-7显示的是清政府救灾的偏好。政府救灾着力最多的是江苏、安徽、浙江、直隶、甘肃、河南、湖北、山西、山东、东北等地。这些地区或者是国家赋税的主要来源地，或者是重要产粮区（湖北），或者是政治中心（直隶、东北），或者是军事要塞（甘肃），故而这些地区对维持该地的社会生产和稳定格外关注。

表 5-7　清代主要省区救灾制度实施分布表

省别	受灾州县	灾蠲州县	年平均	占成灾比例（%）	灾赈州县	年平均	占成灾比例（%）
直隶	5 273	3 052	16	58	1 925	10	36
山东	4 263	1 866	10	44	1 232	6	29
河南	1 831	1 081	6	59	733	4	40
山西	949	480	2	50	365	2	38
陕西	1 142	255	1	22	388	2	34
甘肃	2 205	946	5	43	1 198	6	54
江苏	3 771	2 482	13	66	1 819	9	48
安徽	2 638	1 691	9	64	1 307	7	49
江西	1 226	840	4	68	197	1	16
浙江	1 660	1 020	5	61	615	3	37
福建	296	130	0.7	44	155	0.8	52
湖北	1 921	1 116	6	58	656	3	34
湖南	559	378	2	68	169	0.9	30
广东	479	121	0.6	25	173	0.9	36
广西	111	8	0.04	7	16	0.1	14
四川	117	20	0.1	16	55	0.3	47
贵州	47	20	0.06	25	25	0.1	53
云南	138	12	0.4	53	31	0.4	58
东北	371	74	0.7	38	205	1	55
总计	28 938	15 713	80	54	11 314	58	39

资料来源：李向军，《清代荒政研究》，中国农业出版社，1995 年，64 页。

从历代实施赈济的城乡关系看，大多数的救济是在城市中进行的，而对乡村则缺乏得多。这与政府在救灾制度上偏好将仓储安排在城市有关，所谓“附郭近而易见，乡村远而难周”①。这

① 《文忠集》卷七十七。

直接造成了灾荒发生时，灾民纷纷流向城市，等待救济的景象。池子华（2001）认为，“向心”运动是古代灾民灾害时期流向的重要选择。魏晋南北朝时期的建康（今南京），唐代的长安（今西安）、北宋的开封、南宋的杭州、元朝的大都（今北京）、明代的南京、清代的北京等，在天灾人祸之际，往往成为灾民的“蓄水池”。政府还常常在主要城镇、水路咽喉设立“留养”机构。政府的这种意愿偏好影响深远。Lin and Yang（2000）的研究表明，造成1959—1961年三年饥荒的原因就是政府对城市粮食供给的偏好。了解我国传统社会赈灾历史时期的偏好有助于深入理解这一问题出现的缘由。

从以上列举的案例可以清楚地看出，由于中央对地方的偏好不同，国家的救灾措施、救灾力度上都存在很大差异。传统社会的中央政府在救灾问题上的这些偏好可以用阿马蒂亚·森（Sen，2001）的“交换权利”理论来理解。森认为许多饥荒的发生并不一定是社会粮食储备的不足，而往往是获取食物权利的丧失，由于受到统治者偏好以及国家政府实际经济能力的影响，政府的救灾活动往往有所限制。这也使得一些地区的民众不能获得救济的权利。从这个角度来看待，为什么历代官员重视京官而轻外官，政府对官员的惩罚也往往是贬到边远地区这些国家制度的形成应该有一定价值的。

二、政府与民间的利益博弈

政府与民间的利益博弈可以分为两个层次：一是政府与富民群体的利益博弈；二是政府与灾民之间。

（一）政府与富民的利益博弈

“富民”又称“富室”、“富户”、“富家”、“大姓”、“右族”、“望族”等。他们大多是乡村中靠土地经营致富的人。国家在财政不足时，常借助他们协助救荒。西汉武帝时，山东水灾，“遣使虚郡国仓廪以赈贫民，犹不足，又募富豪人相假贷”[①]。入粟补官这一救灾制度实际上主要是对富民的褒奖。但在唐以前，仅属少数情况。宋以后，富民经济获得巨大发展，“惟州县之间，随其大小，皆有富民”[②]。“富人者，州县之本，上下之所赖也”[③]。富民阶层成为政府救灾制度依赖的主要力量[④]，“富民参入灾荒救济发生引人注目的新变化”。（林文勋、谷更有，2005）甚至有人将其称为“天道”、“国法”[⑤]。相应的，入粟补官制度在宋以后推行的更加频繁，交易标准也大大降低[⑥]。

富民不同于财富占有者，财富占有者可能会拥有特权，但富民则没有，这使得他们更需要一个安全的社会体系。因此，富民们会通过积极地参入灾荒的救济，希望通过维持基本的社会秩序和社会和谐来保证自身的安全，缓解灾荒时期更加激化的贫富矛盾，或者通过“入粟补官”获得进入官场的机会。这从他们参入赈济的动机可以看出。《世范》卷三《刻剥招盗之由》说：“劫盗虽小人之雄，亦自有识见。如富室平时不刻剥，又能乐施，又能种种方便，当兵火扰攘之际，尤得保全。”王小波、李顺起义时，许多富民得以保全性命的原因就在于他们在地方赈济方面发挥了重要作用。

---

① 《文献通考》卷二十六。

② 《栾城集·三集》卷八，《诗病五事》。

③ 《挥麈后录·余话》卷一。

④ 实际上，对于政府过分依赖富户的救济，有些官员也持不同意见的。如宋哲宗元祐元年身为右司谏的苏辙就说：“臣窃见国朝建立京邑……至于诸路军粮，大抵无备。熙宁之间，东南大旱，民间阙食，官欲赈济，无所从得，不免诛求富民，敛斗石之粟，以济亿万之众，劳而无益，徒以为笑。”主张恢复常平仓制度进行灾荒救济（《续资治通鉴长编》卷三百七十七）。但是对于可以减少政府交易成本的制度，朝廷是不会放弃的。

⑤ 《黄氏日抄》卷七十八。

⑥ 所纳粟米低则明世宗时期的20石即获奖励，多则对汉代600石以上捐纳者才作出奖赏（《明史》卷七十八；《元史》九十六）。数量差异反映了国家财政压力的增大。

张文（2003）认为，在地方的民间救济中，往往存在一个富民与贫民的利益博弈问题。灾荒时期灾民普遍面临着粮食短缺的困境，对于他们而言，最好的想法是借着灾荒的理由，富民免费或者低价向他们提供充足的粮食；其次是得到富民不高过平常价格的粮食；最坏的结果就是流离死亡。但与此相反，对富民而言，最好的结果自然是以极高价格获得高额利润；次好的结果是略微获得比平常稍高的利润；最坏的结果是粮食被强行抢夺、征收，分毫无获。历史也证明，自然灾害之后，灾民最初的反抗形式便是抢米抢粮。在这种背景下，富民一般会接受国家的制度安排，积极参入救济。但为了避免民间群体产生动乱，出现不可预料的后果，在这种情况下，国家作为暴力实施的第三方就要衡量是否需要介入。介入可以控制局势不至于恶化，而任其发展，则可能出现动荡，增大交易成本。无疑，后者是统治者不愿看到的。而民间的博弈选择是，双方妥协，和平相处或者继续激化，政府强势介入，双方人身与财产安全都可能受到威胁。

这种情形下统治者势必选择对自己有利的战略。在实施过程中，由于国家的税收主要由人数众多的贫民阶层提供，所以政府在政策上往往倾向于为其提供更多赋税的贫民，将富民自愿的赈济变为强制性的摊派，甚至制定出若干有损富民利益的政策措施（林文勋、谷更有，2005）。张文（2003）认为，这是将富民的财富作为一种公有资源，在这一领域诞生“公有地悲剧”①。在政府的压制下，富民的积极性受到严重挫伤，甚至已经面临破产。宋理宗嘉熙年间，杜范上言说，由于政府的强制性摊派，“富户沦落，十室九空”，对乡村社会形成巨大的冲击。因此，林文勋（2005）等指出，古代社会对乡村发展动力的损害和秩序的破坏，

---

① 在宋朝一些人来看，民间遭遇饥荒，“转籴于大家，亦理也”。所谓“大家”即是富户，而“理”是指富民的财富是贫民创造的，灾荒时期拿出来是天经地义的（王柏：《鲁斋集》卷六，《静观堂记》）。

主要是来自于乡村社会之外的国家，而不是来自于乡村内部。从博弈论的角度看，这就好比做蛋糕，利益博弈就如一块蛋糕的分配过程，但另一方面，还存在蛋糕如何做大的问题。由于政府的介入，博弈一方利益明显受损，缺乏将蛋糕做大的激励，蛋糕就会越来越小。国家面临的救灾形势就会更加严峻。这对于参入的博弈方来说都是失败。这一悲剧激化了贫富矛盾，国家与地方豪强之间产生对立，富户囤积粮食的偏好降低。若再现饥荒，粮食短缺情况会更加严重，从而出现大量的流民，国家陷入与灾民群体博弈的又一阶段。

值得庆幸的是，由于北宋在财政上的失败，使它必需依赖社会的力量①。宋太祖曾说："富室连我阡陌，为国守财耳。"② 富民的稳定与否关系到国家的安稳。因此，虽然国家有着强制性的利益剥夺，但是富民经济的发展还是成为一股不可遏止的潮流，推动了民间救灾制度向纵深方向变迁。

（二）政府与灾民之间的利益博弈

从救灾制度本身来看，这是一场政府与灾民之间的博弈。救灾制度建立后，并不是每种制度都会得到使用，而是有一个选择的过程。救灾无疑是一种利国利民的好事，但是却要受制于国家的经济实力与统治者的偏好。如果统治者体恤民众，且国家的经济条件许可，政府就会对灾民全力救济，来帮助灾民渡过难关。

---

① 《宋史》卷一百七十三，《食货志序》中云："然终宋之世，享国不为不长，其租税征榷，规橅节目，烦简疏密，无以大异于前世，何哉？内则牵于繁文，外则挠于强敌，供亿既多，调度不继，势不得已，征求于民。谋国者处乎其间，又多伐异而党同，易动而轻变。殊不知大国之制用，如巨商之理财，不求近效而贵远利。宋臣于一事之行，初议不审，行之未几，即区区然较其失得，寻议废格。后之所议未有以愈于前，其后数人者，又复訾之如前。使上之为君者莫之适从，下之为民者无自信守，因革纷纭，非是贸乱，而事弊日益以甚矣。"此言讲出了宋朝财政失败的三个重要原因：繁文、强敌、政策多变。详细分析，可参见汪圣铎（1995）。

② 《挥麈后录·余话》卷一。

但是，其中任何一项的缺乏，都可能导致救灾制度的效用不高。特别是在国家财政困难的情况下，他们首先会考虑的是救灾的支出成本，而不是将来的收益如何。这样，政府与灾民之间会达成一种救灾的博弈模型：

设：局中人 G—政府；局中人 P—灾民；

对 G，政府的策略是：G_1—救灾；G_2—不救灾；

对 P，灾民的策略是：P_1—反抗；P_2—忍耐；

其中，精神层面（F）救灾成本较低，收益却高，设其值为 9；灾民的收益略低为 8；灾民对精神层面救灾持反抗态度，则灾民须付出较大成本，收益也不高，设其值为 3；政府则既要镇压不同意见者，又要保持救灾活动，收益为 3。政府救灾（W）成本虽高，但若能获得灾民的支持，收益设为 8；而灾民若支持，收益则可以达到 10；反之，反抗的话，收益仅为 1，政府的收益也仅为 2。政府不救灾，而获得灾民的支持，则其收益为 10，灾民的收益将为最低的 1；若灾民反抗，则有以可能达到 2，政府的收益为 1。

根据图 9 所列出的简单的博弈格局，最值得期待的结果是是：FP_1、FP_2，其次是 WP_1，即政府在付出成本较少的精神层面救灾获得救济的成功，并得到灾民的支持，自然是帝王的首选救灾制度；而即使花费较高的救灾成本，但能获得灾民支持也是不错的选择，虽然政府有些不乐意，但从长远利益出发，这是不得不做的。反之，虽然 G_2P_2 是政府所希望的，但也是最不切实际的，可能性多数是 G_2P_1，这意味着政府将遭受更大的损失，是灾民难以容忍的。但无论如何，G_2 都是政府最差的制度选择方式。

在这种博弈格局下，灾民是充满理性的，可以假设为灾荒还没有使其失去理智。而政府采取何种救灾制度，主要受制于国家的财政状况与统治者的偏好。当统治者相对政治清明，他会在财政条件允许的范围内，选择对灾民有利的战略；反之，若统治

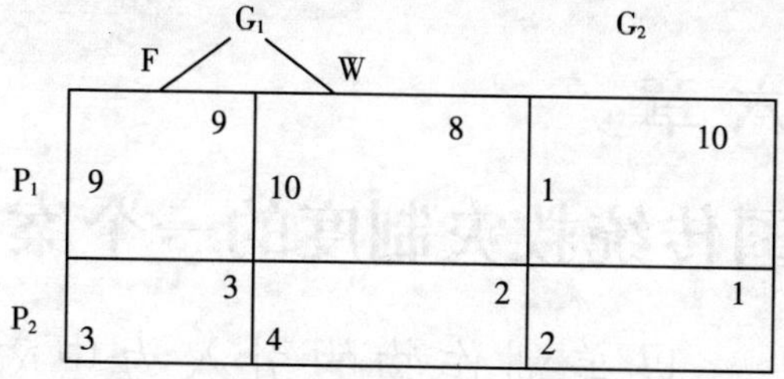

	G_1		G_2
	F	W	
P_1	9 9	8 10	10 1
P_2	3 3	2 4	1 2

图 5－6　救灾制度中政府与灾民的博弈矩阵图

者追求个人利益，则其会选择漠视灾民的战略。两种选择造成了两种不同的结局，一是救灾制度运转基本正常，国家进入盛世，二是救灾制度失效，国家陷入混乱，在“失去理性”的灾民的冲击下迅速溃败。这与我们前面所分析的是一致的。

第六章

中国传统救灾制度的一个案例

——以美洲作物的引入为中心

第一节 农业技术救灾制度的简要回顾与思考

农业技术救灾的实施，可以从根本上改变救灾所面临的困境，是一种积极的、更具实质意义的制度安排。对这种制度变迁进行相关分析，显然对于今天更具有借鉴意义。王思明（2002）的分析认为，技术的本质决定了技术的发明与选择有着明显的目的性或倾向性。作为自然、经济与社会共同作用的产物，技术的进步又与制度的发展与创新有着密不可分的关系。脱离自然条件和社会需求的技术无成功的动力，即便这种技术偶尔产生，也会因为缺乏需求而束之高阁。制度的变迁同样脱离不开资源禀赋和生产力发展的状况。诱致性制度变迁就是将资源禀赋与市场需求等内在因素视为技术与制度变迁的主要力量，外源性推力虽然不时存在，有时甚至相当巨大，但它们最终要通过内在的力量发挥作用。

由于技术的经济可行性总因国家和地区的资源禀赋和社会条件而异，不同的资源禀赋和社会需求会诱导技术发明会朝一定的方向进行。农业作为一种自然再生产与经济再生产紧密结合的一种活动，自然不仅参入，甚至是农事活动的重要组成部分。传统中国的农业科技主要有两项功能，一是提高农作物产量，二是提高防灾抗灾的能力。

表 6－1　中国古代专业性农书情况表

元代以前			明清时期		
名次	专业	数量（种）	名次	专业	数量（种）
1	畜牧兽医	61	1	蚕桑	171
2	花卉	27	2	花卉	166
3	竹木茶	19	3	竹木茶	64
4	园艺通论	10	4	农作物	54
5	果树	7	5	耕作、水利	45
	气象	7	6	畜牧兽医	44
7	蚕桑	6	7	水产	28
	耕作、水利	6	8	气象	24
9	蔬菜	4	9	园艺通论	23
10	农作物	2		蔬菜	23
	水产	2	11	果树	22
	农具	2	12	害虫防治	20
			13	农具	7

资料来源：元代以前农书据王毓瑚《中国农学书录》（中华书局，2006 年）统计；明清农书据《农学书录》和王达《试论明清农书及其特点与成就》（《农史研究》第八辑）一文综合统计。

农书名次的升降变化，展示了我国农业技术的变迁。随着人口的增长，人们对农作物、水利等的关注越来越多。同样，该表还显示对于农具的关注不够，反映了农业技术创新的缓慢与匮乏。直到今天，我国许多地区仍旧使用自西汉就有的农具。从历史来看，古代技术的创新主要集中在土地的节约与农作物的推广上。

在我国，由于人多地少，供给缺乏弹性，技术的发明与选择朝着节约土地的方向进行。这种技术的改变主要通过两条途径，一是改进耕作制度，二是选择适合耕种的多产作物。西汉时期，我国建立了以抗旱保墒为中心的旱作农业技术体系。此时土地尚有剩余，但粮食产量不高。为此建立了各种增产制度，如施肥、供水、除草、治虫、改进耕作制度。尤其是两宋之后，随着人口数量的增加，土地资源更加紧缺，畲田、圩田、梯田等与山水争地的制度被发明出来。明清时期土地利用率显著提高，轮作复种技术有了高度发展，多熟种植在全国范围内得到了普遍的推行。长江流域普遍推行了一年两熟甚至一年三熟制。黄河流域则发展了二年三熟制和三年四熟制。永佃制也得到广泛普及。在选择适合耕种的多产作物上，西汉引入小麦、北宋引入占城稻等等。这些都是一种促进农业发展的技术制度。美洲作物的引进更是大大拓宽了土地的数量以及作物的种植面积与产量。到 1820 年之前，中国的 GDP 占世界的 32.4%，仍是世界第一大国①。这是农业技术制度不断适应新情况，并不断创新的结果。

粮食作物技术制度的改进不但是解决人地之矛盾，更是救灾制度的重要选项。由于各地存在着天然禀赋上的差异，这些作物的推广只能是在一些比较适合其种植的地区先进行试验，然后通过不断的改造，逐渐适应其他的地区，最后成为国家承认并得到政府推广的制度。美洲粮食作物在中国的发展演变就是一个显著的典型。

可见，在农业技术救灾制度的发展变迁中，有内在需求所决定的因素，如市场因素、资源禀赋、社会条件等起着重要的作用，而在它的最后阶段，往往出现政府的强制性干预。这是政府

① 据安格斯·麦迪森（Maddison，2003）的统计，从 5 世纪到 14 世纪，中国较早发展起来的技术和以精英为基础的统治所创造的收入要远高于欧洲的水平，14 世纪以后，虽然欧洲的人均收入慢慢超过了中国，但是中国的人口增长更快。1820 年时，中国的 GDP 比西欧和其衍生国的总和还要高出将近 30%。

表 6-2　历代农业生产技术

朝代	耕作制度	耕作方法	农业生产工具	农业著作
西周	易田制	起亩作垄		
春秋战国	复种轮作制	畋亩制	铁制农具	《吕氏春秋》四篇;《管子·地员》
秦汉至南北朝	复种制度;三国时出现绿肥与粮食作物轮作	牛耕推广;代田法、区种法、条播技术;肥料有区分,溲种法、穗选法。魏晋进一步改进垄作制,出现了防旱保墒耕作技术	犁功能扩大,条播机——耧车出现	《氾胜之书》、《四民月令》、《齐民要术》
隋唐			钢刃熟铁制农具,曲辕犁,高转筒车,机汲	《四时纂要》
宋元			传统农具进一步完备	《陈旉农书》、《农桑辑要》、《王祯农书》、《农桑衣食撮要》
明清	耕作制度多样化、复杂化	套犁深耕、浅耕灭茬、沙田栽培、亲田法、看苗施肥、小麦移栽等技术形成与完善		

资料来源：王昉，《中国古代农村农村土地所有权与使用权关系：制度思想演进的历史考察》，复旦大学出版社，2005 年，253~254 页。

出于缩短制度建设路径，节约救灾成本的考虑。虽然统治者也是经济人，但是由于他们对财富最大化过度的追求以及社科知识的缺乏，他的理性是有限的，对强制性变迁可能带来的后果估计不足，往往导致其他一些制度上的失衡。这是“诺斯悖论”在起作用。

即使在新中国成立后，由于在农业现代化中建设进程中的急躁冒进与盲目效仿，我国的农业现代化就走了不少弯路，合作化与机械化运动就是一个残酷的教训（王思明，2002）。在全球化的过程中，各种技术的交流更加频繁，政府在引进的时候应该更加注意技术与制度的选择。特别是在作物的选择上，如何挑选适合本土生活与文化的物种，避免出现外来生物入侵的问题是值得我们关注的重要问题。以下将以美洲粮食作物的引进为中心案例，探讨这一影响深远的技术救灾制度变迁的过程。

第二节 美洲作物引入引发的救灾制度变迁

自古而来，我国就是一个人多地少，供给缺乏弹性的国家。农业技术的改变，主要是出于两个目的，一是增加粮食产量，二是增加防灾救灾的能力。这种技术的改变主要通过改进耕作制度和选择适合耕种的多产作物两条途径。在这一过程中，明清时期美洲粮食作物的引进与发展无疑在我国农业史上占据重要地位。对于美洲作物的引进，许多学者都作过精彩的论述，这其中尤以何炳棣（Ping-ti Ho，1955；1956；1967）具有开拓性。学者们的研究主要集中在美洲作物引进的路径以及对中国粮食作物结构的改变与粮食产量的影响上①。但对于美洲粮食作物的引进为何多发生在华南地区却有缺失，对于这种民间自发的制度创新

① 对于明清美洲作物的研究情况，参见曹玲（2004）。

缘何演变为政府的强制性政策更缺乏经济学的考察。从制度经济学的角度看，美洲粮食作物的演进是一种技术救灾的制度变迁过程。

一、美洲粮食作物引进前的中国面临的问题

（一）引进前的中国主要粮食作物的简要回顾

在探讨美洲作物为何在明中叶传入中国以前，我们有必要先对传统社会中国的粮食作物做一个简单的回顾。

粮食作物古称五谷，由于生产的发展以及物种的引进与推广，“五谷”所包含的种类变化很大，但一般指稻、黍、稷、麦、菽（即大豆）或麻（指大麻）、黍、稷、麦、菽等。秦汉时期，北方以种植粟为主，东汉魏晋以后，南方水稻稳定发展，隋唐之前则形成了南稻北粟的主体粮食结构。

小麦虽然是我国现在主要的粮食作物，但起始却仅在北方个别地区零星种植，仅属“杂粮”之列，汉唐之际，伴随生产力与科技水平的提高，小麦在北方迅速得到推广，中唐之后，上升为与粟并称主粮的重要地位。两宋时期，南方也开始大力推广小麦的种植，至13世纪中叶，中国的粮食改变了南稻北粟的基本结构，变成了水稻第一、小麦第二、粟第三的格局。

粮食作物的推广加上农业耕作技术的改进，大大提高了我国粮食的产量。据李根蟠（1998）统计，中国粮食单产比西欧古代和中世纪高得多。西欧粮食收获量和播种量之比，罗马时代的《克路美拉农书》记载为4～5倍；13世纪英国《亨利农书》记载为3倍。从《齐民要术》看，我国6世纪粟的收获量为播种量的24～200倍，麦类则为44～200倍。据《补农书》记载，明末清初嘉湖地区水稻最高产量可达4～5石，合今每市亩901～1 126市斤，比现代美国加州的水稻产量还高。粮食作物的发展对于改善我国人民的生活条件，促进经济发展起到了重要作用（万国鼎，1964；王毓瑚，1975；珀金斯，

1984）。

（二）美洲粮食作物引进的制度需求——人口与灾害变量

根据新制度经济学家的看法，决定一个地区发生制度变迁的因素很多，但总结起来主要有以下几种：一种使人口变量的作用，它往往会给制度变迁造成压力（North，1973）；另一种是自然资源情况和某些资源的分布特点，这些会在特定的环境下形成特定的制度（Demsetz，1969）；第三便是历史形成的既有制度（正式与非正式）以及政治因素和意识形态的作用（North，1981）。本书将在这些现有的理论框架内检验美洲粮食作物的引进是否具备了上述因素。

明代中后期，灾害频发，但人口不减反增，使原本就稀缺的土地、粮食更加紧张，原本的农业技术制度不能提供更加有效的服务，需要作出积极的变革，以应对已经开始失衡的制度。在中外交流意识的加强以及航海技术进步等外来因素的刺激下，寻求一种重新趋于均衡的制度成为必然的需求。这里先对美洲粮食作物引进以前，人地关系函数与灾害发生频率的变化，这些造成制度失衡的关键变量进行一下分析。

1. 人口变量 人口因素是制约技术的发展与制度的演进的一个重要因素，中国的农业技术和制度的发展都依赖于人口数量巨大这样一个前提。历史的经验证明，一种新作物的推广往往与人口的波动关系密切，它们或者是在人口峰值之前，或者是在峰值之后，这是因为之前，由于各项制度的创新，社会各项函数趋于均衡稳定，人口增长，从而产生了对粮食的需求，需要新的制度供给形式，改革农业耕作技术是一种，开荒屯田，推广新物种也是一种。在此刺激下，人口迅速达到顶峰。人口高峰来临后，在经历过一段相对繁盛的局面后，各种矛盾激化，人口外移到新的地区垦荒，也需要新的制度的供给。这些因素带动了我国的农作物的推广。

表 6-3　我国历代主要粮食作物的推广及其区域表

朝 代	推广作物	推广时间	推广区域	人口高峰期	峰值人口数量（万）	人口主要聚居区
西汉（公元前206—公元24）	小麦	西汉末年	关中	元始二年（公元2）	6 000	关中关东平原
东汉（25—220）	小麦		华北平原	永寿二年（157）	>6 000	关东平原
唐（618—906）	小麦	开元以后	黄河中下游地区	天宝十四年（755）	8 000～9 000	黄河中下游和太湖流域
北宋（960—1127）	占城稻、小麦	大中祥符年间	淮南北、江东西	大观四年（1110）	9 400～10 400	长江中下游和黄河下游
南宋（1128—1279）	小麦	淳熙年间	长江下游地区	端平二年（1235）	5 800～6 400	东南、华南
明（1368—1644）	番薯、玉米	万历年间	华南、淮河以南山区	万历二十八年（1600）	19 700	淮河以南
清（1644—1911）	番薯、玉米	乾隆中期以后	华北地区	道光三十年（1850）	43 200	华北平原与长江中下游

资料来源：根据葛剑雄，《中国人口发展史》整理，福建人民出版社，1991 年。

表 6-3 可以看出，小麦、水稻、玉米，番薯构成了我国的粮食作物，它们得到推广都是在人口顶峰来临前后，推广的区域也往往在人口集中区。唐以前，主要集中在黄河流域，宋以后，伴随我国经济中心的南移，推广区域也相应地转移到长江流域。

随着经济中心的转移与农业推广重点区域的变化，我国南北人口的对比也发生了变化。据珀金斯的研究，到 14 世纪，中国人口已经高度集中在长江流域，以往人口很稠密的华北和长江中上游地区，都因蒙古人的入侵而荒芜。明朝初期，人口密集地区向外迁移的人中大部分仍然是迁向华南或华中（珀金斯，1984）。

表 6-4 中国人地关系对比表

时 间	户数	口数	地数	户均口数	户均亩数	口均亩数
西汉元始二年（2）	1 233 062	59 594 978	827 053 600	4.78	67.61	13.88
隋大业五年（609）	8 907 546	46 019 956	5 585 404 000	5.17	627.04	121.37
唐天宝十四年（755）	8 914 709	52 919 309	1 430 386 213	5.94	160.04	27.03
明宣德元年（1426）	9 918 649	51 960 119	412 462 600	5.24	41.58	7.94
清乾隆十八年（1753）	—	102 750 000	708 114 288	—	—	6.89

资料来源：据梁方仲，《中国历代户口、土地、田赋统计》（上海人民出版社，1980 年）整理。参见王昉：《中国古代农村农村土地所有权与使用权关系：制度思想演进的历史考察》，复旦大学出版社，2005 年，220 页。

表 6-4 显示，就总的人口发展趋势而言，我国人口是逐步增长的，但宋元以及元明交替之际的战乱动荡带来强大的暴力毁灭，土地大量荒芜。明代是人地关系变化的关键时期，明中叶人口数量才逐渐恢复到唐鼎盛时期的水平，并在清乾隆十八年达到最高峰。但明代土地数量却大规模减少，由唐代的 1 430 386 213 亩降到 412 462 600 亩，降幅高达 97%；人均占有土地量也开始急剧下降，由唐代的平均 27.03 亩迅速跌落到 7.94 亩，户均亩数也由 160.04 亩降低到 41.58 亩。

这些数据所反映的内容显示，人口增长与土地数量明显不符，原先的农作物种植结构已不能满足人们的需求，需要新作物的供给。

2. 灾害变量 我国灾害频率有一个逐步加快的趋势，元代年均高达 5.4 次，明清也分别达到 3.7 次、3.8 次，远远高于以往朝代。灾害对传统粮食作物的生存状况形成了巨大冲击，寻找一种更加适合恶劣环境生存的作物，扩大粮食产量就成为人们的迫切需求。

表 6 - 5　13—20 世纪中国主要美洲作物传入表

作　物	引进的世纪	首先引进的省份	原产地
南　瓜	13—14		中南美洲
辣　椒	15—16	甘肃、陕西、两广、云南	中美洲
番　薯	16	福建、云南	中南美
烟　草	16	福建	中南美洲
玉　米	16	福建、浙江	中北美
花　生	16	广东、福建	美洲
木　薯	16	两广、福建、台湾	美洲
向日葵	16—17		北美洲
菜　豆	17	四川、云南、贵州	中美洲
马铃薯	17	福建	南美洲
菠　萝	17	福建、台湾	南美洲
番　茄	17	山西	南美洲
西葫芦	17	陕西、山西	北美洲南部
番石榴	17—18	福建、台湾	墨西哥、秘鲁
番荔枝	18	台湾	美洲
美洲棉	19	黄河流域	美洲
笋　瓜	19	安徽、河南	南美洲
番木瓜	17—19	广东、台湾	中北美

资料来源：珀金斯：《中国农业的发展（1368—1968）》，上海译文出版社，1984 年，62 页；王思明：《美洲原产作物的引种栽培及其对中国农业生产结构的影响》，《中国农史》，2004 年第 2 期。

人口与灾害变量的变化影响到粮食供求关系的变动，为了重新趋于平衡，必须进行一次新的制度变革。而此时，伴随着航海技术的发展以及中外交流意识形态的加强（李绍强，2005；唐力行，2006），新粮食作物的引进具备了交通上的便利。

表 6 - 5 显示，随着欧洲人对新大陆的发现，中国在 13 世纪

以后，尤其是16世纪开始，兴起了一个引进美洲作物的高潮。而此前的1 500年中，只有亚洲棉、高粱、占城稻进入过我国。20世纪之前引进的美洲作物大致分为两部分，一是作为经济作物的形式引进的，是商品经济发展与人们追求经济利益的反映。再一个主要目的就是出于救荒，以玉米、番薯、马铃薯、花生等为代表（王思明，2004）。珀金斯（1984）在解释16世纪之前外来作物引进对中国的影响时，仅仅对亚洲棉、高粱作出列举，并以棉业发展缓慢来证明中国人对新事物接受的迟钝。而实际上，他所忽略占城稻（早熟稻）却又是得到广泛推广应用的典型代表①。

占城稻产于今越南中南部的占城，何时传入我国不详。宋代政府对它的推广主要针对的就是原有稻种不耐旱的缺点。《宋史》卷一百七十三《食货志》记载：宋真宗祥符四年，"帝以江、淮、两浙稍旱即水田不登，遣使就福建取占城稻三万斛，分给三路为种，择民田高仰者莳之，盖旱稻也。内出种法，命转运使揭榜示民。后又种于玉宸殿，帝与近臣同观。毕刈，又遣内侍持于朝堂示百官。稻比中国者穗长而无芒，粒差小，不择地而生。"

可见，这种稻种被政府强制推行的因素就在于这种资源的先天禀赋优势"不择地而生"，在救灾作物的择优序中优于原先的稻种。所以即使它的果实劣于原先的稻种，不能作为租税的来源，却依旧为政府所推广。虽然种植它的边际成本是可能会带来政府租税的降低，但是边际收益却是减轻饥荒对于稳定当时的经济中心南方地区的积极价值。

从原始资料的来看，政府对占城稻的推广区域、面积十分宽泛。按每亩用种3升计，"三万斛"稻种就可以种植100万亩稻田，既使用现代的眼光看，一次性地改良100万亩也是一项重大的工程。如果成功，必将取的巨大的经济效益与社会效应。但若失败，也是后果惨重的。在政府的全力保障下，该制度获得了成功，

---

① 原著统计中有茶，但茶为我国原产已被学界公认。

在长江流域获得了推广。据当时的人李纲与陆九渊记载，有的地区甚至大约有70%～90%的播种率[①]。这是一次成功的制度变迁。

表6-6　占城稻与粳稻择优序对比

种类	耐旱性	适应性	生长周期	穗性状与米质
占城稻	耐旱	江淮、黄河流域，对土壤要求不高，早熟、不择地而生，产量高	3～8个月	穗长而无芒，粒差小
粳稻	不耐旱	水肥条件要求高	3～9个月	穗大，有芒，米质好

二、美洲粮食作物的引进为何发生在华南

如上表6-5显示，4种粮食作物玉米、马铃薯、番薯、花生的引进都是发生在南方，特别是华南地区，尤以福建为代表。为何华南地区率先产生了这种需求，而不是其他地区？首先要分析地是该作物具有的天然优势与该地区的自然资源特点。农作物的天然优势使人们在意识中加以接受，而当地的自然资源特点又使实施这种变革成为必然要求。

（一）4种粮食作物的资源禀赋优势

玉米、马铃薯、番薯、花生等4种粮食作物比我国以前的农作物适应性更强，更适合作为救荒的物种。既然作为救荒的食品，就有必要对人们为何选择这些食物作一分析。

首先是它们具有资源禀赋上的优势。比如玉米的主要优势在于能在很贫瘠的山区中生长，而且玉米的产量也比小麦和高粱之类的高出5%～15%。同治《建始县志》记载："居民倍增稻谷

① 《梁溪全集·中省乞施籴纳晚米状》；《象山文集》卷十六。

不给，则于山上种苞谷、洋芋或厥薯之类，深山幽谷开辟无遗”；而番薯，作为一年蔓生草木植物，耐旱、耐瘠，生长期短，适应性强，在南方几乎一年四季都能种植，许多农民往往把它作为常规植物种植失败后的补种物种。明代农学家徐光启称其有“十三胜”，其中之一就是救荒，“可当米谷，凶岁不能灾”、“农人之家不可一岁不种。此实杂植中第一品，亦救荒第一义也”。①

表6-7 玉米、番薯与水稻、小麦的优劣简单对比表

品种	最适合温度（℃）	是否耐旱	适应性	南方主要致灾种
小麦	15～25	否	冬温过高不利高产	旱、冻、涝
水稻	13～20	否	对水环境要求较高	旱、涝
玉米	20～24	是	南方波动小、高产、耐饥、适合山区种植	涝
番薯	15	是	在瘠卤沙冈皆可生长，对土壤适应性强、适合丘陵、耐旱	涝

通过比较，玉米、番薯与传统农作物相比更具有的先天性的禀赋优势，特别是易致灾灾种这一关键性因素中，它们具备对干旱的适应性较强这一优势。此外，在适应性上，对环境的要求也不是十分苛刻。择优序上的占先使新制度的出现成为可能。

（二）华南地区的自然资源特点

华南地区的地势、气候复杂多变，灾害分布并不均匀。就明代华南所涉及的三个地区福建、广东、广西而言，沿海地区容易遭受台风、海潮的袭击，也容易发生地震；水源丰富的地区容易发生水灾，水源短缺的地方容易导致干旱；山区则易出现洪水暴

① 《农政全书》卷二十七。

发、山体滑坡以及生物灾害等。

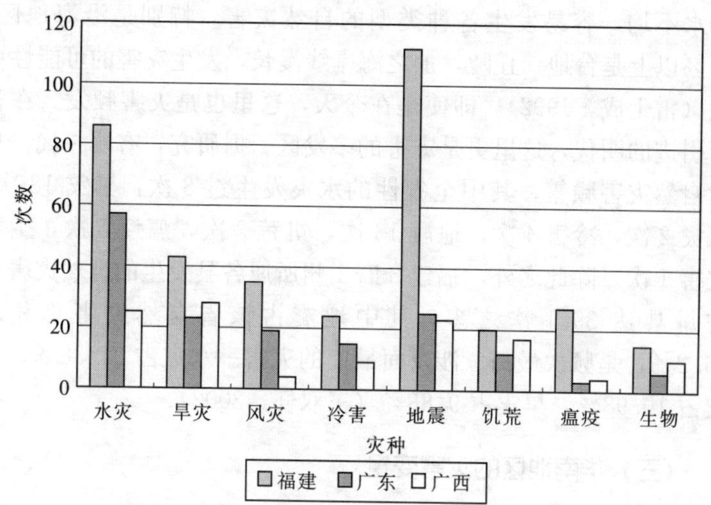

图 6-1　明代华南地区各布政司自然灾害图

资料来源：王双怀：《明代华南农业地理研究》，中华书局，2002 年，327～328 页。

可见，明代华南地区福建各类灾害最多，有 362 次之多，占总数 56.4%，而广东、广西两地共计也才有 280 次，分别占 25.0%、18.6%；各类灾害中水灾最多，168 次，占总数 26.2%；其次为地震，占 25.0%；旱灾 94 次，占 14.6%。

而从表 6-5 也可见，4 种主要粮食作物的首先种植区域有一个共同集——福建，灾害数量最多与其交集。这种正和集显示，美洲粮食新作物的引进首先出现在这里不是偶然的。

福建的主要农业用地是山地丘陵，这些土地土质较贫瘠，土块零散，耕作条件差，产量相对较低。而水稻作为南方地区的主要粮食作物，却仅适宜种植在沿海以及山谷盆地，这些面积仅占福建全省的不到 10%，故在美洲作物引进前，福建一直是缺粮大省（陈桦，1996），宋以来就常常发生抢米风潮（王振忠，

1996)。从自然环境看，福建东南临海，西北多山，地形复杂，降水不均，容易发生各种类型的自然灾害。特别是沿海地区，90%以上是台地、丘陵，加之海岸线漫长，发生灾害的可能性更大（雷士成，1992）。即使是在今天，这里也是灾害频发。在番薯引进的明代，这里更是灾害的多发区。据研究，有明一代，福建自然灾害频繁，其中全省性的水灾发生过 8 次，旱灾 18 次，风灾 2 次，冷害 4 次，地震 13 次，饥荒 3 次，瘟疫 5 次，生物灾害 1 次。除此之外，福建 8 府 1 州所属各县发生的自然灾害平均每县达 39.1 次之多，其中地震占该省自然灾害总和的 36.2%，是频次最高、涉及面最广的灾害。水灾占 24.38%，风灾占 10.98%，旱灾占 9.88%（王双怀，2002）。

（三）华南地区的灾害变量

从灾害发生时间的分期值来看，华南地区到明代中后期，尤其是弘治年间以后，灾害数量明显增加。如表 6-8。

表 6-8　明代华南自然灾害分期统计表

灾害类型	前期			中期			后期		
	次数（次）	平均（次/年）	周期（年）	次数（次）	平均（次/年）	周期（年）	次数（次）	平均（次/年）	周期（年）
水灾	34	0.51	2.00	180	1.31	0.76	87	1.23	0.82
旱灾	10	0.15	6.80	85	0.62	1.61	47	0.66	1.51
风灾	5	0.07	13.60	67	0.49	2.04	34	0.48	2.09
冷害	1	0.01	68.00	64	0.47	2.14	38	0.54	1.87
地震	20	0.29	3.40	105	0.77	1.30	87	1.23	0.82
饥荒	5	0.07	13.60	68	0.50	2.01	26	0.37	2.73
瘟疫	3	0.04	22.67	33	0.24	4.15	13	0.18	5.46
生物	3	0.04	22.67	45	0.33	3.04	9	0.13	7.89
合计	81	1.19	0.84	647	4.72	0.21	341	4.80	0.21

资料来源：王双怀，《明代华南农业地理研究》，中华书局，2002 年，321 页。

从表6-8可见，华南地区在明代前中后三个时期的灾害次数分别是81次、647次、341次，而年均灾次分别为1.19次/年、4.72次/年、4.80次/年，周期为0.84年、0.21年、0.21年。数据清楚的显示，华南地区的灾害频率显著增加；其中，明代中叶是一个灾害的高峰期。

美洲粮食作物所具备的天然的抗旱、适应性强的资源优势，华南地区自然禀赋的局限、灾害的频繁以及时间禀赋上所形成的对增产作物的需求，以及此地人口的急速膨胀①，土地要素更加稀缺，都需要新粮食作物的供给。

（四）番薯引进的个案

番薯，也称甘薯、山芋、地瓜、红薯等。原产于美洲中部，墨西哥、哥伦比亚一带。据考古资料，8 000年前的秘鲁就有番薯；美洲印第安人将其驯化为粮食作物。1492年，随着哥伦布对新大陆的发现，番薯传向世界各地。明代中后期，发达的海上交通使我国与东南亚的商贸往来更加频繁，番薯就在此时进入我国。

关于番薯进入中国的路径，大致有三种说法：陈益、林怀兰从越南引入广东东莞与电白县；台湾人自文莱引进；闽人陈振龙自吕宋（今菲律宾）引进（何炳棣，1985；曹树基，1988）。其中最后一种说法得到的认可最多。这里将沿用这一种观点。

引进番薯的陈振龙是福建的一名商人，明万历二十一年（1593），他在中国与吕宋之间进行商业往来，当看到吕宋番薯遍地，生存能力极强时，素知福建山多地少，粮食匮乏且灾害繁多的他，出于一名商人的敏感以及造福桑梓的观念，“深知朱薯功同五谷，利益民生”，有了引进的念头。但由于吕宋人将番薯视为该国之宝，严禁出口，陈振龙便出高价向私人购买了几条薯

① 参见王振忠（1996）对近600年福州人口增长的论述。

藤，并学会了种植的方法。回国后，恰巧福建遭遇大旱，“野草无青”，粮食极度匮乏，陈振龙之子陈经纶遂向当地的巡抚金学曾建议种植番薯度荒。考虑到土壤、气候等条件不同，以及人们长久养成的种植习惯，若贸然下令种植，则可能破坏原先的农作物种植格局，造成得不偿失的经济损失。金学曾采取了谨慎的态度，先让他们试种。在小范围的试种成功后，才下令全省进行种植，并亲自写了《海外新船七则》，以官方文告的形式，详细介绍番薯的性味、功用、土宜、育苗、扦插、藏种等方面的知识，并将其称为“救荒第一义”。经过努力，番薯在福建全面推广开来。大旱之年，仍可亩收千斤，人们“以当谷食，足果其腹，荒不为灾”①。福建全省灾荒大大减少。其后，万历三十六年，面对长江流域的旱灾，徐光启又将其引进江南地区。经过不断的品种改良，以及各级地方官员的努力，番薯的种植范围不断扩展，长江流域、黄河流域到 18 世纪到能看到它的存在（郭松义，1986；陈冬生，1991；谢志诚，1992；马雪芹，1999 等）。乾隆五十年（1785），随着人口高峰的到来，加上华北，特别是黄淮流域大旱，河南、山东、江苏、安徽等地“二麦无收，大田未能下种”，各地出现饥荒。乾隆根据各方上奏的赈荒策发现，番薯具有备荒耐旱的优势，于是下令全国推广，“以为救荒之备”。这一种农业救灾制度，经过 200 年的时间，逐步实现了诱致性制度变迁到强制性制度变迁的演变。番薯在农业作物中的地位迅速提高，现在成为产量仅次于玉米居于第四位的粮食品种。

三、美洲粮食作物引进产生的制度变迁与绩效

在讨论了致使传统农业救灾的一些制度出现供求失衡的变量后，以及以番薯为例，证明国家与社会为解决这种局面而重新作出的制度安排后，这里将对由此产生的制度变迁及其绩效进行

① 《古今图书集成》草木卷五十四，（《薯部汇考》）。

评论。

（一）制度变迁的评价

从番薯引进导致的制度变迁动力看，它有着人口的压力、华南自然灾害频发的冲击以及对外来事物可接受的历史传统，符合了新制度经济学家们的界定。而从其变迁的过程看，它不同于新中国成立初期家庭责任承包制在短短几年间由诱致性与强制性制度的变迁成为农村基本制度设计模式，而是经历了一个相当漫长的过程，从最初引进到乾隆皇帝诏令的颁布，长达 193 年之久。这与中国古代社会地域辽阔，情况复杂等因素有关，更反映了制度变迁过程中的渐进特征。

番薯最初由陈振龙自发的引进，产生了诱致性制度变迁。林毅夫（1989）的论述证明，诱致性制度变迁的出现必须要有某些来自制度不均衡的获利机会。华南地区灾害频发，土地资源缺乏，农产量低，农业技术救灾制度极为失衡，引进一种耐旱、适应性强、产量高的作物不仅会带来利润上的收益，而且会在民众中获得崇高的声望。陈振龙作为一名商人，有着追求个人利益的偏好，同时也深受中国传统的伦理道德、意识形态的制约。虽然文献不能显示“专利权”的获得，使他由此获利的具体数据，但中国传统社会对个人声望“符号资本”的渴求，也足以解释为何他会作出引进一种新的种植制度的决定。唐力行（2006）认为，对亲缘以及地缘的重视是近代商人的特征之一，同时由于传统文化根深蒂固，儒家价值深入民众，对明末的拜金思潮不易估计过高。陈振龙后来被聘为“门下士”，协助政府救荒与粮食推广工作。个人信念弱化了对“搭便车”可能带来的副作用的不（少）获利的疑虑。如果没有这种强大的意识观念，他可能不会花重金费尽周折运回国，或者不会无偿提供给政府。

作为一种旨在改变农业救灾技术的革命，由于它存在风险不确定性，没有政府的协助，要想获得成功的机会是很小的。从番薯的传播可以看出，如果没有福建当地政府的支持，要想获得更大范围的推广，必然要付出更多的机会成本。而地方官员对政绩的偏好以及为官的道德约束等，使他们把这一救荒制度的推广作为自己的职责，降低了这种风险，反映了国家制度对社会其他制度安排的制约。史料记载，参入推广番薯的官员除了金学曾外，还有清代浙江巡抚方观承，山东布政使李渭、刘斯嵋，山东巡抚明兴，陕西巡抚陈宏谋，安徽望江县令徐斌，湖南宁远县令陈丹心等。

政府之所以对其实行强制性的变迁，首先在于对税源的保护。农业是国家租税的主要来源，国家有保护与发展它的动力与积极性。麦迪森（Madison，1999）认为，在古代中国，“一般来说，官僚体制对经济的影响、尤其对农业的影响是非常积极的”。劳费尔（Laufer，2001）也曾经评价道：“中国人的经济政策有远大眼光，采纳许多有用的外国植物以为已用，并把它们并入自己完整的农业系统中去……中国人是熟思，通情达理，心胸开阔的民族，想来乐于接受外人所能提供的好事物。在植物种植方面，他们是世界上最前列的权威。”政府作为利益最大化的追求者，意识到新的制度安排能给他带来的财富与国民财富成正比，可以节约政府与百姓之间的交易成本，因此也愿意在其权威的限度内建立最有效的制度安排。

如图 6-2 所示，纵坐标为交易成本，横坐标为时间。如果没有政府强制干预，“交易成本——时段”曲线就会沿着 S-M-L1 方向发展，呈角度很少的一条斜线。在 T1 时刻政府强制干预，制度发生激烈的变化，“交易成本——时段”曲线沿着 S-M-L2 方向发展，可以看出交易成本降低，降低的交易成本为阴影部分 L1ML2 的面积。

乾隆选择番薯，是看中了它具有传统作物，如水稻、小麦等不具备的几项优点：耐旱、耐涝、耐风雨、病虫害较少、适应性强、不与稻麦争地、产量大等。关于它的产量，陈振龙的

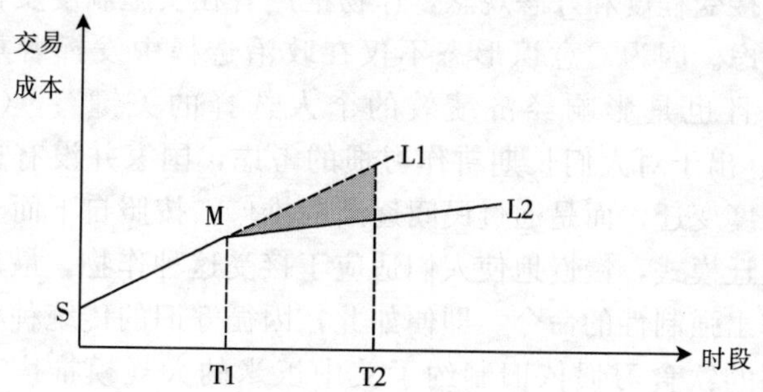

图 6-2　诱致性与强制性制度变迁产生的交易成本图

后代陈世元有详细记载。他说："薯，上地一亩约收万余斤，中地约收七八千斤，下地约收五六千斤。"鲜薯"每万斤，晒干三千五百斤零"，大约每三斤鲜薯，晒薯干一斤。据《甘薯录》记载，当时北方的粮食产量，"凡膏腴上地，更际丰年，每亩收谷子（即小米）一大石，计官斗三十余斗，连桴不满五百斤。如大麦、高粱、荞麦。到秋收成，轻重大略相等"。《金薯传习录》卷上亦记载，乾隆五十年代，山东种番薯，"一亩种数十石，胜谷朴二十倍"。据龚胜生（1993）推算，到清末，两湖番薯耕地面积为一万八千顷（1 800 000 亩），以 6 石的番薯单产计，清末两湖每年可产番薯 1 080 万石左右，加上玉米的 60 万石左右，合计增加粮食 1 100 多万石左右，约可养活 280 万人，对缓解清后期两湖的人口压力起了较大作用。产量的提高可以减少饥荒的发生次数以及由此可能导致的社会动荡，对统治者而言，只有在相对稳定的环境中采取获取最高的垄断利益。因此，这是一次边际成本低于边际收益的变革，是统治者乐于接受的。

番薯引进的起始阶段采取了渐进式以及试验推广等制度变迁的方略，将制度交易的成本压缩到最低限度。在这个过程中，不仅规则的制定，甚至意识形态，人们的习惯和公众对新制度的接受程度和好恶观念，作物推广者在实施制度安排都曾有过考虑。因为“意识形态不仅在政治选择中发挥着重要作用，而且也是影响经济绩效的个人选择的关键”（诺斯，2000）。出于对人们长期耕作习惯的考虑，国家并没有选择激进的制度变迁，而是通过民间逐渐的推广，按照自下而上的诱致性变迁模式，慢慢地使人们适应于接受这种作物，最后才由国家作出强制性的命令。即便如此，因循守旧的传统种植与根深蒂固的饮食习惯依旧制约了关中玉米的大规模推广（耿占军，1998）。

诱致性变迁之所以成功，最大的原因是因为它的交易成本低。从美洲作物的推广区域看，它是先在距离京城相对较远的地区试种的，然后再逐步向经济重心区域推广，这种推广方式可以将风险不确定系数降到最低，交易成本不致过高。其次，它是通过各种途径的谈判来实现各方面的制度安排需求。这些谈判方式包括引进者与政府的谈判，政府与百姓的谈判，推广者与百姓的谈判等。在所有的制度变迁方式的应用上，通过协商和谈判取得“同意的一致性”，显然是成本相对较低的一种方式。因此，与其认为救灾作物的引进是缘于它实现了作物推广者的收益最大化预期，不如认为它来自成本最小化的设计。在各方面的谈判数值趋于多数化之后，政府要做的就是通过政府的命令正式的确认，并推广实施。

（二）制度变迁的绩效

美洲粮食作物的引进促进了国民经济的增长。郭松义（1986）、陈冬生（1991）、谢志诚（1992）、龚胜生（1993）、王振忠（1996）、耿占军（1998）、马雪芹（1999）等对美洲作物引进后对浙江、山东、河北、两湖地区、福建、陕西、河南等地的经济影响作了区域性的微观研究。如民国年间福建全年的粮食产量如中，番薯一度超过稻米位居首位。

表 6-9　民国初年福建省主要粮食产量

种类	产量（市担）	种类	产量（市担）
番薯	49 558 000	芋类	1 275 453
稻米	44 021 000	豆类	970 957
小麦	2 728 308		

资料来源：王振忠，《近 600 年来自然灾害与福州社会》，福建人民出版社，1996 年，123 页。

就整体而言，学者们也作出了推测。吴慧（1988）认为，清前期的亩产量，种了玉米、番薯后，可提高到 367 市斤，比不种玉米、番薯提高 17 市斤；其中单种番薯可提高 9 斤，单种玉米可提高 8 斤。与明晚期的亩产量（346 市斤）相比，增长 21 斤，增幅为 6%，其中纯粹由于清中叶南方垦地比重比明代增加（由 50.21%增至 52.02%），亩产可增加 4.2 市斤，单纯由于玉米、番薯、双季稻的作用，使亩产提高了 16.8 市斤。赵冈（1995）的推断不同，种植玉米番薯使粮食亩产增加了 21.14 市斤，其中玉米使亩产增加 10.37 市斤，番薯使亩产增加 10.77 市斤：在这增加的 21.14 市斤中有 2.38 市斤是明代就增加的（玉米 1.3 市斤，番薯 1.08 市斤）。结论数据虽有差异，但却反映了农作物种植制度的改变给中国传统农作物产量带来的重大变化。

美洲粮食作物的引进也改变了我国的粮食作物结构。我国自古以来着力发展产量高的粮食作物，质量口味放其次或兼顾，劳动人民以满足温饱为首选目标。玉米的传入使传统作物黍、稷的种植量大为减少，玉米的种植面积终于超过了粟谷等杂粮而跃居于旱地杂粮作物的首位。番薯则取代了蔓菁和传统薯类如芋、山药等粮食功用，以其独特的优势压倒传统薯类，不仅在薯类作物中占绝对优势，而且在粮食作物中跃居重要地位。据民国 28 年对福建省农户食物消费的调查，食品费占支出总数的 67.5%，每年番薯的消耗仅次于稻米，居于第二位（王振忠，1996）。

美洲粮食作物对生存环境具有极强的适应性，可以在山区、沙地等恶劣环境下生长，这拓宽了中国耕地的面积。高王凌（1992）认为，从官方的数字看，明万历年间，我国有耕地约合7亿亩，至18世纪中期达到9亿亩，民国初期更达到了14亿～15亿亩，这里面不能忽视新作物引进的作用。

表6-10 中国人口与粮食产量（1400—1952）

年代	人口（百万）	粮食产量（千吨）	耕地面积（百万公顷）	粮食单产（公斤/公顷）
1400	72	20 520	19.8	24.7
1650	123	35 055	32.0	40.0
1750	260	74 100	48.0	60.0
1820	381	108 585	59.0	73.7
1952	569	162 139	86.3	107.9

资料来源：A.，Madison：Economic Performance of China the Long Run. 1998.

表中清楚显示，1400—1820年，中国耕地面积增长了3倍，粮食总产量增加了5.3倍，人口也增长了5.3倍，粮食单产增加了75%。这种增长的原因之一就在于美洲粮食作物的引进使一些边际土地进入生产，改善了我国可利用农业生产资源的状况（王思明，2002）。

简言之，这次制度变革对当时中国贡献的正值主要是，其一，增加条件恶劣地区为新的粮食产量增长源，耕地面积大幅增加；其二，新引进作物虽然在单位面积产量上低于稻米，但却高于其他北方若干旱地作物，低产作物被逐渐取代，粮食作物结构被改变，平均亩产量增加。基于此，何炳棣（Ping-ti Ho，1956）认为，宋代引进占城稻以及明清对农作物种植制度的重新安排，是中国粮食生产重大革命。占城稻不但增加全国稻米的生产，并因早熟之故，不断地提高了稻作区的复种指数。虽然农业生产的进步经常是逐渐、缓慢的，但是早熟稻在近千年中对粮食生产积累影响深而且巨。美洲4种农作物，花生、番薯、玉米、马铃薯传华400余年来，对沙地、瘠壤、不能灌溉的丘陵、甚至高寒的山区的利用，作出很大的贡献力量。“20世纪90年代中期，中国花生产量已超过六百万吨，越印度居世界首位。我国玉米产量超过三千万公吨，是次于稻米和小麦的第三重要粮食作物……这三种美洲种的杂粮作物总共相当六千万吨粮食，占全国广义粮食总产量的百分之二十以上”。这4种美洲粮食作物长期对我国农业生产的积累影响，不得不谓是“革命”性的。因此，这次制度变迁从其绩效上讲是有效率的，是社会共同选择的结果。

四、借鉴的经验

强制性制度变迁的供给有时也面临着制度失败的危险。林毅夫（1989）将制度失败的原应归因于4种原因：统治者的偏好与有界理性；意识形态刚性；官僚集团之间的利益冲突以及社会科学知识的缺乏。这4种原因的存在，造成制度的失衡，此时的制度往往是失败的、无效或低效的。由于粮食的匮乏，土地的稀缺，许多政府都把改进农业技术，提高粮食产量作为重要任务之一。但这些活动并不全是成功的经验，同样不乏失败的教训。

水稻的种植制度是水利、生态、温度等变量的函数，任何一个环节出现变化，制度就会出现失衡，水稻种植就有失败的可能。南方由于这些变量在长期能处于一个均衡的状态，因为成为这一地区主要的粮食作物。但北方的情况却不一样。华北地区水资源缺乏的先天劣势决定种植水稻制度存在缺陷。汉唐之际，北方由于生态条件较好，水稻也能够生长。但此后，由于生态的恶化，水利工程的失修，北方丧失了水稻种植制度均衡的条件，旱作作物占据绝对主体。因此，宋元之际，虽不断有人提出在华北平原种植水稻，但未见明显成效。为了减少南粮北调带来的成本耗费，明清时期许多人又重提旧事。如万历十二年（1584）朝廷下令在河北永平一带垦田种稻，希望省却50%的漕运费用。史书说，此次尝试是由于触犯了宦官、勋戚的既得利益，而受阻挠失败。这是表面的原因，深层的背景在于水稻种植制度的函数在此时已经不可能达到均衡，人们对科学知识缺乏才是真正的原因。

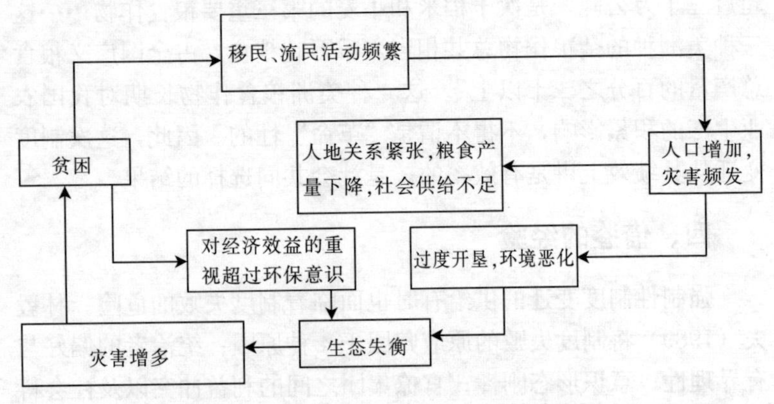

图 6-3　贫困—人口—灾害的恶性循环图

美洲粮食作物的引进确实改变了原先救灾制度的失衡的局面，却又导致新的制度失衡，即自然生态平衡制度的破坏。清初，由于人口矛盾激化，灾害不断，粮食供不应求，人们只好向山区移民，但由于山区气候、地势恶劣，传统的农作物对这种生存条件的是影响较差，收益仍旧很低。这时，清政府对番薯、玉米进行了推广，使山区的百姓接受了这种制度安排，番薯、玉米成为这些地区的主要粮食作物。但一个问题也随之而来。赵冈（1996）的研究说明，由于玉米的引进，清代产生了大量的“棚户”，这些棚户大量开辟山地，种植番薯、玉米，导致森林生态破坏严重。恩格斯（1971）曾以古代波斯等为例，论述农业开发对生态的破坏性影响，认为耕地如果自发地进行，而不是有意识地加以控制，接踵而来的就是土地荒芜，像波斯、美索不达米亚及希腊那样。美索不达米亚、希腊、小亚细亚以及其他各地的居民，为了想得到耕地，把森林都砍完了，但是他们梦想不到，这些地方今人竟因此成为荒芜不毛之地，因为他们使这些地方失去了森林，也失大了积聚和贮存中心。哈定（Hardin，1968）的著名论文“公地的悲剧”也诠释了这个道理：自利行为会使得人们滥用公地，最后导致群体的整体的产出水平下降，偏离最优福利水平。虽然清政府也意识到由此产生的负值，并采取“驱棚”措施，但仍旧对生态环境造成了史无前例的浩劫，酝酿着新灾害的爆发。

四千年间，由于人口的增长与人们不合理的开发，我国森林覆盖率由60%，降低至10%左右，导致黄河、长江流域洪涝频发，而西北则干旱不断（樊宝敏等，2003）。张建民（1984）通过对清湖北省洪涝灾害的统计，认为道光以后每年平均被灾州县比清前期有相当显著的增加。制度的失败与统治者的有界理性相关，社会要为国家政策的失误付出更加巨大的交易成本。如上图6-3所显示，环境的破坏，将形成“灾害→饥荒→破坏性开发→生态环境恶化→自然灾害频繁→饥荒”的恶性循环，最终将导致贫困的出现。这也是现阶段我国扶贫救灾工作应当引以为鉴的。

第七章

自然灾害与中国传统社会的兴衰演变

中国历史上循环不断的王朝“谜团”吸引了历史学家和经济学家的广泛关注，“中国的历史是一部不断改朝换代的历史，因而不断产生令人感到乏味的重复：创业打江山、国力大振、继而长期的衰败，最后全面崩溃”（费正清，2002）。长久以来，多数主流观点坚持认识农民起义、农民战争是推动中国历史发展的唯一动力，也只有农民战争才能推翻一代旧王朝，重建新王朝，并成为史学界关注的“五朵金花”之一。近些年来，随着社会科学的发展，围绕如何解释王朝兴衰这一现象，形成了不同的研究范式：

第一种是官僚体制论，虽然曾有论点认为统治者的个人道德、个体素质决定了王朝的走势，但这种论断显然忽略了中国古代官僚体制的积极作用，因为中国的国家制度不仅仅是统治者，而是统治者和官僚体制之间博弈的结果（孔飞力，1999）。但无疑，古代社会的官僚体制存在难以克服的自身局限。周溯源（2010）认为，这一局限具体表现为三对体制性的矛盾——腐败的官僚体制与要求官吏清廉的矛盾；需要人才与人才受压抑的矛盾，需要任贤使能与任人唯亲的矛盾；乾纲独断的家长制与求谏纳谏、广开言路、集思广益的矛盾，这些矛盾导致王朝的兴衰。

第二种是人口危机论。这一观点认为王朝的循环主要是由于人口与资源的关系决定的，由于土地资源相对刚性恒定的制约，人口的增加导致了可供分配土地的减少、农民家庭不再能分得小块土地，造成农民大规模的流亡或沦为地方豪强的契约农奴，进而出现因农民生存危机而引发的动乱（何炳棣，2000；雷海宗，2005）。当然，也有学者认为这一论断没有意识到技术进步对克服要素报酬递减的作用（郭艳茹，2008）。李伯重（2003）的考察显示万历之后江南地区通过精耕细作技术和早期节育技术克服了人口危机。

第三种是财政危机论。这一观点认为税收的逐渐高企导致了王朝走向衰亡，“向农民征收过重的田赋榨干了中国的农业经济”（Wang，1938）。黄仁宇（2001）则将其归因于税收制度的过于简陋，国家以分散的短线补给方式来运作财政，无法形成“数字目”的管，致使资源分散，体制僵化，流弊从生，最终走向衰亡。

第四种是边疆危机论。李治亭（2009）认为历代王朝的民族政策及各民族的发展趋势，直接关系一代王朝的盛衰存亡与国家领土疆域的统一。

第五种是自然灾害论。除却以上四种范式，也有学者将自然灾害考虑在内。Ellsworth Huntington（2003）认为地理气候存在潮湿期和干燥期的轮值：潮湿期农产丰裕，农业区生活易于维持，人口增长并逐渐进入饱和状态，社会生活水平持续下降，随着干燥期的到来，产出减少，饥荒、瘟疫发生，对食物的争夺引发战争和混乱，同时气候变化使牧草不生、牲畜饿死，游牧部落就会南下侵略、征服农业区。阎守诚（2008）认为导致王朝灭亡的农民起义的直接诱因就在于灾害的发生。

本书的分析将承袭第五种论断，从国家的起源与灾害救济的关系、救灾制度实效与国家走向等问题上进行阐述。以往对古代王朝衰亡的研究侧重于阶级斗争的观点，而对自然灾害在其中的重要作用却述之甚少。近些年来，随着对生态与环境等因素的日益重视，从灾害出发探讨王朝衰亡成为一个崭新的观察历史的视角。

王朝的盛衰演变是一个综合的结果，是对国家政治、财力、物力的重大考验。灾害是对政府的最大挑战之一。古代国家的重要职能必然是确保救灾制度发挥实效，维护国家的权威，实现臣民双方的利益。救灾制度的失效，往往意味着权威的丧失。已有文献的研究表明，世界范围内各国王朝的更替乃至国家的产生和灭亡也与救荒关联紧密（波斯纳，1973；魏特夫，1957）。自然灾害造成的物质匮乏，成为王朝兴衰存亡的一个重要因素。

第一节　灾害与早期国家的起源

国家的起源自是一个长久的争论，任何一门学科都希望能获得科学合理的解释[①]。从灾害史的角度审视，世界许多地区早期国家的出现与消亡都与灾害的救济有着密切的关系，比较显著的是古埃及文明、秘鲁奇穆文明、玛雅文明的消亡与厄尔尼诺现象有着密切的关系（布赖恩·费根，2009）。

波斯纳（Posner，1973，1975）对早期社会的分析认为，在无国家社会，对交易或交换分析的经济理论基础不是生产的专业化分工，因为在无国家社会，交易的主要功能是提供社会所必需的防止挨饿的保险。由于原始社会简单的生产条件，缺乏专业化的分工和大规模生产的能力，使物资缺乏储存的资本，以致荒年的时候经常面临粮食匮乏的窘境。而且，在前国家社会也不能用征税和发放救济金等方法影响家庭之间的食物分配。因此，原始社会需要一种比婚姻的形成、家庭或亲属之间的交换，赠送礼品等更为复杂的交易形式——即防止饥饿的保险。单个家庭规模相对

① 两种传统的观点是社会契约论和暴力掠夺论。新制度经济学主要运用产权、交易和契约分析来讨论国家起源的逻辑关系和演变过程。大体而言，诺斯、奥尔森近乎于掠夺论，而巴泽尔则近于契约论。国家起源的动力在于战争、人口压力和贸易三方面，国家的出现过程伴随着分工的深化，专业的暴力组织的现过程和以其为基础的公共权力机构的建立过程。

较少，无法应付灾害所导致的产出波动，而大的团体则能降低单个家庭与其生活资料之间的相关程度，从而降低人与自然的交易费用，提供更多的保险，逐渐这种大团体突破了血缘关系，产生了一个新的机构来适应日益复杂的交易关系，维持必要的社会秩序，为社会成员提供更为复杂的生存保险，这个新机构就是国家。

这种为防止饥荒而设定保险机制的行为也存在于远古社会。针对灾害带来物质稀缺的严峻现实，人们设计了一系列的条约、制度，来规范人们的行为，尽量减少灾害带来的灾难性后果。在原始社会，当人们面临食物匮乏时，形成一种“残忍”的制度安排，即年轻人享有食物使用的优先权，老人只能选择饿死。在食物匮乏的情况下，老人甚至成为年轻人延续生命的食物，可见救灾制度安排在人类的悠久历史。

根据墨菲（Murphy，1991）的研究，斯图尔德（Steward，1976）注意到最早的国家产生在相当没有前途的地区，如洪水泛滥的黄河流域、尼罗河的干旱地区、伊拉克和叙利亚同样干旱的底格里斯河和幼发拉底河以及秘鲁海岸的焦土地区和墨西哥高原的缺雨区。这些地区的显著特征就是若没有灌溉，农业不是奄奄一息就是难以存在。

同样的理论逻辑适应于中国。“人类在这里所要应付的自然环境的挑战要比两河流域和尼罗河的挑战严重得多。人们把它变成古代中国文明摇篮地方的这一片原野，除了有沼泽、丛林和洪水的灾难之外，还有更大得多的气候上的灾难，它不断在夏季的酷热和冬季的严寒之间变换”（汤因比，1959）。传统中国社会成为水旱灾害多发的地区，救灾成为一项重要的事务。但在国家出现之前，救灾的效率是低下的，更多依靠的是自然的恩赐和对鬼神的祈求。随着灾害发生的愈加频繁和破坏力的增加，一种渴望统一组织来降低生存成本的要求愈加迫切。

众所周知，在中国这样一个高度敏感的受水利或水害影响的社会，农业对于灌溉有着很高的需求与依赖，治水问题成为中国社会的重大问题。一方面，灌溉实施可使农业获得高产，提供更多的剩余产品，减少饥荒的发生；另一方面，水利设施的建设与维护具有显著的规模效应，水利工程又是一项公有物品。这样，公有物品的价值就十分突出，而所在居民为了获得更多的收益，就愿意付出更多的集体行动，愿意为公用物品的提供而承受较大的成本。对公用物品的依赖，是这些地区形成国家制度的总要推动力。“正是灌溉堤坝和水渠的修建增强了中央集权控制，因为必须有人计划这些复杂的工程劳动、纠集大批劳动力，并且对建造工作进行管理。在水利工程结束后，分派珍贵的水、维修渠道都需要持续不断的权威。这些要求首先是由庙宇中的僧侣（祭司）来满足的，他们形成了城邦国家的领导核心。最后逐渐形成了由世俗王朝统治的地区性国家和帝国，并由军队来巩固和扩张”（墨菲，1991）。这一说法与速水佑次郎（2003）的论述近乎一辙，它也认为：“灌溉体系，特别是亚洲季风区使用的地球引力型的灌溉体系，具有不可分性和外部性的特征，它需要政府的公共投资或有领导和纪律的农民集体行动。”

对于中国而言，韦伯（1995）认为，古代中国更多地体现出的是一种政治资本主义，中国存在的“家产官僚制最初起源于对初潮的治理与运河的开凿。也就是说，起源于建筑工程。君主的实力地位来源于臣民最初所服的不可避免的徭役”。阿尔贝托·阿莱西纳和昂里克·斯波拉（Alesina and Spolaore，2005）的国家规模解释模型也认为大一统政治体制的产生是由于治水对集权的需求。

可见，正是农业经济对水的渴求使中国传统社会的官僚机构必须置身于一个强有力的中央体系之下，“中国的团结出于自然力量的驱使”。这种自然力量有着具体的指向。对传统中国社会有着透彻研究的韦伯（1995）明确地指出：“治水的必要性，在中国与在埃及一样，是一切合理、经济的决定性前提。回顾一下中国整个历史，便不难发现治水的这一必要性是中央政权及其世袭官僚制之所以成立的关键所在。”“在中国……某些根本性的命运（对我们来说则是史前的命运）也许是由治水的重要意义所决定的。”因此，他认为“家产官僚制最初起源于对初潮的治理与运河的开凿。也就是说，起源于建筑工程。君主的实力地位来源于臣民最初所服的不可避免的徭役”，韦伯将这种局面称之为“政治资本主义”，这种“统治具有很强的专断性，统治者可以集中政治权力去征集人力和支配资产。”

其后，韦伯的学生、受到冷战思维影响的魏特夫（1989）也一脉相承地指出，东方社会的形成和发展与治水等大规模的公共工程密不可分。中国是一个水帝国，治水是中国国家产生的根本原因，治水是形成集体合力的重要手段，“治水农业包含特殊类型的劳动分工，它促使耕作加强，它必须进行大规模的合作”。排除其政治倾向，魏特夫的观点与很多学者的研究类似。康有为说：“洪水者，大地所共也。人类之生皆在洪水之后。大地民众皆区萌于夏禹之时。”丁山（1988）明确提出，“《尧典》洪水即中国历史”的起点。苏秉琦的观点更是明确，“中原地区国家的最终形成，主要是在从洪水到治水的推动下促成的，这是超越社会大分工产生政治实体的推动力”。大规模的政府水利工程的建设和管理，导致了高度集权的专制政权。从发展经济学者的视角看，“灌溉体系，特别是亚洲季风区使用的地球引力型的灌溉体系，具有不可分性和外部性的特征，它需要政府的公共投资或有领导和纪律的农民集体行动”。由此古代中国社会形成专制主义中央集权体制，并长久蔓延①。以上的分析或过于理论化，但近

① 但是有的学者却不赞同中国早期国家起源于水利灌溉工程兴修的观点，他们认为在中国古代则意味着江河带来的洪水灾难，江河灌溉水利工程没有那么重大的意义。尧舜禹时代治水主要是为了对付洪水灾难，而不仅仅是兴修水利工程。组织抗洪救灾更重要的是一项社会工程。为了生存而治理洪水，导致社会组织形式和社会结构发生了变化，还处于氏族社会阶段的各酋邦，不得不超越生产力发展水平，组织起强有力的治水机构——从治水联盟到治水联合体，最终催生了超经济的国家的出现。参见黄震（2004）。

些年来逐渐获得案例的支持。有分析深刻地指出，中国早期国家起源于尧舜时代遇上的罕见的世界性大洪水，这场大洪水不仅“造成了新石器晚期氏族部落的大迁徙，促成了在黄河中游中原地区出现了早期国家”，而且“形成了我国东南西北各区域文化‘满天星斗’向黄河中游文明中心转变的特点”（王晖，2005）。

归根结底，古代社会专制主义集权国家的出现与灾害对传统小农经济的破坏密切相关，集权体制“作为农业社会下的一种有效治理结构，垂直命令式的集权模式比分权联合式的个体行动模式更具有成本节约和制度发展的必然性”（郭旸，2009）。这是因为，传统社会自给自足的、分散的小农经济迫切需要一个具有集权特质的至高权威来使本身免遭包括自然灾害在内的其他社会风险的侵袭，正如马克思（1972）指出的：“由于各个小农彼此间只存在有地域的联系。由于他们利益的同一性并不使他们彼此间形成任何的共同关系，形成任何的全国性的联系，形成任何一种政治组织，所以他们就没有形成一个阶级。因此，他们不能以自己的名义来保护自己的阶级利益。无论是通过议会或通过国民公会，他们不能代表自己，一定要别人来代表他们。他们的代表一定要同时是他们的主宰，是高高站在他们上面的权威，是不受限制的政府权力，这种权力保护他们不受其他阶级侵犯，并从上面赐给他们雨水和阳光。所以归根到底，小农的政治影响表现为行政权力支配社会。”可见，分散的小农经济对权威和“不受限制的政府权力”（专制权力）的需求，乃是其处于规避风险，获取经济利益最大化的考虑。这种思路是超越治水学派的根源所在。

必须注意的是，中国古代社会在秦汉建立统一的中央集权制王朝后，曾陷入长期的分裂状态，这就是所谓的“五胡乱华”时期，而最终将乱世秩序重新整合的力量也与灾害有着密切的关系。基斯（2001）对这一过程进行了深入的探讨。他认为，魏晋南北朝时期灾害的频发导致了饥荒与贫困等现象的出现，进而导致了税收系统及积弱政府的崩溃。“贫困日益增加，有时还会伴之以对救世主宗教的疯狂执迷，而政府内的财政与管理方面的衰弱之态亦日趋严重，这些因素的合力就造成了社会的动荡与反叛”。他以充满哲理的语言进行了阐释：南朝多发的灾害为北朝最终完成传统社会再度一统创造了条件，“在北朝看来，它（南朝）不过是静待屠戮的牺牲品，不过是一颗等待着收割者镰刀的庄稼”。出身于北周的隋文帝杨坚利用这一时机完成了对自东汉以来长期陷入分裂的中原王朝的重新统一，中央政权再次建立了中央集权体制的统治。五代两宋时期又经过了一次类似的波动，最终由元代完成统一。此后，中原王朝处于统一的中央集权体制之下。从中国古代国家的历史演变看，它的产生、发展趋向与灾荒有着极其密切的联系（Chu and Lee，1994），而事实也证明，统一也是救灾的客观要求，是历史发展的必然。

表 7-1　历史朝代更迭与天灾人祸表

时　段	灾害因素	社会政治因素	社会经济、政治后果
前 2000 年前后	灾害群发期，史称“夏禹宇宙期”。持续多年洪水	部落间混乱	人口锐减，氏族公社衰亡
前 1000 年前后	低温干旱，灾害群发	社会大动乱	人口减少 40%以上，商灭周兴
前 209 年	暴雨、洪水	陈胜、吴广起义	人口大减，秦灭亡
前 12—25 年	旱灾	王莽篡汉，匈奴入侵，绿林赤眉起义	人口减少 50%以上，西汉灭亡
184—208 年	蝗灾、洪涝、瘟疫	黄巾军起义，军阀混战	人口减少 65%以上，西汉衰亡
316—439 年	洪水泛滥，灾害群发	军阀混战	南北朝灭，人口大减
611—622 年	水、旱灾	隋末农民起义	人口减少 30%以上，隋灭唐灭

（续）

时　段	灾害因素	社会政治因素	社会经济、政治后果
870—907 年	水、旱、虫灾	黄巢起义	人口减少 30%，北宋削弱
1120—1127 年	旱灾	方腊起义“靖康之难”	人口减少 25%，元灭
1351—1368 年	水、旱、虫灾	韩山童、刘福通起义	人口减少 50%，明灭
1628—1644 年	旱、水、虫灾群发期，史称“明清宇宙期”	李自成起义	人口减少 20%，清灭
1840—1844 年	水灾	太平天国、鸦片战争	民国结束，新中国成立

资料来源：陈高傭等：《中国历代天灾人祸表》，上海书店，1939 年；何爱平：《区域灾害经济研究》，中国社会科学出版社，2006 年，47 页。

第二节　自然灾害与农民战争

很多学者关注到中国历史上农民战争的爆发与灾害之间的关系这一焦点问题。众所周知，前工业化时期的中国，温度的降低会极大地影响农作物和畜牧业的产量。香港学者章大卫和他的研究小组调查了公元 1000 年到 1911 年间发生的 899 次战争的相关数据，把这些数据与同时期北半球气候的一系列温度数据进行了相互对照。他们发现中国东部地区的战争频率，尤其是部分南方地区的战争频率与温度变化有着极为重要的关联，几乎所有战争的最高潮和王朝变更都发生在严寒时期，在这样的生态压力下，战争将成为重新分配资源的最终手段。作者们总结称：“正是长期气候变化所引起的农业产量变化推动了中国历史上战争与和平的循环转换。”① 裴宜理（Perry，2007）的研究证实，淮北地区

① 转引自：雅龙，研究暗示气候变化将成为未来战争的根源（文）。http://www.chinainfo.gov.cn/data/200707/1_20070710_157896.html

由于不断遭受旱涝灾害的影响，环境艰难而不稳定，形成了两种生存模式，一种是掠夺性策略，另一种是防御性策略。这两种模式是民间自发的救灾制度形式。它们作为获得和占有稀缺资源的方法而同时存在，是能被村民用来最大化获取利益，同时又最小化避免风险的合理方式。这种因持续灾害而引发的活动，是此地成为中国革命起源地的源头之一。类似的境况也发生鲁西北地区，由于该地涝灾和盐碱地问题严重，黄河泛滥频繁，成为义和团起义的故乡（周锡瑞，1995）。斯科特（2001）的阐释证明，农民通过反抗来获取生存的权力不单是中国的现象，也是东南亚地区农民的选择。汪汉忠（2005）分析了中国古代当灾荒降临时，农民经过天灾成为饥民或者流民，为了生存沉沦为土匪的过程。彭尼·凯恩（Kane，1993）认为："一旦事情（灾荒）变得严重后，公众的骚动就会越来越厉害，就会被视为上天已经不再支持他了，它的统治将被推翻。因为绝望的人很容易铤而走险，进而造反起义。……当大量饥民出现时，军队就失去了保障，人民的信任就成为皇帝与一个新王朝之间的最后一道脆弱的屏障了。"如果在新的空间中仍然窒息得无法过活，政府也迟迟没有做出实际有效的反应的话，这种信任就会丧失。为了争夺有限的物质资源，获得生存权，摆脱生存危机，百姓们就会揭竿而起，通过激烈的反抗推翻旧王朝统治。这是一种强制性的、激进的制度变迁形式。社会动乱其实是一场生存之战，是统治者与灾民各级追求利益最大化的过程。自然灾害引发农民起义在中国传统社会案例很多①：

秦末陈胜、吴广起义的原因在于连绵的大雨导致道路不通，

---

① 实际上，灾荒在世界范围内的政治生活中都发挥着重要的作用，比如古代非洲，"如果农业歉收和军事失败，国王就被认为不称职，需要废黜，又有还要斩头"（郝镇华，1981）。而爱尔兰大饥荒促进了其独立运动的快速发展（彼得·格雷，2005）。

延误工期则要砍头，权衡得失的结果只能揭竿而起。西汉新莽时“连年久旱，百姓饥穷”[①]，由此爆发了王匡、王凤兄弟领导的绿林军起义。东汉末年桓帝、灵帝时期，或连年久旱，或淫雨成灾，或蝗虫伤稼，致使百姓饥馑，流移道路，转死沟壑，从而爆发了黄巾起义。

隋末政府腐败，“天下死于役而家伤于财”。国内农业凋零，社会危机四伏。在这种情况下，大业七年（611），山东、河南、河北一带发生严重的水旱灾害，百姓“初皆剥树皮以食之，渐及于叶，皮叶皆尽，乃煮土或捣藁为末而食之！其后人乃相食”。山东的王薄、窦建德、张金称，河北的高士达，河南的翟让、单雄信等掀起了这场推翻杨隋政权起义的序幕。唐末同样是水旱蝗灾连绵不断，《旧唐书·黄巢传》记载，“仍岁凶荒，人饥为盗，河南尤甚。”最终引发了黄巢、王仙芝起义。

元朝后期，土地高度集中，贪污腐败横行，阶级矛盾、民族矛盾异常激化，在此背景下，又发生了连年的灾害。元统元年（1333），京畿大雨，饥民达40万，第二年，江浙被灾，饥民59万，至元三年（1337），江浙又灾，饥民40万。黄河也发生决口，河南、山东境内的黄河两岸饥民遍野。大水之后，又是大旱。《明太祖皇陵碑记》记载：“值天无雨，遗蝗腾翔，里人乏食，草木为粮。”至正十年，元朝政府派15万农民修筑黄河，终于引发了元末农民起义。

明朝末年，阉祸日滋，边患趋紧，整个国家百孔千疮，民不聊生。天启七年（1627）开始，国内天灾不断，陕西一带旱情尤为严重，“一年无雨，草木枯焦……八九月间，民争采山间蓬草而食，其味苦涩，以延不死。至十月，蓬草尽，则争剥树皮以充饥，以求缓死，迨年终，树皮又尽，则掘山中石块（观音土）以果腹”，甚至出现人相食的惨剧，终至“流贼大起”。

① 《汉书》卷九十九，《王莽传》。

清代嘉、道以后，政治处于黑暗时期，灾害的发生，只能加剧社会的矛盾，爆发更大的社会危机。故而清末的丁戊奇荒，“不仅仅是由于气候的异常变化引发的偶然现象，即所谓‘天祸晋豫’，它实际上是这一时期中国社会内部危机的一种特殊表现形式”（李文海，1994)。

纵观历史上每一次重要的农民战争，几乎和当时的自然灾害有着不可分割的关系。如图 7-1 可见，灾害发生后，如果灾民得不到及时的救济，他们的选择路径有两种，一是坐待死亡的降临，二是为了生存进行抗争，其结果或者是与第一种选择的最终走向相同，都是死亡，但同时多了一条可能获得生存的路径，因此，多数灾民还进行这样的选择。纵观前文提及的几次农民起义，灾民都经过了这样一个选择的过程。《史记》卷四十八《陈涉世家》记载了这样一个过程：

二世元年七月，发闾左戍渔阳，九百人屯大泽乡。陈胜、吴广皆次当行，为屯长。会天大雨，道不通，度已失期。失期，法皆斩。陈胜、吴广乃谋曰：“今亡亦死，举大计亦死；等死，死国可乎?”……广起，夺而杀尉。陈胜佐之，并杀两尉。召令徒属曰：“公等遇雨，皆已失期，失期当斩。藉弟令毋斩，而戍死者固十六七。且壮士不死即已，死即举大名耳，王侯将相宁有种乎。”

“亡亦死，举大计亦死”讲述的就是这样一个抉择的过程（图 7-1)。

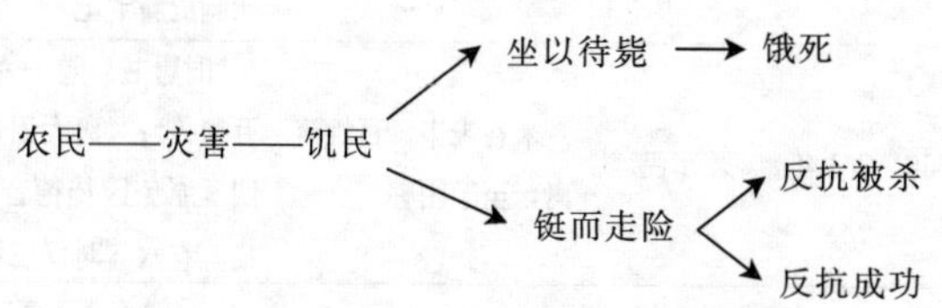

图 7-1 天灾导致农民反抗的演进过程

需要注意的是，灾民是各种力量综合作用的结果，灾害只是诱发灾民变乱的导火索，灾民的动乱与国家总体的政治、经济格局关系密切。

表 7-2 唐代因灾动乱统计表

时　间	地点	灾　因	资料来源
武德（618—626）初	京畿	频年不熟，关内阻饥	《旧唐书》卷七十五《韦云起传》；《唐会要》卷四十《上慎恤》
咸亨（670—674）初	关中	关中旱饥	《金石萃编》卷六十一《间公之碑》；《资治通鉴》卷二百一
永淳元年（682）	关中	关中旱饥、雨涝、疫	《旧唐书》卷五《高宗纪》、卷七十五《苏良嗣传》、卷八十七《魏玄同传》
神功元年（697）	江淮	关东饥馑，蜀、汉逃亡，江、淮以南，征求不息	《旧唐书》卷八十七《狄仁杰传》
神龙二年（706）	洛州	都城谷贵	《旧唐书》卷九十三《张仁愿传》
乾元（758—760）中	澧州	水旱	《全唐文》卷六百一十九《戎昱·澧州新城颂序》
乾元中	睦州	江淮凶饥	《权载之文集》卷二十《韩公（洄）行状》
乾元上元（758—761）间	开州	岁比凶灾	《权载之文集》卷三十二《开州刺史新宅记》
肃宗年间（756—761 年）	颍州民	米谷未丰，百姓流离，至于困弊	《旧唐书》卷一百五十二《张万福传》；《唐大诏令集》卷八十四《原免囚徒德音》；《元次山集》卷六《时议三篇》
宝应元年（762）	江淮	江淮大饥，人相食	《资治通鉴》卷二百二十二；《新唐书》卷一百四十九《刘晏传》

（续）

时　　间	地点	灾　　因	资料来源
宝应元年	舒州杨昭	三吴饥，人相食	《文苑英华》卷七百七十五独孤及：《故洪州刺史张公遗爱颂》
宝应元年	新安沈千载	三吴饥，人相食	《文苑英华》卷七百七十五独孤及：《故洪州刺史张公遗爱颂》
广德中（763—764）	常州张度	旱	《新唐书》卷一百四十六《李栖筠传》
永泰（765—766年）初	宣饶方清、陈庄	岁凶	《新唐书》卷一百四十六《李栖筠传》；《册府元龟》卷六百七十一《选任》
大历（766—779年）中	巴南诸州獠民	岁俭	《旧唐书》卷一百三十七《于邵传》；《舆地纪胜》卷一百七十五《夔州路·重庆府·古迹》
大历中	淮南民	旱	《新唐书》卷一百六十二《独孤及传》；《文苑英华》卷五百八十八独孤及：《谢舒州刺史加朝散大夫表》
大历时	莫州民	岁俭、人饥	《全唐文》卷九百九十三阙名：《郑府君玉墓石》
贞元十四年（798）	京畿民	旱	《新唐书》卷一百六十五《权德舆传》；《权载之文集》卷四十七《论旱灾表》
贞元二十一年	京兆民	旱，关中大歉	《旧唐书》卷一百三十五《李实传》；《韩昌黎集》卷三十七《御史台上论天旱人饥状》；《韩昌黎集外集》卷六《顺宗实录》
元和六年（811）	辰溆张伯靖(蛮)	大水	《旧唐书》卷一百五十五《窦群传》
长庆二年（822）	淮南民	饥	《旧唐书》卷一百一十六《穆宗纪》

（续）

时　间	地点	灾　因	资料来源
长庆二年	汴州	旱	《旧唐书》卷一百六十七《窦易直传》
大和（827—835）初	京师民	饥	《全唐文》卷七十一文宗：《令神策军与府县协捕寇贼诏文》、《旧唐书》卷一百四十下《刘蕡传》
会昌（841—846）时	湖外	旱	《全唐文》卷七百四十八杜牧：《权审除户部员外郎制》、卷七百五十杜牧：《王桂直除道州长史制》
大中五年（851）	蓬州	饥寒	《新唐书》卷一百四十九《刘晏传》、卷六十五《刑法志》；《全唐文》卷七百七十七李商隐：《为兴元裴从事贺封尚书加官启》
大中六年	衡州邓裴	湖湘旱耗，百姓饥荒	《文苑英华》卷五百六十八杜牧：《团练副使冯少端讨衡州草贼邓裴表》
大中七年	华州	关中少雪	《资治通鉴》卷二百四十九
咸通八年（867）	怀州	旱	《资治通鉴》卷二百五十
咸通十年	陕州	旱	《资治通鉴》卷二百五十一
乾符元年（874）始	王仙芝、黄巢	旱、蝗	《旧唐书》卷二百下《黄巢传》

由表 7－3 可见，神龙年间之前的灾民动乱仅有 5 次，占据的比例相当小。而安史之乱后，随着唐代国势的日渐衰微，对灾民的救济日渐不力，灾乱次数大大增加。

同样需要注意的是，受政治、经济、军事等因素的影响，政府在不同时期对灾荒引发的动乱处置方式是不同的。唐前期的统治者对隋朝灭亡的原因记忆犹新，意识到导致饥民作乱的实质是连年劳师作战与自然灾害的交互作用致使百姓陷入生存危机，解决的最好方式是息兵并劝民务农。如武德元年（618）“频年不熟，关内阻饥”，“蓝田、谷口，群盗实多”，韦云起劝高祖“请暂戢兵，务穑劝农，安人和众，关中小盗，自然宁息”①。对因饥荒而被迫为盗的百姓也予以宽贷处置，不予追究，“改过自效，前事舍而不论”。② 武德二年二月，武功人严甘罗为乱被捕，回答为乱原因时说：“饥寒交切，所以为盗”，高祖遂下令将其释放③。中后期部分地方官员也能够招携流民，使其安心生产。独孤及在任舒州刺史时，“惠以柔之，武以袭之，释矛服来，尽为良俗……属淮南旱歉，比境之人，流移甚众，公悉心以抚，舒独完安”④。唐中后期，鉴于饥民为乱日益严重，在朝廷颁布的各种大赦诏文中，对罪犯不赦免的范围日趋扩大，原先赦免因灾为乱的百姓的故事已荡然无存。在政府颁布的大赦文书中，我们时常见到将“光火劫盗”者列入不赦免的名单⑤。对饥民为乱者也以武力镇压取代了安抚、劝降。大中年间，山南道饥民“依山为剽，宣宗怒，欲讨之”，宰相崔铉劝阻道：“此陛下赤子，迫于饥寒，弄兵山谷间，不足讨，请遣使喻释之。”⑥ 遂派遣京兆少尹刘潼前往宣慰，但宣宗旋即改变主意，又遣山南西道节度使封敖、三川行营都知兵马使王贽弘与中使似先义逸引兵“至山下，竟击灭之”⑦。《新唐书》卷六十五《刑法志》认为宣宗时期是对待乱民政策的一个转折点，“故时，窃盗无死，所以原民情迫于

---

① 《旧唐书》卷七十五，《韦云起传》。
② 《唐大诏令集》卷八十四，《原免囚徒德音》。
③ 《唐会要》卷四十，《君上慎恤》。
④ 《文苑英华》卷九百二十四，《故常州刺史独孤及神道碑》。
⑤ 《全唐文》卷一百零七，《迎佛骨赦文》。
⑥ 《新唐书》卷一百四十九，《刘潼传》。
⑦ 《资治通鉴》卷二百四十九。

饥寒也，至是赃满千钱者死，至宣宗乃罢之。而宣宗亦自喜刑名，常曰：'犯我法，虽子弟不宥也。'"所以欧阳文忠公评价说，宣宗"少仁恩，唐德自是衰矣"。实际上，固然有宣宗个人的喜好问题，但真正能对其决策起作用的还是当时的政治、经济形势。因此，并不是所有自然灾害都可以引发农民起义。从唐代的情况看，唐前期，国家政权稳定，行政效率良好，遇有灾荒，救灾及时有效，灾民动乱的情况很少。德宗至文宗时期，经过"安史之乱"，唐王朝由盛转衰，大规模救灾的能力已经不如唐前期，但仍可以采取种种救灾措施，使灾民生活生产得以继续维持。懿宗、僖宗时期，唐王朝日薄西山，临近衰亡，国家不仅不救灾救荒，反而继续横征暴敛终于酿成大规模的农民起义（阎守诚，2006）。

自然灾害促使社会矛盾更加激化，使农民陷在深深的生存危机中，为了生存，只好进行反抗。古代王朝本身已面临自然灾害造成的经济危机，农民又将其拖入政治危机、统治危机之中。古代社会，能够领导救灾的更多的是政府，但此时的政府包含救灾在内的各种职能已全面陷入崩溃，灾民反抗的目标自然集中在政府身上，从而加速了王朝的崩溃。

第三节　自然灾害与少数民族南下

中国古代王朝盛衰中除却百姓起义之外，少数民族的南下入侵也扮演着重要的角色。少数民族的南下原因众多，其中之一是他们生存条件，特别是气候条件的恶劣。

西北地区少数民族生活的草原地区是自然灾害的多发地，这一地区的灾种主要有旱灾、暴风雪、雷暴、蝗灾、瘟疫等形式，具有种类不多、破坏形式多样；频率高、持续期长、强度大；季节性、关联性等特点（梁景之，1996）。其中旱灾与暴风雪灾是最常见的灾害形式。旱灾作为一种气象灾害，以久晴不雨、少雨为主要特征，是一种渐发性的灾害，它给草原带来的后果是草木干枯、水源断绝，这些对于牧民、牲畜而言都是毁灭性的打击。由于漠北草原地带是亚洲寒潮的源地之一，在冬季极易形成高气压中心，故每到冬季或初春，北方草原常会出现风雪连天的局面。雪灾又称白灾，它给草原带来的后果是人、牲畜因冻、饿而大量死亡。另外一种给草原带来大规模危害的灾害是蝗灾，草原地区蝗虫孳生，一旦发生蝗灾，将会大面积地毁灭游牧民族赖以生存的草场，严重威胁牧业生产。而蔓延的瘟疫也会导致牲畜大面积死亡。由于草原游牧经济对自然环境具有极强的依赖性，游牧生产的环节少、周期长、品种单一，对自然灾害的抵御能力比农业生产要低。灾害一旦发生，其后果就甚为严重（信乃铨，2001）。王建革（2006）对农牧生态与传统蒙古社会的阐释深刻说明了雪灾和瘟疫对传统游牧民族的严重影响。当然，在古代医学不发达的情况下，瘟疫的袭击面是很广的，如居住于东北的粟末靺鞨曾有一次“咳疾盛行，患者多死”。据学者考证，此病可能是肺鼠疫，这一疫情的典型症状是患者得病后有剧烈胸痛、咳嗽、咳痰，如不及时抢救，就会因心力衰竭、休克而死（张剑光，1998）。

中原与边疆的生存环境差异，有学者归因于400毫米等降雨线（具体位置是从大兴安岭西坡经过张家口、兰州、拉萨附近，到喜马拉雅山脉东部）导致的草原和农业地区的气候地理环境的不同。等降雨线的北边是游牧地区，降雨量少于400毫米，为半干旱地区，不适宜种植农作物；而南边的农耕社会，降雨量多于400毫米，为半湿润和湿润地区，适宜农业。为了生存的需要，双方反复在这条等降雨线周围博弈。盛洪（2007）认为：“400毫米等降雨线恰巧就是科斯的牧民与农夫故事中农田与草地的边界，也很自然形成了农夫社会与牧民社会之间的边界。为了防止游牧骑兵越界掠夺或入主，农夫社会就在这里建立了一个军事屏障——长城。”至于双方为何不能通过交易解决彼此的矛盾争端，盛洪运用了科斯“交易费用”概念进行了阐释，他认为：“首先，在没有共同的政府和一套法律制度的条件下，交易费用就会很高；其次，由于两边不同的生产方式导致了截然不同的文化，‘华夏’和‘蛮夷’，使交易又缺乏共同文化基础；更何况，当其中一方具有暴力优势时，它更有可能倾向于用武力解决问题，而不耐烦与人谈判。”在温暖细润适宜农牧业生产的时期，双方基本维系和平状态，而一旦气候转寒转旱，冲突难以避免。且这种冲突不仅仅是少数民族政权与中原王朝，而且也包含少数民族政权自身的纷争。

灾害破坏了少数民族统治者统治的经济基础，削弱了君主的权威，原先臣属归附的部族，也会在此时产生离心倾向，这时，觊觎良久的外族就会借此机会，进行新一轮的征服与掠夺，诱发全面的社会危机。正如章典（2004）所指出的：“气候的变冷引起了农作物收成量的减少，这种减少在持续一段时间之后通过饥荒、税收减少和国家力量的减弱等现象引起社会矛盾的激化，表现为战争和社会动乱，最后通过改朝换代去缓解矛盾，因此王朝的建立和崩溃一般是通过社会动乱和北方的侵略来实现的。”方湖生（1992）指出：我国北方的游牧民族，主要集聚在温带和寒温带的草原上。在气候的寒冷期，气温要比正常气温低1～2℃，降水在多数情况下也随之减少。据计算，干冷期草原的南界要向南移200公里，游牧民族为了生存，必然要随草原南界的偏移而大举南下。因此，南下绝不是单单由某些偶然的政治因素引起的，气候变冷导致游牧民族南下有其一定的必然性。

历史上因气候变冷引发的北方少数民族南下在历史上有着众多的案例。我国第一次寒冷期，对应着西周后期的“南夷与北狄的交战”局面；第二次寒冷期，对应着“五胡乱华”，各族统治者互相混战，历时数百年，出现了历史上五代十六国和南北朝对峙的局面；第三次寒冷期，对应着金人女真南下，造成历史上有名的“靖康之乱”；第四次寒冷期，对应着满族入关，明朝结束。

在《亚洲的脉动》（The Pules of Asia）一书中，美国地理学家亨廷顿（E. Huntingdon，1907）提出：中国历史上的外患内乱与气候变迁有关，例如东晋五胡乱华、北宋契丹女真寇边、明末流寇和满清人入关，都是因为满蒙、中原和中亚气候转旱，不得已铤而走险，四处劫掠。除了亨廷顿的卓见之外，20世纪初，邓拓（云特）也将气候变迁及其引发的灾害与游牧民族迁徙联系起来。近些年来，一些学者从长时段、全球的视野观察这种现象，他们认为历史上的民族大迁移主要原因在于庄稼歉收和大面积的饥荒（许靖华，1998）。气候温暖时期，中国北方游牧政权与中原农耕世界和平共处；气候寒冷时期，游牧民族南迁，中原政权不稳，二者对峙，甚至建立了“牧者王朝”（王会昌，1996）。在具体案例的分析上，章典等（2004）对中国唐末到清朝的战争、社会动乱和社会变迁进行了系统地对比分析，结果发现冷期战争率显著高于暖期，70%～80%的战争高峰期，大多数的朝代变迁和全国范围动乱都发生在气候的冷期。王俊荆等（2008）的综述清楚的反映出几乎所有的中原王朝更迭都与气候变冷引发的灾害事件相关。

少数民族自身的政权也会因气候转冷引发的危机覆亡，以唐代盛赫一时的东突厥和回鹘为例。

隋末唐初，东突厥的实力强大，“东自契丹，西尽吐谷浑、高昌诸国皆臣之。控弦百万，戎狄之盛，近代未有也”[①]，但是，在唐朝建立后的短短十余年，太宗就完成了对突厥的征服。其中之原因，“固有唐室君臣之发奋自强，遂得臻此，实亦突厥本身之腐败及回纥之兴起二端有以致之也”。“北突厥或东突厥之败亡除与唐为敌外，其主因一为境内之天灾及乱政，二为其他邻接部族回纥薛延陀之兴起两端”（陈寅恪，1954）。

游牧民族的生产结构相对单一，主要依靠畜牧业及其产品。

① 《通典》卷一百九十七，《边防典·突厥》。

灾害的发生往往会导致大量牲畜死亡。隋文帝时，西突厥有一年“竟无雨雪，川枯蝗暴，卉木烧尽，饥疫死亡，人畜相半”[①]，出现“饥不能得食，粉骨为粮，又多灾疫，死者极众”的惨境[②]。这种局面在隋末唐初持续出现，贞观四年（630）九月唐太宗所颁布的一份掩埋骨骸的诏令中云：“突厥种落，往逢灾疠，疾疫饥馑，殒丧者多，暴骸中野，前后相属……宜令所司于大业长城以南分道巡行，但有骸骨之所，酒脯致祭，速来埋瘗。”[③] 遭遇饥荒并暴尸野外，对当时东突厥统治下的民族造成严重的恐慌；加之唐朝正逢“贞观之治”，几次交锋均不占优势，东突厥的统治者颉利可汗只能挖掘内部资源，加强对各部的搜刮、掠夺。《旧唐书》卷一百九十四《突厥上》云：“灾荒之年，颉利用度不给，复重敛诸部。”《新唐书》卷二百一十五《突厥传上》亦云：“岁大饥，裒敛苛重。”繁重的征敛加剧了原本就异常尖锐、复杂的民族矛盾和阶级矛盾，东突厥族民“下不堪命，内外多叛之”[④]，薛延陀与回纥、拔野古、铁勒诸部等相率反叛，东突厥帝国的实力大为削弱。为了缓和与唐朝的关系，颉利可汗被迫向唐朝纳贡。《册府元龟》卷九百七十《朝贡三》载，贞观二年（628）“十一月，颉利可汗遣使贡马、牛数万许”。这一举动改变了高祖在唐朝建立过程中称臣于突厥以及太宗“渭水之盟”的尴尬局面，是唐朝兴盛东突厥衰落的重要标志。

其实，从东突厥的一系列反常行为和大臣的奏报中，唐朝政府早也发现了突厥正面临着严重的生存危机，并根据实际情况制订了相应的外交策略。贞观元年十二月，出使东突厥的鸿胪卿郑元璹回朝奏报太宗云：“戎狄兴衰，专以羊马为侯。今突厥民饥

---

① 《隋书》卷八十四，《突厥传》。

② 《北史》卷九十九，《突厥传》。

③ 《唐大诏令集》卷一百一十四。

④ 《旧唐书》卷一百九十四，《突厥传上》。

畜瘦，此将亡之兆也，不过三年。”但即位伊始的太宗认为，当时国家初定，府库不充，遂以“新与人盟而背之，不信；利人之灾，不仁；乘人之危以取胜，不武。纵使其种落尽叛，六畜无余，朕终不击，必待有罪，然后讨之”[①]为由委婉地拒绝了群臣的出兵建议。但过了两年，等到唐朝实力有所恢复，国内政局也相对稳定后，太宗就开始策划讨伐突厥的行动。在征求大臣意见时，行军副总管张公瑾“言突厥可取之状”六条，其中第四条就是“塞北霜早，粮餱乏绝”[②]。贞观三年十一月，太宗遂派李靖、李世勣、薛万彻领兵攻打东突厥，于次年二月击破突厥，俘获颉利可汗，“其部落或走薛延陀，或走西域，而来降者甚众”[③]，东突厥汗国亡。

另一个少数民族政权回鹘（788年以前称为回纥）在8世纪中叶，建立游牧国家，并在与吐蕃的斗争中壮大起来，宪宗元和末年势力达到顶峰。不幸的是，回鹘政权最终走了一条与东突厥几乎类似的衰败之路。关于回鹘末期的自然灾害，史书记载主要有开成四年（839）几次：《唐会要》卷九十八《回鹘下》载：“连年饥疫，羊马死者被地，又大雪为灾。”《新唐书》卷二百一十七《回鹘下》：“方岁饥，遂疫，又大雪，羊、马多死，未及命。”《资治通鉴》卷二百四十六载：“会岁疫，大雪，羊马多死，回鹘遂衰。”

关于这次瘟疫，有研究者认为是炭疽病（丁载勋，2001），由于该病主要发生在以羊为主的家畜身上，可以在人畜之间相互传染，具有极强的杀伤力，甚至会感染土壤，严重者能使草原生态结构受到了毁灭性的损耗。

灾害发生期间，回鹘宰相安允合与特勤柴革企图借灾害引起

① 《资治通鉴》卷一百九十二。

② 《旧唐书》卷六十八，《张公瑾传》。

③ 《旧唐书》卷一百九十四，《突厥传上》。

国人的不满发动政变，杀死彰信可汗，被彰信发觉处死。另一领兵在外的宰相掘罗勿甚为忧惧，担心遭到牵连，遂向沙陀首领朱邪赤心借兵，一起进攻彰信可汗。《唐会要》卷九十八载，“其相掘罗勿荐公引山北沙陀围之，可汗自杀，国人立勿荐公为𥁞飒可汗[①]。”连年饥疫，羊马死者遍地，又大雪为灾，在内乱与天灾交互作用下，回鹘汗国逐渐衰落，这时又出现外族入侵，开成五年九月，黠戈斯进攻回纥，回鹘汗国迅速灭亡“其国分散”，一部分由乌介特勤“率众南奔……居塞上”[②]。

实际上，各少数民族对灾疫可能造成本民族的衰落也是有所认识的，所以，在与唐朝盟誓的誓文中，他们常以如若违背，即愿天降灾疫、国破种灭为诅咒。唐朝与南诏王异牟寻的誓文即云：“如会盟之后，发起二心，……即愿天地神祇，共降灾罚，宗嗣殄灭，部落不安，灾疾臻凑，人户流散，稼穑产畜，悉皆减耗。”[③] 这可能是历史给他们的警示。

众所周知，游牧民族面对灾荒南下中原是一个历史常态。这往往以两种选择途径存在，一是归附于中原王朝，二是与之进行战争，或者争夺政权，或者掠夺粮草。这一动态在唐中叶以后表现得更为明显。

史料表明，随着8世纪中叶气候的日渐变冷，各种灾害发生频率明显超过以往。

从图7-2中可清晰看出，伴随8世纪中叶气候的日渐变冷，唐朝的灾害频率逐渐增加。当然，这其中有几个时段显示的不明显，一是玄代宗交替时，二是宣宗时期，这与两次动乱造成的史籍缺失有关。“安史之乱”不仅是一场经济浩劫，同时也是一次文化的劫难。《旧唐书·经籍志》云：“禄山之乱，两都覆

---

① 《旧唐书·回纥传》称之为“𥁞驱特勤”。

② 《唐会要》卷九十八，《回纥》。

③ 《全唐文》卷九百九十九。

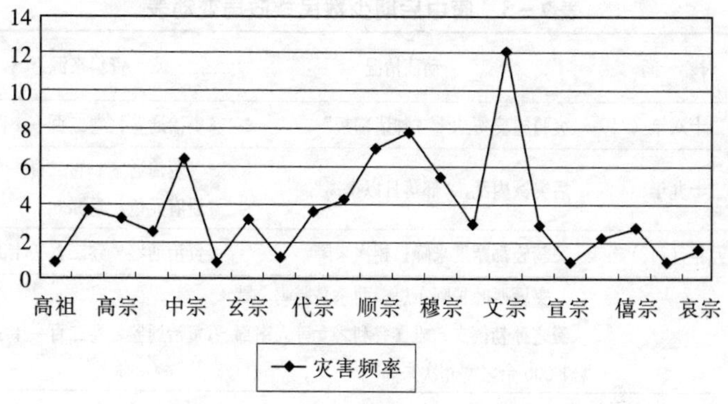

图 7-2 唐代灾害频率变动图

没，乾元旧籍，亡散殆尽。”9 世纪后半叶，在经历过短暂的宣宗中兴后，社会又陷入混乱，特别是庞勋起义后，“干戈布野，虫旱弥年”①、“仍岁凶荒，人饥为盗”②。不久王仙芝、黄巢领导的反抗唐王朝的战争爆发，唐朝一片混乱。《旧唐书·宣宗纪》在称颂宣宗时有这样一句话：“惜乎简藉遗落，旧事十无二四，吮墨挥翰，有所慊然。”又《旧唐书·经籍志》亦载：“及广明（880—881）初，黄巢干纪，再陷两京，宫庙寺署，焚荡殆尽，曩时遗籍，尺简无存。”均表明有关这一时段的历史文献记录可能有较多缺失，故难免出现不合常规之例。但总体看，灾害频次还是很高的。而从此开始，北方少数民族在寒冷的侵扰下，大规模南下，中原王朝与北方游牧民族政权在内的动荡更趋频繁。如表 7-3。

从表 7-4 可以看出，面对灾害，沙陀、突厥等民族部分人员选择了内迁，也有的选择了“入寇”或者兼并其他民族领土。典型的例证是“安史之乱”的发生。“安史之乱”的主体是奚、

① 《旧唐书》卷十九上，《懿宗纪》。
② 《旧唐书》卷二百上，《黄巢传》。

表7-3　唐中后期少数民族政局变动表

时　　间	动荡情况	资料来源
开元二十八年（740）	突骑施莫贺达干"帅诸部叛"	《资治通鉴》卷二百一十四
开元二十九年	后突厥内乱，"部落日以携离"	《资治通鉴》卷二百一十四、《册府元龟》卷986
天宝元年（742）	突骑施都摩度来降；相次来降	《资治通鉴》卷二百一十五
	突厥西叶护阿布思、西杀葛腊呜、默啜之孙勃德支、毗伽登利之女等人率部1 000余帐"相次来降"	《资治通鉴》卷二百一十五
天宝三年	"突厥大乱"，唐联合回纥军攻白眉可汗	《资治通鉴》卷二百一十五
天宝四年	回纥怀仁可汗攻杀白眉可汗……毗伽可汗妻骨咄禄婆匐可敦"率众自归"……回纥"尽有突厥故地"	《新唐书》卷二百一十五《突厥传》、《资治通鉴》卷二百一十五
天宝十四年	安史之乱	
宝应元年（762）	回纥引兵南	《新唐书》卷二百一十七《回纥》
永泰初（765）	怀恩反，诱回纥、吐蕃入寇	《新唐书》卷二百一十七《回纥》
大历十三年（778）	回纥袭振武，攻东陉，入寇太原	《新唐书》卷二百一十七《回纥》
9世纪	党项为边患，发诸道兵讨之，连年无功，戍馈不已	《资治通鉴》卷二百四十九
	吐谷浑大量迁入盐州、庆州、夏州、幽州、丰州、云州、蔚州、振武军等地	《新唐书》卷二百二十一、《资治通鉴》卷二百四十五、二百五十三、二百五十八和二百六十四
贞元（785—805）年间	沙陀7 000人受吐蕃威逼内迁	《新唐书》卷二百一十八
元和（806—820）年间	沙陀3万余众内迁	《新唐书》卷二百一十八

契丹等北方民族已为学者证明，在“安史之乱”发生之前，北方地区连绵阴雨，《资治通鉴》卷二百一十六记载，天宝十年（751）契丹的核心区“时久雨”，《资治通鉴》卷二百一十七记载天宝十三年：“自去岁水旱相继，关中大饥……上忧雨伤稼……上曰：淫雨不已。”《李岘传》也记载：“十二载，连雨六十余日。”气候显得异常，“这种冷湿的气候对北方游牧民族的威胁十分大，必然会加大向南推进的潜动力，形成对中原农业民族的更大威胁。安史之乱也正是在这种气候特征和大的民族压力之下发生的（蓝勇，2001）”。

无论是农民抗争或者少数民族南下，都会引发战争。对文献的统计分析证明，中国历朝灾害频数与战争之间存在很大的相关性，如表 7-4。

表 7-4　历朝战争与灾害发生数量表

朝代	战争数目	灾害次数
魏晋	329	304
南北朝	200	315
隋	74	22
唐	152	493
五代十国	73	51
两宋	438	478
元	190	513
明	484	1 011
清	326	1 121

资料来源：战争数据来源中国军事史编写组：《中国历代战争年表》，解放军出版社，2003 年；灾害数次来源于邓拓，《中国救荒史》，北京出版社，1998 年。

通过统计回归分析，魏晋以来的灾害与战争相关系数为 0.704 892，具有显著的相关性。而隋、唐、元、明、清等统一王朝的相关系数更是达到 0.884 4，充分显示灾害已成为传统社会战争的最重要诱因之一。

正如前文指出的，不是所有的灾害都会引发灾民的变乱与少数民族的南侵。灾民变乱、少数民族南侵的出现不仅仅是灾害时期灾民基于天然条件的反抗，更多的是基于救灾制度的缺失或者是运行体制的不完善。由于中国是中央集权的封建专制主义国家，幅员辽阔，人口分散，在自然灾害面前，能够担任救灾救荒责任的只能是政府。因此，灾害发生后，国家是保持安定还是陷入动荡，关键在于灾害发生之后，中央和地方各级地方救灾救荒的措施是否及时、得力，是否能保证灾民维持基本生活，继续留在土地上从事生产，是否能妥善安置逃亡在外的灾民，这对于中原王朝治下的灾民而言如此，对于少数民族南下也具有这样的影响。如果中原王朝能够在灾后及时的救济而社会安定，即使边疆政权进行内侵，也会得到抵御。反之，两股力量会汇集成推翻王朝巨大力量。前文的分析正是验证了这样的道理。因此，阎守诚（2006）高屋建瓴地指出："自然灾害也是对封建国家政权的稳定程度、行政效率、财力物力、吏治好坏等方面的综合考验。……从自然灾害严重程度和国家政权的救灾状况两方面去探究农民起义的原因，也许会更全面、更确切一些。"Wittfogel（1957）、Perkins（1969）速水佑次郎（2003）也从政府对基础设施的投入力度的转变分析了它对"皇朝循环"的影响，他指出，这一转变"由社会和政治气候所决定……在一个新皇朝的初期，相对有声誉的官僚政治被建立在新国家的动机所激励，会新建工程浩大的灌溉体系和修复现在的灌溉系统。但是，随着官僚政治失去活力和变得腐败，就会听任灌溉体系恶化和农业生产下降。最终，发生农民骚动，它和外来入侵合在一起，导致王朝的灭亡"。与之相呼应，李明珠（Li，2007）以清代为例认为水旱灾害的发生与君王的统治周期相吻合，"在一个君王治期的开端往往会有一场特大型洪水，康熙、雍正、乾隆、嘉庆、道光、同治朝都是如此，光绪朝却是以一场大旱作为开端。这种模式可以看做是王朝衰败的产物，同时也是前一个朝代末期对河流治理不加重视的后果。”

当然，李明珠先生的阐述未必适用于历史长河中所有的君王，但灾害的发生与其时的政治、经济制度之间存在紧密的关联却是不争的事实。这是我们分析自然灾害与中国历史的发展获得的宝贵经验。

第八章

结　语

一、古代社会救灾制度的经验借鉴

虽然“在不同的时代、不同的社会制度下，由于人民的社会地位不同，组织程度不同，精神状态不同，生产和物质条件不同，更由于政权性质的不同，人们对待灾荒的态度、防灾抗灾的能力和水平，以及灾荒所造成的社会影响和消极后果，存在着巨大的差异”（李文海、朱浒，2008）。但中国古代相当周密的救灾制度起到的积极作用不容忽视。在灾害频发的当今社会，在全面建设社会主义新农村，建设和谐社会的新时期，传统社会的救灾制度为我们提供了许多可供借鉴的经验体系。从历史上看，我国人民积累了丰富的经验，合理吸收这些经验对解决当今社会救灾制度的弊端大有裨益：

1. 及时上报灾情　中国古代把按时上报雨雪粮价的变动作为一种常态，唐代刘晏规定各地要定期预报气候状况及各地收成，政府有时间早做救灾准备。清代建立了雨雪、收成、粮价奏报制度和晴雨录，及时掌握全国天气变化和粮价走势，对预测可能发生的农业气象灾害并采取相应措施发挥了重要作用。此外，虽然传统社会的信息传播速度与当今社会难以比拟，但夏明方认为，“清朝从报灾、勘灾到赈灾、善后完备的程序，这实际上是我们现在很多的地方政府都难以做到的。因为中央没有明文规定，往往是灾害来了，大家才反应”，故而强化现代信息化条件下的灾情上报和透明度需要长期坚持。

2. 强化救灾防灾意识 古人对灾害均有着清醒的认识，《易经》“既济”篇云，“君子以思患而预防之”。《左传·襄公十一年》云，“居安思危，思则有备，有备无患”。《新五代史·伶官传序》，“夫祸患常积于忽微”等都是这一思想的体现。《礼记·中庸》所言“凡事预则立，不预则废”是古代应急思想的高度概括。此外，古代曾编订了一批荒政书籍，如《救荒活民书》、《康济录》和《筹济篇》等。这些书籍所传授的救灾知识，对我国古代的救灾工作起到了积极的指导作用。从实践中看，传统社会虽然没有专门的救灾机构，但各级地方官员的考核标准中皆以户口增减、粮食产量消长引起的赋税额的变化为依据，更加之儒家教育思想对“以民为本”的强化，故而官吏们将救灾作为日常的事务进行管理，利于实现集体行动。

3. 大量投入救灾成本 据石涛对北宋救灾投入的估算，北宋政府投入赈济的物资甚至占到政府投入年收入的3.15倍。而李向军（1995）对资料详全的清代233个具体灾蠲州县和钱粮的资料的计算，总计清代灾蠲州县15 713个，约免地丁银127 385 291两，年平均免649 925两。若加上蠲免灾歉的数字，清代的蠲免总数约略在1.5亿～2亿两之间。从冀朝鼎（1981）提供的数据分析，各朝共为各地提供水利公共品8 498项。从朝代来看，前4位的分别是唐、宋、明、清，分别占3.0%、13.1%、26.7%、38.1%，这也恰恰是中国历史大一统时期。我国政府显然已经认识到水利建设的重要性，2011年一号文件即以“中共中央国务院关于加快水利改革发展的决定”为主题。

4. 建立奖罚严明的标准，救灾与反腐败工作相配合 救灾中的寻租行为自古而来就广泛存在，传统社会建立了条理清晰、内容翔实的奖惩标准，以此作为官员升贬的重要评价指标。当今社会，为了防止这种情况的发生，必须有力地打击救灾活动中出现的腐败行为。一方面，需要继续加强制度方面的建设，以立法的形式明确救灾机构和官员的法律责任，完善救灾物资的监管制度；另一方面，也必须加大执法力度，加强对救灾过程中官员的监管力度（张烁、孟令战，2010）。

5. 鼓励民间力量的参入，充分调动广大民众的积极性，实现救灾的社会化 传统社会灾害应急管理的一个趋势就是民间参与力量的加大，从历史时期看，我国民间的救灾机制，总的来说，在效率上是高于"官赈"的，清末甚至取代官府成为救灾领域的主导性力量，有时连国家的赈济行为也要依靠前者。随着近代慈善公益观念的引入和发展，慈善机构逐渐成为抗灾救灾的一股重要力量，救灾的社会化程度越来越强。

6. 强化政府主导模式 我国地域广阔，国情复杂，面对大的灾荒出现的大规模的物质匮乏，必须依靠国家强制性政策的救济。但是，在强化政府主导模式的同时，必须加强完善救灾制度和有效的监督约束机制的建设。我国古代未设立专门的救灾机构，也没有专门的救灾官吏，救灾工作缺乏专业性和分工协作，这导致救灾效率总体上的低下。目前我国救灾体制中，设置了一些专门机构，但是这些机构仍存在着职能交叉，分工不明确等问题。因此，机构调整仍是救灾机制改革的重要内容。否则，救灾活动极易成为官僚主义与腐败主义的温床，长期发展，不仅会严重挫伤民间救灾力量的培育和成长，不利于社会力量的发动。还会造成灾民对政府的依赖心理，不利于从根本上提高人们的防患意识，形成恶性循环。千余年前的唐朝改革家刘晏忧虑的就是这个问题。

从许多学者审视新中国成立 60 年的救灾历程看（王强等，2009；郑功成，2010；郭茜茜等，2010），我国传统社会积累的丰富的救荒经验多数应成为当今社会的有益借鉴。

二、延伸的思考

中国以农立国，自给自足的小农经济是国家的主要经济形态，是国家重要的，甚至唯一的财政收入来源。这种经济的分散与孤立，使它几乎经不起任何天灾人祸，必须依赖一个统一的、强大的国家的有效保护。历史证明，统一是社会的主流，而分裂即使能发展一时，也不能持久。其原因之一就在于统一保护了小农经济的发展。提供救灾公共品就是一项重要的农业保护制度。中国救灾制度是一项值得借鉴的制度，在灾害频发、人口众多、地域广阔的古代社会，能够保证整个社会的发展，并取得辉煌，本身就是一个不凡的成就。事实证明，多数救灾制度都是很见实效的，以唐代为例，虽然中后期经济发展有所落后，但粮食储备制度在解决灾荒上仍旧发挥了有效的作用。元和年间之后，全国常平仓的年度预算留贮量约为300石，以元和二年（807）编户244万算，户均救灾储备为1石；救灾时赈贷的标准，依据开元二十二年（734）的诏令，5口以下，给米1石，6口以下给2石，7口以下给3石。唐代成年人日食量2升，每月6斗。以3口之家或5升算，可支持20天左右；若赈给，以文宗大和四年（830）七月的诏令，每人量给一石，户口多者，也不能超过5石，则5口之下的人家，所得赈粮可以支持50天左右。这就是说，户均1石的救灾粮储备对于有效御灾，仍是有所保障的。

在本书的论述中，承袭新制度经济学关于国家本质上是追求利益（统治集团的福利或效用）最大化的经济人的假说。国家在追求自身利益的同时，也面临着强有力的约束。国家最重要的职能在于界定、保护产权与降低交易成本。但是，由于国家的目标函数存在内在矛盾，即一方面形成有效率的组织来实现资源的最优配置，另一方面国家作为一个特殊的利益集团，为追求自身的最大利益会形成或维护低效率的产权制度。因此，国家既能推进经济的增长，同时又是经济衰退的重要原因。

传统社会的统治者通常希望试图在社会目标和集团目标中寻

求平衡。他们作为整个国家结构稳定的责任人，与王朝的利益基本一致，因而具有明确的行为取向。而执行机构的行为取向则是自身收益的最大化，执行层的利益取向与社会整体性的指标的关联性远远低于决策者。两个具有确定行为取向的行为主体之间，如果存在利益冲突，就会形成一种博弈格局。这种博弈格局的结果，由双方的可选策略（遵照正式评估体系和奖惩机制行事的廉政策略和通过潜在规则谋取私利的腐败策略）和信息分布决定（郭旸，2009）。

从国家提供救灾制度的实质来看，其主要目的是统治者希望通过培植小农经济来培养一个长期的税源，希望通过对灾民的救济获取更多的农业剩余[①]。这是为了实现其追求个人利益最大化的无奈之举，是在反复衡量边际收益与边际成本的基础上建立的。比如减免税收，这似乎影响到国家的财政收入，其实不然，唐代李翱在《平赋书序》、《去佛斋论》等文章中反复强调：

人皆知重敛之可以得材，而不知轻敛之得材愈多也。何也？重敛则人贫，人贫则流者不归而天下之人不来，由是土地虽大，有荒不耕者，虽耕之而地力有所遗。……故轻敛则人乐其生，人乐其生则居者不流，而流着日来。居者不流，而流着日来，则土地不荒，桑梓日繁，尽力耕之，地有余力，人日益富，兵日益强。

李翱的话揭示了统治者的真实想法，反映了国家对于农业的强制性的制度安排。客观地讲，这种保护与扶持的制度安排虽然使整个经济体的活力不足，但在当时的情况下效率是很高的，使我国传统农业经济发展水平长期远远领先于同时期的欧洲，并且锻造了中华民族的统一意识和凝聚力。

---

① 王毓铨（1936）将明代崩溃的原因归咎于“向农民征收过重的田赋榨干了中国的农业经济”。

统治者的政治决策受到合法性、社会的法律传统和其他文化禀赋的约束。在这个约束范围内，他可以做任何符合其偏好的事情。然而，由于统治者的权力、声望和财富最终依赖于该国及其成员的财富，一个理性的统治者有动机维持一系列利于经济发展、国计民生的制度。由于政治制度的遵从成本依赖于人们对统治者的合法性的认识，故统治者会投资于意识形态教育，以使百姓相信其权力的合法性（Lin and Nugent，1994）。统治者通过所拥有的暴力优势，将非正式的救灾制度演化为正式的救灾制度，并支持能够协助其救灾的民间非正式制度。这些非正式制度的实施必须在维护与支持其合法统治地位的前提之下，否则就要被废止。而正式的救灾制度，也随着统治者对利益偏好的变化，或盛或衰，或兴或亡。这是统治者“经济人”假设的体现。

政府作为经济人，并非在任何时期都具备理性的。在其受到“道德人”约束，具有相对理性的时期，他会积极采取措施，保证救灾制度的运行；但是，一旦其“经济人”的理念占据主导地位，救灾制度的实施就会不得力，进而引起社会的混乱。从历史时期制度变迁的特征来看，朝廷兴盛期，往往是救灾制度实施平稳，并多有发明的阶段；反之，由于没有充足财政力量的支持，救灾制度往往更多是求助于一些迷信的手段。从整个发展进程来看，实质性与非正式的民间救灾制度占据的地位越来越重要。这反映了由于灾害频率的加快、人口数量的增加对国家的财力形成越来越多的挑战。

救灾制度的变迁是一个利益博弈的过程。救灾作为中国传统社会提供的一项重要的公共品，政府通过意识形态与法律机制的激励，来保证这一制度的运行。但是，由于信息不对称等因素的存在以及统治者竭力保证本身利益最大化的需要，在救灾制度变迁过程中，仍然存在着许多制度性的困境，比如政府的纳税与蠲免、官员的考课与报灾、勘灾制度之间，形成诸多的利益博弈模式。这些利益博弈是对救灾制度的实施形成巨大阻力。制度困境的存在是影响传统社会救灾绩效的重要因素。

参考文献

【论文】

艾志端．海外晚清灾荒史研究［J］．中国社会科学报．http：//sspress. cass. cn/news/11714. htm.

梅元郁．1983. 宋代の救济制度—都市の社会史によせて—［M］//中村贤二郎．都市の社会史．东京，ミネルヴァ书房．

加恩西（Garnsey）．2006. 历史上的饥荒［M］// J·波立奥．剑桥年度主题讲座：理解灾变．北京：华夏出版社，134－163.

卜风贤，惠富平．1997. 中国农业灾害历史演变趋势的初步分析［J］．农业考古（3）．

卜风贤．2000. 农业灾害学与农业灾害史研究［J］．农业考古（1）．

卜风贤．2001. 中国农业灾害史研综述［J］．中国史研究动态（2）．

卜风贤．2005. 中西灾荒史：频度及影响之比较［J］//侯建新．经济-社会史评论．第二期．上海：生活·读书·新知三联书店．

卜风贤．2006. 中国传统农业灾害观的早期形态［J］．天津社会科学（1）．

卜风贤．2007. 中西方历史灾荒成因比较研究［J］．古今农业（3）．

卜风贤．2008. 历史农业灾害风险评价研究［J］．中国人口·资源与环境（18）．

卜风贤．2006. 中国传统农业灾害观的早期形态［J］．天津社会科学（1）．

陈桦．2007. 中国社会救助活动的近代转型［J］．学术月刊（12）．

陈玉琼，高建国．1984. 中国历史上重大气候灾害的时间特征［J］．大自然探索（4）．

陈家其．1989. 旱涝变化与太阳活动［M］//收入中国科技协会工作部．天地生综合研究进展．北京：中国科学技术出版社．

陈家其．1987. 从太湖流域旱涝史料看历史气候信息处理［J］．地理学报（3）．

曹玲．2004. 明清美洲粮食作物传入中国研究综述［J］．古今农业（2）．

曹玲．2005. 美洲粮食作物的传入对我国农业生产和社会经济的影响［J］．古今农业（3）．

曹树基．1988. 玉米、番薯传入中国路线新探［J］．中国社会经济史研究（4）．

陈冬生．1911. 明代以来山东植棉业的发展［J］．中国农史（1）．

邓宏图．2003. 历史上的“官商”：一个经济学分析［J］．经济学．季刊，2（3）．

范瑞．2008. 1980 年以来国内明清仓政史研究综述［J］．许昌学院学报（3）．

冯开文．1998. 一场诱致性制度变迁［J］．中国农村经济（7）．

傅允生．2000. 西汉盐铁会议与本末之争再认识［J］．浙江社会科学（5）．

耿占军．1998. 清代玉米在陕西的传播与分布［J］．中国农史（2）．

葛全胜，等．20 世纪中国历史地理研究若干进展［J］．中国历史地理论丛（1）．

桂慕文．1997. 中国古代自然灾害史概说［J］．农业考古（3）．

郭茜茜，蔡孝恒．2010. 建国以来我国防灾减灾工作的基本经验探讨［J］．理论界（5）．

郭松义．1986. 玉米、番薯在中国传播中的一些问题［J］．清史论丛．第七辑．中华书局．

龚汝富．2001. 中国古代商人的善德观与慈善事业［J］．江西财经大学学报（4）．

龚胜生．1993. 清代两湖地区的玉米和甘薯［J］．中国农史（3）．

龚鸿庆、龚雁．1988. 中国历史上七种自然灾害的时间特征及意义［J］．灾害学（3）．

高王凌．1994. 明清时期的耕地面积［J］．清史研究（3）．

高建国．1994. 自然灾害基本参数研究（一）［J］．灾害学（4）．

郝平．2010. 从历史中的灾荒到灾荒中的历史［J］．山西大学学报（哲社版）（1）．

赫治清．2002. 中国历史上的灾荒与封建国家的对策［M］//全国干部培训教材编审指导委员会．

从文明起源到现代化——中国历史 25 讲．北京：人民出版社．

赫治清 .2008. 我国古代救灾防灾的经验教训［J］. 求是（13）.

何帆 .2004. 财政压力与制度变迁［M］. 经济中国之新制度经济学与中国. 北京：中国经济出版社：401-418.

贺雪峰 .2006. 中国传统社会的内生村庄秩序［J］. 文史哲（4）.

黄震 .2004. “水”与中国法律起源［J］. 湖南社会科学（4）.

樊宝敏，董源，张钧成 .2003. 中国历史上森林破坏对水旱灾害的影响［J］. 林业科学（3）.

韩永翔，董安祥，王卫东 .2004. 气候变暖对中国西北主要农作物的影响［J］. 干旱地区农业研究（4）.

康沛竹 .1997. 晚清时期对灾因中社会因素的认识［J］. 社会科学辑刊（4）.

康沛竹 .1997. 战争与晚清灾荒［J］. 北京社会科学（2）.

雷闻 .2001. 祈雨与唐代社会研究［M］. 国学研究. 第 8 卷. 北京：大学出版社.

李伯重 .2001. 历史上的经济革命和经济史的研究方法［J］. 中国社会科学（6）.

李伯重 .2007. “道光萧条”与“癸未大水”——经济衰退、气候剧变及 19 世纪的危机在松江［J］. 社会科学（6）.

李根蟠 .2006. 环境史视野与经济史研究——以农史为中心的思考［J］. 南开学报（2）.

李文海. 劝善与募赈. 光明日报 .2005-09-20.

李文海 .1988. 论近代中国灾荒史研究［N］. 中国人民大学学报（6）.

李文海，朱浒. 在灾害面前挺起民族的脊梁［N］. 光明日报 2008-07-06.

李军 .2006. 论唐代帝王的因灾求言［J］. 首都师范大学学报（社科版）（1）.

李军，马国英 .2008. 中国古代的政治救灾制度［J］. 山西大学学报（哲社版）（1）.

李军 .2007. 灾害因素与唐代出宫人考［J］. 中国历史地理论丛（1）.

李巧萍，丁一汇，董文杰 .2006. 中国近代土地利用变化对区域气候影响的数值模拟［J］. 气象学报（3）.

李文涛 .2009. 气候变冷与市场经济衰退［J］. 南都学坛（人文社会科学

学报）（2）.

李超民 . 2000. 中国古代常平仓思想对美国新政农业立法的影响［J］. 复旦学报》（社科版）（3）.

李治亭 . 2009. 论边疆问题与历代王朝的盛衰［J］. 东北史地（6）.

林毅夫 . 1994. 李约瑟之迷：工业革命为什么没有发源于中国［M］//制度、技术与中国农业发展 . 上海：上海三联书店、上海人民出版社：269 - 270.

林振杰，等 . 1991. 山东省各地区近 500 年分季旱涝指数［M］. 吴祥定 . 黄河流域环境演变与水沙运行规律研究文集 . 第 2 集 . 北京：地质出版社：63 - 71.

路兆丰 . 1998. 中国古代的工赈思想［J］. 甘肃社会科学（6）.

卢现祥 . 2005. 新制度经济学能统一社会科学［J］. 中南财经政法大学学报（1）.

蓝勇 . 2001. 明清美洲农作物引进对亚热带山地结构性贫困形成的影响［J］. 中国农史（4）.

蓝勇 . 2001. 唐代气候变化与唐代历史兴衰［J］. 中国历史地理论丛（1）.

兰伊春，江旅冰 . 2005. 浅述气候对中国古代政治经济格局的历史影响［J］. 青海教育学院学报（1）.

黎华强，王铮 . 2003. 气候变化对中国环境经济影响计算分析的历史比较［C］. 气候变化与生态环境研讨会 .

刘继宪 . 2006. 20 世纪以来魏晋南北朝灾害史研究综述［J］. 和田师范专科学校学报（2）.

梁治平 . 1996. 习惯法、社会与国家［J］. 读书（9）.

梁庚尧 . 1997. 中国历史上民间的济贫活动［M］. 宋代社会经济史论集 . 下册 . 中国台湾：允晨文化实业股份有限公司 .

雷士成，王耀东，欧秉松，等 . 1992. 福建沿海的自然灾害与减灾设想［J］. 热带地理（4）.

马新 . 2002. 历史气候与两汉农业的发展［J］. 文史哲（5）.

满志敏 . 1990. 唐代气候冷暖分期及各期气候冷暖特征的研究［J］. 历史地理（8）.

孟广章 . 2001. 刘晏的经济思想初探［J］. 西北农林科技大学学报（社会科学版）（3）.

宁立波.2004.我国古代水权制度变迁分析［J］.水利经济（6）.
毛阳光.2006.中古时期民间救灾综论［J］.山西大学学报（哲社版）（2）.
毛阳光.2005.中古时期的佛教与救灾［J］.文史知识（12）.
倪根金.1988.试论气候变迁对我国古代北方农业经济的影响［J］.中国农史（1）.
彭展.2005.20世纪唐代蝗灾研究综述［J］.防灾技术高等专科学校学报（3）.
秦冬梅.2003.试论魏晋南北朝时期的气候异常与农业生产［J］.中国农史（1）.
全汉昇.1976.唐代物价的变动［M］.中国香港：新亚研究所出版.
全汉昇.1972.北宋物价的变动［M］.中国香港：新亚研究所出版.
宋正海.2008.历史自然灾害学在中国的发展历程［J］.太原师范学院学报（社会科学版）（5）.
石涛.2006.北宋的天象灾害预测理论与机构设置［J］.山西大学学报（哲社版）（2）.
石涛.2005.北宋地方灾害评估系统［J］.山西大学学报（哲社版）（1）.
盛洪.长城与科斯定理［N］.南方周末.2007-7-26.
孙长安，杨本有.1992.太阳活动与长江中下游地区旱涝的规律［J］.天文学报（2）.
孙湘云.2000.天人感应的灾异观与古代的救灾措施［J］.中国典籍与文化（3）.
邵永忠.2004.二十世纪中国荒政史研究回顾［J］.中国史研究动态（3）.
汤懋苍，汤池.2000.历史上气候变化对我国社会发展的影响初探［J］.高原气象（2）.
吴承明.2001.经济史：历史观与方法论［J］.中国经济史研究（3）.
吴承明.1992.中国经济史研究的方法论问题［J］.中国经济史研究（1）.
吴承明.1995.经济学理论与经济史研究［J］.经济研究（4）.
吴宾，朱宏斌，党晓红.2006.兰州学刊（6）.
邢铁.1978.宋代的义庄［J］.历史教学（5）.
夏明方.1998.从清末灾害群发期看中国早期现代化的历史条件——灾荒与洋务运动研究之一［J］.清史研究（1）.

夏明方.2004.中国灾害史研究的非人文化倾向［J］.史学月刊（3）.
夏明方.1998.近代中国粮食生产与气候波动——兼评学术界关于中国近代农业生产力水平问题的争论［J］.社会科学战线（4）.
夏明方.历史视野下的“中国式救灾”——明清以来中国救灾事业嬗变过程中的国家与社会［J］.中华读书报.2010-12-15.
谢志诚.1992.甘薯在河北的传种［J］.中国农史（1）.
谢元鲁.2005.对唐宋社会经济制度变迁的再思考［J］.中国经济史研究（2）.
谢永刚.2000.对有关历史水旱灾年统计成果的比较分析［J］.古今农业（1）.
许飞琼.2010.农业灾害经济：周期波动与综合治理［J］.经济理论与经济管理（8）.
许靖华.1998.太阳、气候、饥荒与民族大迁移［J］.中国科学（D辑）（4）.
徐钟渭.1936.中国历代之荒政［J］.经理月刊，2（1）.
徐凤先.1994.中国古代的异常天象观［J］.自然科学史研究（3）.
徐长福.2004.政府还是市场：中国古代粮食流通思想管窥——由乾隆帝的粮食流通思想所想到的［J］.中共长春市委党校学报（1）.
王思明.2002.诱致性技术与制度变迁——论明清以来的中国农业［J］.古代农业（1）.
王思明.2004.美洲原产作物的引种栽培及其对中国农业生产结构的影响［J］.中国农史（2）.
王毓瑚.2005.我国自古而来的重要农作物［M］//王毓瑚论文集.北京：中国农业出版社：218-260.
王亚华，胡鞍钢.我国水权制度的变迁［N］.人民珠江.2002-09-20.http：//www.waterinfo.com.cn/zhongdian/guonei/200209200005.htm.
王子今.1988.中国古代的意识形态管理［J］.政治学研究（2）.
王馥堂.1982.近百年我国积温的变化与作物产量［J］.地理学报（1）.
王铮.1996.历史气候变化对中国社会发展的影响——兼论人地关系［J］.地理学报（4）.
王铮，黎华群，孔祥德，张正远.2005.气候变暖对中国农业影响的历史借鉴［J］.自然科学进展（6）.

王鑫宏．2009. 20 世纪 80 年代以来“丁戊奇荒”研究综述［J］．防灾科技学院学报（4）．

王会昌．1996. 2000 年来中国北方游牧民族南迁与气候变化［J］．地理科学（3）．

王静爱，史培军，王平，朱骊，张惠远．1996. 1949—1990 年中国主要自然灾害时空分异研究［J］．自然灾害学报（1）．

王强，田涛，李军，陈永福．2009. 自然灾害风险与中国应急管理制度［J］. 中国农业大学学报（哲社版）（3）．

王力，李裕元，李秧秧．2004. 黄土高原生态环境的恶化及其对策［J］．自然资源学报（2）．

吴达铭．1982. 1163—1977 年（815 年）长江下游地区 梅雨活动期间旱涝规律初步分析［J］．大气科学（4）．

汪志国．2006. 20 世纪以来安徽自然灾害史研究综述［J］．池州师专学报（1）．

叶文辉．2005. 农村公共品供给体制变迁的分析［J］．中国经济史研究（3）．

幺振华．2004. 唐代自然灾害及救灾史研究综述［J］．中国史研究动态（4）．

阎守城，李军．2004a. 自然灾害与唐代宰相［J］．晋阳学刊（1）．

阎守城，李军．2004b. 唐代的因灾虑囚［J］．山西大学学报（哲社版）（1）．

阎守诚．自然灾害与中国古代社会的之乱．光明日报．2006－06－12．

于振波．1994. 汉代“天人感应”思想对宰相制度的影响［J］．中国社会科学院研究生院学报（6）．

余是非．1980. 中国历代粮食平均亩产量考略［J］．重庆师范学院学报（3）．

杨志荣，等．1994. 湖南省近 500 年洪涝灾害时空分布规律［J］．湖南师范大学自然科学学报（4）．

杨昌华．1991. 近五百年厄尔尼诺事件活动特征及其与福建旱、涝关系［J］. 台湾海峡（3）．

杨海民．2005. 中国古代粮食生产管理研究［J］．长江大学学报（自然科学版）（5）．

杨俭，潘凤英．1994．我国秦至清末的疫病灾害研究［J］．灾害学（3）．
赵克生．2005．义民旌表：明代荒政中的奖劝之法［J］．史学月刊（3）．
张文．2003．荒政与劝分：民间利益博弈中的政府角色——以宋朝为中心的考察［J］．中国社会经济史研究（4）．
张建民．2006．饥荒与斯文：清代荒政中的生员赈济［J］．武汉大学学报（人文科学版）（1）．
张丕远．1994．中国近 2000 年来气候演变的阶段性［J］．中国科学（B 辑）（9）．
张家诚．1982．气候变化对中国农业生产产生的影响初探［J］．地理学报（2）．
张涛，范学辉，王萍．对中国传统救灾思想的认识［J］．光明日报．1999－06－25．
张敬秀，田建平．1996．权力系统与环境系统依从关系——论“君权神授”到“天赋人权”再到“人定胜天”的扬弃和极化［J］．内蒙古大学学报（哲学社会科学版）（2）．
张烁，孟令战．我国古代救灾机制及其现代启示［J］．光明日报．2010－07－28．
张振兴．1998．我国自然灾害重点探讨［J］．灾害学（1）．
张天麟．1982．长江三角洲历史时期变迁的初步研究［J］．华东师范大学学报（自然科学版）（4）．
张丕远，葛全胜，郑景云．1999．从历史文献、档案中提取自然环境信息的研究［M］//中国经济史上的天人关系学术讨论会论文集．北京：中国农业出版社．
张瑾瑢．1982．清代档案中的气象资料［J］．历史档案（2）．
章典，詹志勇，林初升，何元庆，李峰．2004．气候变化与中国的战争、社会动乱和朝代变迁［J］．科学通讯（23）．
钟兆站，等．1994．河南省境内淮河流域历史时期旱涝等级序列的重建［J］．灾害学（3）．
钟兆站，等．1994．河南省境内淮河流域近五百年旱涝等级序列的重建［J］．河南大学学报（自然科学版）（4）．
钟祥财．2003．收入分配的激励消散效应——以中国古代为例［J］．上海经济研究（8）．

周致元．重视对我国古代救荒制度的研究［J］．农民日报．2004－12－13．

竺可桢．1954．为什么要研究我国古代科学史［J］．人民日报．1954－08－27．

竺可桢．1972．中国近五千年来气候变迁的初步研究［J］．考古学报（1）．

朱浒．2003．二十世纪清代灾荒史研究述评［J］．清史研究（2）．

郑斯中．1983．1400—1949年广东省的气候振动及其对粮食丰歉的影响［J］．地理学报（1）．

郑功成．2010．抗灾救灾：新中国60年的经验与教训［J］．华中师范大学学报（人文社科版）（4）．

周书灿．2007．20世纪中国历史气候研究述论［J］．史学理论研究（4）．

周溯源．2010．中国古代王朝动乱衰亡的体制原因［J］．南通大学学报（社科版）（2）．

邹逸麟．2000．“灾害与社会”研究刍议［J］．复旦学报（6）．

中国大百科全书编辑委员会，地理学编辑委员会．1990．中国大百科全书·地理学．北京：中国大百科全书出版社．

庄华峰．2001．生态环境史：亟待补上的一课［J］．安徽师范大学学报（人文社科版）（4）．

【古籍】

［西汉］司马迁，《史记》，中华书局，1959年。

［东汉］班固，《汉书》，中华书局，1962年。

［南朝·宋］范晔，《后汉书》，中华书局，1965年。

［唐］魏征等，《隋书》，中华书局，1973年。

［唐］李林甫，《大唐六典》，三秦出版社，1991年。

［唐］杜佑，《通典》，中华书局，1984年。

［唐］李隆基，《大唐开元礼（附大唐郊祀录）》，民族出版社．2000年．

［唐］长孙无忌等撰，刘俊文点校，《唐律疏议》，中华书局，1983年。

［后晋］刘昫，《旧唐书》，中华书局，1975年。

［宋］欧阳修、宋祁，《新唐书》，中华书局，1975年。

［宋］司马光，《资治通鉴》，中华书局，1956年。

［宋］宋敏求，《唐大诏令集》，商务印书馆．1959年。

［宋］王溥，《唐会要》，．中华书局，1955年。

[宋] 王溥，《五代会要》，中华书局，1998年。
[宋] 李昉，《太平广记》，中华书局，1961年。
[宋] 王钦若，《册府元龟》，中华书局，1960年。
[宋] 洪迈，《容斋随笔》，上海古籍出版社，1978年。
[元] 马端临，《文献通考》，中华书局，1986年。
[元] 脱脱，《辽史》，中华书局，1974年。
[元] 脱脱，《金史》，中华书局，1975年。
[元] 脱脱，《宋史》，中华书局，1977年。
[明] 徐光启，《农政全书》，岳麓书社，2002年。
[明] 宋濂，《元史》，中华书局，1976年。
[清] 董诰等，《全唐文》，上海古籍出版社，1990年。
[清] 王夫之，《读通鉴论》，中华书局，1975年。

【著作】

马克思·韦伯.1993. 儒教与道教 [M]. 南京：江苏人民出版社.
马克斯·韦伯.2004. 韦伯作品集 [M]. 桂林：广西师范大学出版社.
A. 唐斯.2006. 官僚制内幕 [M]. 北京：中国人民大学出版社.
A. 麦迪森.1999. 中国经济的长远未来 [M]. 北京：新华出版社.
D. 诺斯.1992. 经济史中的结构与变迁 [M]. 北京：商务印书馆.
D. 诺斯.1994. 制度、制度变迁与经济绩效 [M]. 上海：上海三联书店.
D. 诺斯. 诺奖得主诺斯答京城听众问 [N]. 经济学消息报，1995-04-08.
F. 墨菲.1991. 文化与社会人类学引论 [M]. 北京：商务印书馆.
费正清.2002. 中国：传统与变迁 [M]. 北京：世界知识出版社.
G. 罗兹曼.1988. 中国的现代化 [M]. 南京：江苏人民出版社.
戈登·塔洛克.1999. 对寻租活动的经济学分析 [M]. 成都：西南财经大学出版社.
黄宗智.2000. 华北的小农经济与社会变迁 [M]. 北京：中华书局.
J. 周锡瑞.1998. 义和团运动的起源 [M]. 南京：江苏人民出版社.
冀朝鼎.1981. 中国历史上的基本经济区与水利事业的发展 [M]. 北京：中国社会科学出版社.
L. 波斯纳.1997. 法律的经济分析 [M]. 北京：中国大百科全书出版社.

劳费尔 . 2000. 中国伊朗篇［M］. 北京：商务印书馆 .

李普塞特 . 1993. 政治人［M］. 北京：商务印书馆 .

M・奥尔森 . 1995. 集体行动的逻辑［M］. 上海：上海三联、上海人民出版社 .

马洛里 . 1929. 饥荒的中国［M］. 上海：上海民智书局 .

珀金斯 . 1984. 中国农业的发展（1368—1968）［M］. 上海：上海译文出版社 .

彭尼・凯恩 . 1983. 中国的大饥荒（1959—1961）［M］. 北京：中国社会科学出版社 .

R・科斯，等 . 1994. 财产权利与制度变迁——产权与新制度经济学译文集［M］. 上海：上海三联、上海人民出版社 .

魏特夫 . 1989. 东方专制主义［M］. 北京：中国社会科学出版社 .

W・古德 . 1986. 家庭［M］. 北京：社会科学文献出版社 .

戴蒙德（Jared Diamond）. 2006. 枪炮、病菌与钢铁——人类社会的命运［M］. 上海：上海世纪出版集团 .

黄仁宇 . 1996. 资本主义与二十一世纪［M］. 上海：生活・读书・新知三联书店 .

阿尔・戈尔（S. A. Gore）. 1997. 濒临失衡的地球：生态与人类精神［M］. 北京：中央编译出版社 .

布赖恩・费根 . 2009. 洪水、饥馑与帝王：厄尔尼诺与文明兴衰［M］. 杭州：浙江大学出版社 .

青木昌彦 . 2001. 比较制度分析［M］. 上海：上海远东出版社 .

西嶋定生 . 1992. 二十等爵制［M］. 北京：中华书局 .

速水佑次郎 . 2003. 发展经济学——从贫困到富裕［M］. 北京：社会科学文献出版社 .

F. 哈耶克 . 1997. 自由秩序原理［M］. 上海：生活・读书・新知三联书店 .

汤因比 . 1959. 历史研究［M］. 上海：上海人民出版社 .

杰弗里・巴勒克拉夫 . 1987. 当代史学主要趋势［M］. 上海：上海译文出版社 .

李约瑟 . 1975. 中国科学技术史［M］. 北京：科学出版社 .

克莱夫・庞廷 . 2002. 绿色世界史——环境与伟大文明的衰落［M］. 上

海：上海人民出版社.
戴维·基斯.2001. 大灾难［M］. 北京：世界知识出版社.
彼得·格雷.2005. 爱尔兰大饥荒［M］. 上海：上海人民出版社.
魏丕信.2003. 18实际的官僚制度与荒政［M］. 南京：江苏人民出版社.
阿马蒂亚·森.2001. 贫困与饥荒［M］. 北京：商务印书馆.
德鲁兹、阿马蒂亚·森.2006. 饥饿与公共行为［M］. 北京：中国社会科学出版社.
安德明.2003. 天人之际的非常对话［M］. 北京：中国社会科学出版社.
卜风贤.2006. 周秦汉晋时期农业灾害和农业减灾方略研究［M］. 北京：中国社会科学出版社.
蔡勤禹.2005. 民间组织与灾荒救治——民国华洋义赈会研究［M］. 北京：商务印书馆.
陈寅恪.1954. 唐代政治史述论稿［M］. 上海：生活·读书·新知三联书店.
陈业新.2004. 灾害与两汉社会研究［M］. 上海：上海人民出版社.
陈文科.2000. 农业灾害经济学原理［M］. 太原：山西经济出版社.
陈明光.1997. 六朝财政史［M］. 北京：中国财政经济出版社.
程恩富，胡乐明.2004 新制度经济学［M］. 北京：经济日报出版社.
程虹.2000. 制度变迁的周期［M］. 北京：人民出版社.
陈桦，刘宗志.2006. 救灾与济贫——中国封建时代的社会救助活动［M］. 北京：中国人民大学出版社.
陈高傭，杜佐周，郑振铎，等.1939. 中国历代天灾人祸表［M］. 上海：上海书店.
邓拓.1998. 中国救荒史［M］. 北京：北京出版社.
邓嗣禹.1983. 中国考试制度史［M］. 中国台湾：台湾学生书局.
段伟.2005. 秦汉社会防灾减灾制度研究［D］. 首都师范大学.
段伟.2008. 禳灾与救灾：秦汉社会自然灾害应对制度的形成［M］. 上海：复旦大学出版社.
费孝通.1998. 乡土中国·生育制度［M］. 北京：北京大学出版社.
费孝通.1988. 乡土重建［M］//费孝通选集. 天津：天津人民出版社.
冯柳堂.1998. 中国历代民食政策史［M］. 北京：商务印书馆.
冯开文.2003. 合作制度变迁与创新研究［M］. 北京：中国农业出版社.

高文学 . 1997. 中国自然灾害史（总论）［M］. 北京：地震出版社 .

高德步 . 2006. 经济发展与制度变迁：历史的视角［M］. 北京：经济科学出版社 .

郭剑鸣 . 2006. 晚清绅士与公共危机治理——以知识权力化治理机制为路径［M］. 北京：光明日报出版社 .

郭金霞，苗鸣宇 . 2003. 大赦・特赦——中外赦免制度概观［M］. 北京：群众出版社 .

郭旸 . 2009. 公共性与市场性的悖离与融合［M］. 上海：上海世纪出版集团 .

葛剑雄 . 1991. 中国人口发展史［M］. 福州：福建人民出版社 .

葛剑雄 . 1986. 西汉经济地理［M］. 北京：人民出版社 .

葛全胜，等 . 2008. 中国自然灾害风险综合评估初步研究［M］. 北京：科学出版社 .

胡鞍钢，等 . 1998. 中国自然灾害与经济发展［M］. 武汉：湖北科学技术出版社 .

韩毅 . 2007. 西方制度经济史学研究［M］. 北京：中国人民大学出版社 .

黄仁宇 . 1997. 中国大历史［M］. 上海：生活・读书・新知三联书店 .

黄平芳 . 2004. 六朝荒政研究［D］. 南京：南京师范大学 .

郝镇华 . 1981. 外国学者论亚细亚生产方式（上）［M］. 北京：中国社会科学出版社 .

何炳棣 . 2000. 明初以降人口及其相关问题［M］. 上海：生活・读书・新知三联书店 .

郭艳茹 . 2008. 经济史中国家组织结构变迁：以明清王朝为例［M］. 北京：中国财政经济出版社 .

康沛竹 . 2002. 灾荒与晚清政治［M］. 北京：北京大学出版社 .

金观涛 . 1984. 兴盛与危机［M］. 长沙：湖南人民出版社 .

李根蟠 . 1998. 中国古代农业［M］. 北京：商务印书馆 .

李绍强 . 2005. 明清工商业形态研究［M］. 长春：吉林人民出版社 .

李向军 . 1996. 中国救灾史［M］. 广州：广东人民出版社、华夏出版社 .

李向军 . 1995. 清代荒政研究［M］. 北京：中国农业出版社 .

李祖德，陈启能 . 1997. 评魏特夫的《东方专制主义》［M］. 北京：中国社会科学出版社 .

李健德 . 2000. 经济制度演进大纲 [M] . 北京：中国财政经济出版社 .
李文治，江太新 . 2000. 中国宗法宗族制和族田义庄 [M] . 北京：社会科学文献出版社 .
李文海，林敦奎，周源，宫明 . 1990. 近代中国灾荒纪年 [M] . 长沙：湖南人民出版社 .
李文海，林敦奎，程歗，宫明 . 1993. 近代中国灾荒纪年续编 [M] . 长沙：湖南教育出版社 .
李文海，夏明方 . 中国荒政全书 . 第一辑 [M] . 北京：北京古籍出版社 .
李文海，夏明方 . 2004. 中国荒政全书 . 第二辑 [M] . 北京：北京古籍出版社 .
李文海，夏明方 . 2007. 天有凶年：清代灾荒与中国社会 [M] . 上海：生活·读书·新知三联书店 .
李军 . 2004. 灾害危机与唐代政治 [D] . 首都师范大学 .
李伯重 . 2002. 理论、方法、发展趋势：中国经济史研究新探 [M] . 北京：清华大学出版社 .
李伯重 . 2010. 中国的早期近代经济—1820 年代华亭—娄县地区的 GDP 研究 [M] . 北京：中华书局 .
李泽厚 . 1986. 中国古代思想史论 [M] . 北京：人民出版社 .
刘泽华，等 . 2005. 专制权力与中国社会 [M] . 天津：天津古籍出版社 .
刘绪贻 . 2006. 中国的儒学统治——既得利益抵制社会变革的典型事例 [M] . 北京：中国人民大学出版社 .
林文勋，谷更有 . 2005. 唐宋乡村社会力量与基层控制 [M] . 昆明：云南大学出版社 .
卢现祥 . 1996. 西方新制度经济学 [M] . 北京：中国发展出版社 .
卢现祥 . 2004. 新制度经济学 [M] . 武汉：武汉大学出版社 .
梁治平 . 1991. 寻求自然秩序中的和谐 [M] . 上海：上海人民出版社 .
梁其姿 . 2001. 施善与教化 [M] . 石家庄：河北教育出版社 .
梁方仲 . 1993. 中国历代户口、田地、田赋统计 [M] . 上海：上海人民出版社 .
林毅夫 . 1994. 制度、技术与中国农业的发展 [M] . 上海：上海三联、上海人民出版社 .
林毅夫 . 2000. 再论制度、技术与中国农业的发展 [M] . 北京：北京大学出版社.
马宗晋.1998. 灾害学导论[M].长沙:湖南人民出版社.
孟昭华.1989. 中国灾荒史[M].北京:水利水电出版社.
孟昭华.1999. 中国灾荒史记[M].北京:中国社会出版社.
毛阳光.2003. 唐代救灾研究[D].首都师范大学.
彭凯翔.2006. 清代以来的粮价:历史的解释与再解释[M].上海:上海人民出版社.
秦海.2002. 制度的历史分析[M]//比较.第四辑.北京:中信出版社.
秦晖.2003. 传统十论:本土社会的制度文化与其变革[M].上海:复旦大学出版社.
钱穆.2001. 中国历史研究法[M].上海:生活·读书·新知三联书店.
孙绍骋.2004. 中国救灾制度研究[M].北京:商务印书馆.
石涛.2003. 北宋灾害管理体系研究[D].首都师范大学.
石涛.2010. 北宋时期自然灾害与政府管理体系研究[M].北京:社科文献出版社.
宋正海.2002. 中国古代自然灾异群发期[M].合肥:安徽教育出版社.
盛洪.2003. 现代新制度经济学[M].北京:北京大学出版社.
盛洪.2004. 为什么制度重要[M].郑州:郑州大学出版社.
瞿同祖.1981. 中国法律与中国社会[M].北京:中华书局.
唐力行.2006. 商人与中国近世社会(修订版)[M].北京:商务印书馆.
许文惠,张成福.1996. 危机状态下的政府管理[M].北京:中国人民大学出版社.
王双怀.2002. 明代华南农业地理研究[M].北京:中华书局.
王昉.2005. 中国古代农村农村土地所有权与使用权关系:制度思想演进的历史考察[M].上海:复旦大学出版社.
王振忠.1996. 近600年来自然灾害与福州社会[M].福州:福建人民出版社.
万国鼎.1964. 五谷史话[M].北京:中华书局.
王毓瑚.2006. 中国农学书录[M].北京:中华书局.
王德毅.1970. 宋代灾荒的救济政策[M].中国台湾:中国学术著作奖助委员会.
王子平.1998. 灾害社会学[M].长沙:湖南人民出版社.

王大庆．2004．本与末：古代中国与古代希腊经济思想比较研究［M］．北京：商务印书馆．
吴慧．1985．中国历代粮食亩产研究［M］．北京：农业出版社．
王邨．1992．中原地区历史旱涝气候研究与预测［M］．北京：气象出版社．
吴存浩．1996．中国农业史［M］．北京：警官教育出版社．
谢永刚．2001．中国近五百年重大水旱灾害——灾害的社会影响及减灾对策研究［M］．哈尔滨：黑龙江科学技术出版社．
阎守诚．2008．自然灾害与唐代社会［M］．北京：人民出版社．
余耀华．2000．中国价格史［M］．北京：中国物价出版社．
姚清林．1998．灾害管理学［M］．长沙：湖南人民出版社．
袁祖亮．2009．中国灾荒通史［M］．郑州：郑州大学出版社．
杨松华．2003．大一统制度与中国兴衰［M］．北京：北京出版社．
朱启才．2004．权力、制度与经济增长［M］．北京：经济科学出版社．
赵冈．2001．农业经济史论文集——产权、人口与农业生产［M］．北京：中国农业出版社．
赵冈．1996．中国历史上生态环境之变迁［M］．北京：中国环境科学出版社．
张文．2005．宋朝民间慈善活动研究［M］．重庆：西南师范大学出版社．
张维迎．2006．信息、信仰与法律［M］．上海：生活·读书·新知三联书店．
张建民，宋俭．1998．灾害历史学［M］．长沙：湖南人民出版社．
张丕远．1996．中国历史气候变化［M］．济南：山东科学技术出版社．
张荣明．2000．权力的谎言——中国传统的政治宗教［M］．杭州：浙江人民出版社．
张弓．1986．唐代仓廪制度初探［M］．北京：中华书局．
张仲礼．2001．中国绅士的收入［M］．费成康，王寅通，译．上海：上海社会科学院出版社．
郑学檬．2003．中国古代经济重心南移和唐宋江南经济研究［M］．长沙：岳麓书社．
郑功成．1998．灾害经济学［M］．长沙：湖南人民出版社．
祝总斌．1990．两汉魏晋南北朝宰相制度研究［M］．北京：中国社会科学

出版社 .

曾国安 . 1998. 灾害保障学［M］. 长沙：湖南人民出版社 .

【英文文献】

Aidit T. S. , Economic Analysis of Corruption: A Survey, Economic Journal, 2003, Vol. 133, pp. 632 - 652.

Alexander, D. , Natural Disasters: A Framework for Research and Teaching, Disasters, Volume 15, Issue 3, pp. 209 - 226, September 1991.

Amold, D. , Famine: Social Crisis and Historical Change, Oxford: Basil Blackwell, 1988.

Arrow, K. J. , Review of "Poverty and Famines" by A. K. Sen, the New York Review of Books, 1982, Vol. 29, pp. 24 - 26.

Becker, G. and Stigler, G. 1974. Law enforcement, malfeasantce and the compensations, Journal of Legal Studies, Vol. 3, pp. 1 - 19.

Bergman, . J, Disaster: A Useful Category of Historical Analysis, History Compass, Volume 6, Issue 3, May 2008, pp. 934 - 946.

Buck, J. L. , Price Changes in China: The Effects of Famines and the Recent Rise in Prices, Journal of the American Statistical Association, 1925, Vol. 20, No. 150, pp 238 - 241.

Chang, G. H. and G. J. , Wen, Communal Dining and the Chinese Famines of 1958—1961, Economic Development and Cultural Change, 1997, Vol. 46, No. 1, pp. 1 - 34.

Chen Huan-chang. The economic principles of Confucius and his school, Vol. 2. New York: Columbia University, Longmans, Green & Company, Agents, 1911.

C. Y. Cyrus Chu and Ronald D. Lee, Famine, revolt, and the dynastic cycle Population dynamics in historic China, Population Economics, 1994 (7) .

Dukan, O. D, 1975, Does money buy satisfyactions? Social Inticators Researsch, 2, 267 - 274.

Diamond, Jared, 1999, Guns, Germs and Steel: The Fates ofHuman Societies. NewYork and London, W. W. Norton&Company.

Dwight H. Perkins，Agricultural development in China，1368—1968，Edinburgh University Press，1969.

Ellsworth Huntington，The Pulse of Asia，Boston and New York，1907.

Edgerton-Tarpley，K. Tears from iron：Cultural responses to famine in nineteenth-century China. University of California Press. 2008.

Gerald H. Haug，Influcnce of the intertropical convergence zone on the East Asian monsoon，Nature2007，1，4，Vol. 445，No. 74 - 77.

Greif Avner，Genoa and the Maghribi traders：Historial and comparative institutional analysis，Cambridge：Cambridge University Press，1998.

Hirsch，F. 1976，Sicial Limits in Economic Growth. Harvard University Press，Cambridge，MA.

H • Bruins and Fengxian Bu，Food Security in China and Contingency Planning：The Significance of Grain Reserves. Journal of Contingencies and Crisis Managent.，2006，Vol. 14 pp. 114 - 124.

Krueger，A. O.，The Political Economy of the Rent Seeking Society，American Economic Review，1974，Vol. 64，pp. 291 - 303.

K. Wittfogel，Oriental Despotism：A Comparative Study of Total Power，Yale University Press，New Haven，1957.

L. C. Goodrich，"Early Notes of the Peanut in China"，Monumenta Seriea，Vol. 2，1936—1937.

Laufer，B.，Notes on the introduction of the Ground-nut into China，Congres international dcs Ameri-canistes，xve session，1906.

L. E. Davis，Douglass C. North，Institutional Change and American Economic Growth，Cambridge University Press，1971.

Lin J. Y. and D. T. Yang，Food Availability，Entitlements，and the Chinese Famine，Economic Journal，2000，Vol. 110，No. 460，pp. 136 - 158.

Lin，J. Y，and Jeffrey B. Nugent，1994，Institutions and Economic Development" . Handbook of Development Economics，Volume 3A，Chapter 38，pp. 2301 - 2370.

Lin，Justin. The Needham Puzzle：Why the Industrial Revolution Did Not Originate in China? Economic Development and Cultural Change，1995，41：269 - 92

Lillian M. Li，Fighting Famine in North China：State，Market and Enviroment Decline，1690s - 1990s，Stanford University Press，2007.

Mallory，W. H.，Famines in China，Annals of the American Academy of Political and Social Science，1930，Vol. 152，pp. 89 - 98.

Mark Elvin，The Pattern of the Chinese Past，Stanford：Stanford University Press，1973.

Newman，L.，ed，Hunger in History：Food Shortage，Poverty and Deprivation，Oxford：Basil Blackwell，1990.

Ping-ti Ho，The Introduction of American Food Plants into China，American Anthropologist，Vol. 57，No. 2，Part I，April，1955.

Ping-ti Ho，American Food Plants in China，Plant Science Bulletin. Botanical Society Of America. Vol. 2，No. 1，January，1956.

Ping-ti Ho，Studies on the Population Of China，1368—1953，Harard University Press，1959；2d. printing. 1967，Ch. 8，SectionⅢ.

Posner，R. A.，Economics Analysis of Law，Boston：Little Brown (1st Edition)，1973.

Posner，R. A.，The Social Cost of Monopoly and Regulation，Journal of Political Economy，1975，Vol. 83，pp. 807 - 827.

Posner，R. A.，The Economics of Justice，Harvard University Press，1983，pp. 146 - 147.

Ravallion，M.，Famines and Economics，Journal of Economic Literature，1997，Vol. 35，No. 3，pp. 1205 - 1242.

Sen A.，Poverty and Famines：An Essay on Entitlement and Deprivation，Oxford：Oxford University Press，1981.

Solow，R.，How to Stop Hunger? New York Review of Books，1991，Vol. 38，No. 20.

Twitchett，The Fan Clans Charitable Estate，1050—1760. Confucianism in Action. eds. David S. Nivison，and Wright Arthur F. Stanford：Stanford University Press. 1959.

Tullock，G.，The Politics of Bureauracy. Washington，D，C. Public Affairs Press，1965.

Tullock，G.，Rent Seeking：A Survey，in R. D. Tollison and R. D. Congleton

(Eds.), The Economics of Rent Seeking, 74 - 100, Aldershot, U. K.: Edward Elgar Publishing.

Tullock, G., The Welfare Cost of tariffs, Monopolies, and the Theft, Western Economic Journal, 1967, Vol. 5, No. 3, pp. 224 - 232.

Wang, J. 1992, The third way of the Chinese reform: Establish an instituteion of competion. The Chinese Intellectual, Vol. 7, No, 4: 8 - 24, USA.

Wang, J. 1992, The Structure of property rights and competition, Forum of Chinese Economists Society, 6: 14 - 29, USA.

Yao, S. J., A Note on the Causal Factors of China's Famine in 1959—1961, Journal of Political Economy, 1999, Vol. 107, No. 6, pp. 1365 - 1369.

Yao Shanyu, The Chronological and Seasonal Distribution of Floods and Droughts in Chinese History, Harvard Journal of Asiatic Studies, Vol. 6, No. 3/4 (Feb., 1942), pp. 273 - 312.

Zhang De'er, Lu Longhua. Anti-correlation of summer and winter, monsoons? Nature, 2007, 450: E7 - E8, doi: 10. 1038/nature06338.

图书在版编目（CIP）数据

中国传统社会的救灾：供给、阻滞与演进 / 李军著
. —北京：中国农业出版社，2011.6
（农业经济史丛书）
ISBN 978-7-109-15557-2

Ⅰ.①中… Ⅱ.①李… Ⅲ.①救灾-研究-中国
Ⅳ.①D632.5

中国版本图书馆 CIP 数据核字（2011）第 054462 号

中国农业出版社出版
（北京市朝阳区农展馆北路 2 号）
（邮政编码 100125）
责任编辑 穆祥桐 闫保荣

北京通州皇家印刷厂印刷　　新华书店北京发行所发行
2011 年 5 月第 1 版　　2011 年 5 月北京第 1 次印刷

开本：850mm×1168mm 1/32　　印张：9.25
字数：229 千字　　印数：1～2 000 册
定价：30.00 元